Écrans

2021 – 1, n° 15

Écrans

Mémoire et réécritures dans les séries télévisées

Sous la direction de Penny Starfield et Fabien Boully

PARIS
CLASSIQUES GARNIER
2021

Écrans est une revue soutenue par l'Université Blaise-Pascal – Clermont-Ferrand (CELIS), l'Université Lumière – Lyon 2 (Passages XX-XXI) ; l'Université Paris Nanterre (HAR).

ISBN 978-2-406-12258-6
ISSN 2267-4357

SOMMAIRE

Fabien BOULLY et Penny STARFIELD
Introduction. Amnésie, mémoire
et réécritures sérielles : questions actuelles /
Introduction. Current issues in amnesia,
memory and serial rewriting 11

PREMIÈRE PARTIE / *PART I*

RÉÉCRITURES SÉRIELLES / *SERIAL REWRITINGS*

Jonathan BIGNELL
Adventures between TV and film,
and between Britain and America /
Aventures en série entre la télévision et le cinéma,
et entre la Grande-Bretagne et les États-Unis 27

Penny STARFIELD
Réécritures en série. Le cas *Winnetou* /
A never-ending story. From Karl May to Winnetou le Mescalero . . . 43

Andrei VALLA
Kratos et la colère d'Achille.
Réécriture des origines de l'Occident par la violence /
Kratos and the wrath of Achilles.
Rewriting the origins of the West by violence 61

David GAILLARD
Bandersnatch. Collaboration entre interactivité
et transfictionnalité dans un film actable /
Combining interactivity and transfictionality.
Bandersnatch, *an actable film* 79

Dominique SIPIÈRE
Mémoire et réécritures dans les séries policières /
Memory and rewriting in crime series 97

DEUXIÈME PARTIE / *PART II*

MÉMOIRE ET OUBLIS / *MEMORY AND FORGETTING*

Philippe ORTOLI
La grande évasion.
Prison Break et la tragédie de Michael Scofield /
The great escape.
Prison Break *and the tragedy of Michael Scofield* 113

Raphaëlle COSTA DE BEAUREGARD
Remembering and forgetting in television series.
The case of the first two seasons of *Downton Abbey* /
Mémoires et oublis dans les séries télévisées.
Les deux premières saisons de Downton Abbey 127

Faika SACI
Twin Peaks : The Return ou l'irruption du souvenir d'une série /
Twin Peaks: The Return, *memory's incursion in a TV series* 143

Florent FAVARD
Mondes palimpsestiques et personnages-vestiges.
Comment (ne pas) faire table rase dans les séries télévisées /
Palimpsestic worlds and remnant-characters.
How (not) to wipe the slate clean in TV series 157

Hélène BREDA
Tisser les (trous de) mémoires
dans le récit de la série télévisée belge *La Trêve* /
Weaving (gaps in) memories in the narrative of The Break 173

TROISIÈME PARTIE / *PART III*

MÉMOIRE ET HISTOIRE, MÉMOIRE ET VÉRITÉ / *MEMORY AND HISTORY, MEMORY AND TRUTH*

Victor FAINGNAERT
Rome, un retour aux sources /
Rome, *a return to the sources* 191

Nadia AIT BACHIR
Changement, consensus et réconciliation.
Pour des représentations – simplifiées et didactiques –
de la Transition espagnole dans la série *Verano Azul* /
Change, consensus and reconciliation. Simplifying didactic representations of the Spanish Transition in Verano Azul 211

Nadia TAHIR
Narcos, une histoire d'archives /
Narcos, *rewriting history with archives* 233

Fabien BOULLY
The Keepers, une éthique de la mémoire /
The Keepers, *memory as ethics* 249

Résumés et présentation des auteurs /
Abstracts and notes on contributors 267

INTRODUCTION

Amnésie, mémoire et réécritures sérielles : questions actuelles

En 2005, dans le documentaire *Hollywood, le règne des séries télé*[1], Steven Bochco faisait cette confidence à propos de *Delvecchio*[2], série de 22 épisodes pourtant interrompue au bout d'une saison :

> C'est la première série sur laquelle j'ai travaillé qui avait une mémoire. Je veux dire par là que les personnages avaient chacun une vie personnelle qui existait sur la longueur et évoluait à travers les épisodes. Delvecchio avait un père, il avait différentes aspirations en dehors d'être un flic. Et pour moi, cela a été un moment séminal, parce que j'ai compris où se trouvait la dramaturgie.

Venant du créateur d'*Hill Street Blues*[3], dont on sait qu'elle bouleversa l'écriture sérielle en imposant le paradigme de la série feuilletonnesque – forme on ne peut plus mémorielle, au sens où l'entend ici Bochco – la remarque mérite attention. Sans doute les séries au sens strict, c'est-à-dire les séries qui reposent sur la reprise et la répétition d'une formule, ont-elles un rapport plus ténu, on pourrait dire plus contrarié, à la mémoire. Si chaque épisode doit nécessairement (se) rappeler les éléments récurrents et fondamentaux qui composent la formule (les traits de caractère et la typification de ses personnages principaux, le canevas de construction de chaque intrigue, etc.), sa nouveauté repose sur une forme d'amnésie essentielle : ne pas se souvenir de ce qui s'est passé dans les épisodes précédents est une des conditions même d'existence du genre, comme si chaque épisode était le produit créatif d'une sorte de *reset* informatique.

---

1 Documentaire d'Olivier Joyard et Loïc Prigent, diffusé sur Arte en septembre 2005.
2 *Delvecchio* (CBS, 1976-1977), série créée par Joseph Polizzi et Sam Rolfe.
3 *Hill Street Blues* (NBC, 1981-1987), série créée par Steven Bochco et Michael Kozoll.

Nul besoin pour Columbo[4] de garder en mémoire, et même de savoir, qu'il a résolu bien des affaires de meurtres : dès lors que, au volant de sa 403 affublé de son imperméable défraîchi, il se présente sur la scène d'un crime maquillé en accident, en suicide ou en disparition par un meurtrier plein de morgue dont le spectateur connaît bien avant lui l'identité, une enquête inédite peut s'amorcer. Certes, son processus narratif est remarquablement immuable, tout comme le fait que Columbo parvienne à démasquer le criminel : nous savons par avance, en un modèle réduit fictionnel de la lutte des classes[5], que le petit lieutenant, fonctionnaire de la Criminelle de Los Angeles, fera chuter le représentant de la haute société américaine, qui croyait avoir fomenté le crime parfait… C'est donc bien que, sous « la nouveauté de l'histoire », nous gardons en mémoire la « récurrence d'une trame narrative qui reste constante[6] ». Mais, en l'occurrence, cette mémoire est celle d'un spectateur familier de la série, alors que la série elle-même vise, de prime abord, à nous séduire par son apparente capacité d'oubli, qui lui permet de remettre les compteurs à zéro.

Les séries anthologiques, à l'image de *Climax*[7] *!*, *The Twilight Zone*[8], *Alfred Hitchcock Presents*[9] ou, beaucoup plus récemment, *Black Mirror*[10] plongent plus loin encore dans l'amnésie sérielle : si mémoire il y a, elle est uniquement celle de l'habillage – Hitchcock présentant et concluant de ses interventions chaque épisode – ou du lien générique/thématique entre les épisodes – tous les opus de *Black Mirror* relèvent d'une dystopie, où le rapport aux nouvelles technologies et leurs écrans noirs, dans lesquels nous nous reflétons métaphoriquement, est essentiel. La sérialité aurait-elle, en son principe, des pertes de mémoire qui encourage la répétition ? On en vient en tout cas à penser qu'il y aurait une mécanique presque nietzschéenne à l'œuvre dans

4 *Columbo* (NBC, 1968-1978 ; ABC, 1989-2003), série créée par Richard Levinson et William Link.

5 Voir à ce propos Mathieu, Lilian, *Columbo, la lutte des classes ce soir à la télé*, Paris, Textuel, 2013.

6 Eco, Umberto, « Innovation et répétition : entre esthétique moderne et postmoderne », *Réseaux*, n° 68, Paris, 1994, p. 15.

7 *Climax !* (CBS, 1954-1958).

8 *The Twilight Zone* (CBS, 1959-1964), série créée par Rod Sterling.

9 *Alfred Hitchcock Presents* (CBS, 1955-1960 ; NBC, 1960-1962), série créée par Alfred Hitchcock.

10 *Black Mirror* (Channel 4, 2011-2014 ; Netflix, 2016 –), série créée par Charlie Brooker.

la sérialité, qui trouverait dans sa propension à l'oubli sa puissance créatrice : « Fermer de temps en temps les portes et les fenêtres de la conscience ; [...] faire un peu de silence, un peu de place pour les choses nouvelles [...] ; voilà, je le répète, l'utilité de la faculté active d'oubli [...][11] ».

D'autant plus frappante est alors la place que la mémoire, sous des formes et des enjeux divers, s'est retrouvée à occuper dans les séries télé, au point de devenir un paradigme essentiel à leur conception et compréhension. Il ne s'agit pas ici d'en retracer l'histoire. Il convient en revanche d'en pointer l'actualité, qui fait des séries télé l'une des grandes formes d'exploration contemporaine de la mémoire et un formidable terrain de création de dispositifs mémoriels.

Dans les séries, la mémoire se fait d'abord historique, revisitation d'un passé que le temps long du feuilletonnement permet de restituer dans sa complexité et ses nuances, au travers de narrations-fresques qui multiplient les points de vue sur des événements de l'Histoire ou même qui ont fait l'Histoire. Ce que le très jeune André Glucksmann disait à propos de la réflexivité du néo-western paraît pouvoir désormais s'appliquer à certains personnages de séries historiques : ils « semblent faire l'histoire et savoir qu'ils la font[12] ». Les quatre saisons de *The Crown*[13] ne nous font pas seulement partager plusieurs décennies du règne d'Elisabeth II depuis son accession au trône, en dévoilant les ressorts intimes et politiques qui forment la face plus ou moins cachée des événements qui le traversent. Bien sûr, le tissu complexe des motivations qui aboutissent à tel discours marquant (la bouleversante oraison funèbre de Churchill à la mort de George VI) ou les antagonismes entre les sentiments et le devoir suranné, mais impitoyable, qu'impose l'appartenance à la Couronne (l'impossible mariage entre la princesse Margaret et Peter Townsend) y ont toute leur place : ils redonnent vie, sous une forme ultra-romancée, à la mémoire de faits qu'il est d'autant plus loisible de réinventer que la série en exhibe la dimension privée ou secrète, largement ignorée des livres d'histoire.

---

11 Nietzsche, Friedrich, *La Généalogie de la morale* in *Œuvres*, tome 2, Paris, Robert Laffont, coll. « Bouquins », 2000, p. 803.

12 Glucksmann, André, « Les Aventures de la tragédie » in Bellour, Raymond, *Le Western*, Paris, Gallimard, coll. « TEL », 1993, p. 72.

13 *The Crown* (Netflix, 2016 –), série créée par Peter Morgan.

Mais c'est sans doute quand elle dramatise – au sens où elle en exploite la dimension fictionnelle – des moments qui ont marqué au fer rouge les britanniques, qu'une telle série donne libre cours à son tempérament mémorialiste. L'épisode 4 de la première saison, *Act of God*, nous plonge dans les jours de décembre 1952 (du 5 au 9 exactement) du « Grand Smog de Londres ». Ce pan majeur de l'histoire de la ville, tragédie (elle aurait fait 12000 morts) à la tonalité quasi fantastique, sert à rappeler un trauma collectif pour mieux en faire ressortir la part émotionnelle, fût-ce au prix d'entorses à la vérité. Ce n'est pas en venant se recueillir à l'hôpital sur la dépouille de sa secrétaire, Venetia Scott, renversée par un bus, que Churchill aurait enfin mesuré l'ampleur catastrophique de ce qu'il considérait jusqu'ici comme un « simple événement météorologique » : pour la bonne et simple raison que Venetia Scott n'a jamais existé et que les bus ne circulaient pas à Londres pendant le smog, précisément pour prévenir de tels accidents[14]. C'est qu'il est question de fiction et de mémoire, et non de réalité scrupuleuse : c'est en se donnant la licence d'inventer certains faits que les auteurs de *The Crown* parviennent d'autant plus à réactiver la dimension mémorielle des événements, c'est-à-dire à leur faire dépasser de froid statut de faits passés pour transmettre leur substance émotionnelle et renouer avec l'idée qu'ils furent des moments vécus et ressentis un jour au présent. C'est par là, d'abord, que les séries ont quelque chose à nous apprendre de la mémoire, qui est autre chose que le passé : elle est morceaux de temps chargés d'affects, qui peuvent nourrir bien des fils narratifs, bien des manières de faire intrigue.

Nul besoin d'enchaîner les saisons pour cela. La mini-série *Mrs. America*[15], par exemple, nous fait traverser en seulement 9 épisodes, d'une remarquable densité, la lutte des mouvements féministes et leurs principales figures, à la fois intellectuelles et activistes politiques, pour que soit ratifié l'Equal Rights Amendment, des années 1970 jusqu'à l'élection de Reagan. Face à eux, Phyllis Schlafly, conservatrice antiféministe redoutable, et le mouvement STOP ERA qu'elle a fondé, mènent un intense lobbying politique pour empêcher les votes favorables. La série nous fait revivre l'effervescence idéologique et politique de ce combat

14 Voir à ce propos, Lamy, Corentin, Ricome, Joffrey et Trouvé, Pierre, *The Crown, le vrai du faux. La série culte décryptée*, Paris, Gründ, 2020.

15 *Mrs. America* (FX on Hulu, 2020), série créée par Dahvi Waller.

et parvient à restituer les clivages, les contradictions profondes et les affrontements qui traversent chaque camp, et même chaque personnage, pour montrer que cette histoire collective, à la fois révolutionnaire et contre-révolutionnaire, est aussi un ensemble de portraits de femmes individuels, dont les points de vue forment autant de mémoires particulières des événements.

La mémoire, dans les séries, est aussi une matière fictionnelle, aussi bien motif que concept, travaillée avec toute la plasticité narrative et figurative possible. Dans *Watchmen*[16], l'une des plus importantes séries de ces dernières années tant elle parvient, avec un brio sidérant, à condenser dans une réalité alternative certaines des problématiques cruciales des États-Unis d'aujourd'hui – le traumatisme du 11 septembre, le racisme historique et endémique, les ravages du suprématisme blanc, les violences policières, les projets futuristes de libéraux milliardaires mégalomanes, le rôle culturel majeur joué par l'imaginaire des super-héros… jusqu'au fait que les masques recouvrent aujourd'hui tous les visages, ce qui donne à cette série une dimension presque prémonitoire – la mémoire se fait multidimensionnelle et stratifiée. Une réplique de Lady Trieu, personnage-pivot, aussi énigmatique que central, a ici valeur de manifeste : « *I've done a lot of research on memory. Total amnesia's extremely rare – unless you're in a soap opera. In real life, it almost never happens.* » L'ironie joue ici un double rôle : rappeler que *Watchmen* est pleinement une fiction, dans laquelle l'amnésie totale est justement possible (Dr. Manhattan accepte, par amour pour Angela Abar, d'en payer le prix), tout en désignant la mémoire comme une dimension à laquelle on ne peut se soustraire.

Dans l'épisode 5, ce sont les souvenirs de Wade Tilllman (alias le policier Looking Glass) que nous partageons et le choc terrible, source de sa paranoïa, qu'il subit le 2 novembre 1985 lors de la catastrophe (fictive) qui a frappé New York et causa 3 millions de morts. C'est à la fois la mémoire individuelle et la mémoire collective d'un même événement que l'épisode tresse ensemble, pour suggérer que c'est le monde autant que chaque individu qui en conservent le souvenir, cicatrice mnésique extérieure et intérieure. Dans l'épisode 6, Angela Abar (alias Sister Night), après avoir avalé un plein flacon de pilules Nostalgia, revit, dans des passages en noir et blanc à la mise en scène tout en panoramiques lents, les souvenirs de son grand-père, policier

16 *Watchmen* (HBO, 2019), série créée par Damon Lindelof.

de Tulsa victime de la haine xénophobe de ses collègues blancs : elle le conduira à devenir le « Justicier masqué », premier « watchmen » de l'histoire. Figurer la mémoire, c'est non seulement lui réserver ici un traitement visuel spécifique (le noir et blanc) mais c'est comme entrer en elle, c'est revivre les souvenirs dont la mémoire est dépositaire, c'est en faire un espace-temps qu'on peut à la fois observer et explorer. Ce que la sérialité feuilletonnesque permet, avec ses récits étendus sur plusieurs épisodes, c'est une variation presque infinie des modes d'apparition de la mémoire, chaque fois adaptés à telle situation et à tel personnage. Manière de rendre sensible la complexité de ce phénomène cérébral dont il n'est pas inutile de rappeler qu'il est constitué d'images, mais d'images mentales qui ne sont jamais vues, ce qui autorise la multiplicité de ses modes de représentations. Sous l'angle de la mémoire, aussi, les séries télé nous ont fait entrer dans l'ère de la « complex TV[17] ».

La mémoire, c'est aussi celle des séries télé elles-mêmes, en un vaste mouvement réflexif, où ce qui nourrit une partie de la télévision… c'est justement la télévision, circularité médiatique et postmoderne qu'on taxerait volontiers de narcissique si elle n'était pas aussi créative. Comme le rappelait Jean-Pierre Esquenazi dans un précédent numéro d'*Écrans*[18], les premières séries télé américaines datent de 1951 et, depuis lors, le nombre de séries produites n'a cessé de croître, jusqu'à atteindre le stade exponentiel que nous connaissons aujourd'hui : celui de la « Peak TV » et ses 532 séries américaines diffusées en 2019[19]. Est-ce que cet effet de masse, où une série semble chasser l'autre en dépit du fait qu'avec la multiplication des canaux et des plateformes de diffusion elles semblent toutes visibles en parallèle, joue son rôle dans l'attention aigüe que certaines séries accordent aux souvenirs de séries antérieures ? Certes, le phénomène n'est pas neuf. La première série HBO, *Dream On*[20] faisait de Martin Tupper, anti-héros à la vie amoureuse chaotique, un enfant de la télé bercé par les multiples films et séries en noir et blanc qu'il avait pu voir depuis son plus jeune âge vissé devant un poste de télévision.

17 Mittell, Jason, *Complex TV : the Poetics of Contemporary Television Storytelling*, New York, NYUP, 2015.

18 Esquenazi, Jean-Pierre (dir.), « L'analyse des séries télévisées », *Écrans* n° 4, Paris, Classiques Garnier, 2015.

19 Voir : https://www.nytimes.com/2020/01/09/business/media/tv-shows-2020.html (consulté le 12/06/2021).

20 *Dream On* (HBO, 1990-1996), série créée par David Crane et Marta Kauffman.

Tout l'enjeu, à la fois caustique et mélancolique, était de montrer que des extraits de ces œuvres constituaient pour lui un fonds mémoriel de références, ravivées et citées incessamment par la série pour illustrer les aléas de ses émotions.

Trente et un ans plus tard, la série *WandaVision*[21], dont une partie de la critique a tout de suite saisi l'importance[22] – non sans un certain étonnement devant un objet de l'univers Marvel –, radicalise ce geste pour montrer combien certains spectateurs d'aujourd'hui sont littéralement habités par des souvenirs de séries, au point que les univers sériels paraissent constituer un pan essentiel de leur réalité psychique. Dans cette série sur le deuil, Wanda Maximoff (Elizabeth Olsen), brisée par la mort de Vision (Paul Bettany), recrée de toute pièce un univers fantastique de consolation, où la mort est comme abolie, inspiré par les sitcoms et les soap-opéras qui ont bercé son enfance cathodique : *I Love Lucy*, *Bewitched*, *The Dick Van Dyke Show*, *Who's the Boss ?*, *I Dream of Jeannie*, *The Brady Bunch*, etc. « Mais qu'est le deuil sinon l'amour refusant de s'éteindre ? ». Cette question, posée par Vision alors même que Wanda regarde un épisode de *Malcolm*[23], ne vaut pas que pour les sentiments des personnages : elle exprime le rapport mémoriel intense que cette série entretient avec la multitude de séries auxquelles elle fait référence. En puisant allègrement dans leurs esthétiques, dans leurs génériques, dans leurs tons et dans leurs situations dramatiques, *WandaVision* va bien au-delà de l'hommage : elle dit que l'imaginaire contemporain de nombre de spectateurs est tissé d'un rapport, sinon amoureux, d'extrême attachement à des séries qui représentent un terreau mémoriel fondamental de la culture visuelle. À partir des deux prénoms de son héroïne et de son héros, les créateurs de *WandaVision* ont ainsi forgé un titre-emblème : c'est bien au sein de la vision de Wanda que la série nous plonge, vision qui est d'abord et avant tout réécriture d'une profuse mémoire sérielle.

---

21 *WandaVision* (Disney+, 2021), série créée par Jac Schaeffer.

22 Voir par exemple : Sotinel, Thomas, « La série *WandaVision*, prémonition du monde d'après la pandémie de Covid-19 », https://www.lemonde.fr/idees/article/2021/03/22/wandavision-reflet-de-la-pandemie-de-covid-19-et-premonition-du-monde-d-apres_6073990_3232.html (consulté le 12/06/2021).

23 Dans lequel on aperçoit Bryan Cranston qui deviendra, quelques années plus tard, l'inoubliable interprète de Walter White dans *Breaking Bad*. *Cf.* *Malcolm in the Middle* (Fox, 2000-2006), série créée par Linwood Boomer.

Réécriture, en effet. Car la question de la réécriture est consubstantielle à celle de la mémoire, et c'est pourquoi il a paru important de connecter ces deux problématiques au sein de ce numéro. Si son organisation en trois parties vise à les distinguer – « Réécritures sérielles », « Mémoire et oublis », « Mémoire et histoire, mémoire et vérité » – le plan adopté a aussi valeur de trompe-l'œil, nombre d'articles faisant le choix de lier ensemble les deux notions. Réécrire, n'est-ce pas de toute façon s'appuyer sur un texte premier que le texte second garde en mémoire ? Qu'il s'agisse d'adaptation, de remake, de *reboot*, de *spin-off*, l'hypersérialité (au sens où Gérard Genette parle d'hyperfilmicité[24]) est un processus mémoriel dont l'actualité n'a peut-être jamais été, là encore, aussi forte. Le triomphe inattendu d'*En Thérapie*, dernière réécriture en date de la série *BeTipul*, créée en 2005 par Hagai Levi[25], suffirait à nous en convaincre. Reprenant le canevas originel de la série israélienne (chaque épisode étant consacré à un patient différent pour chaque jour de la semaine), mais en l'adaptant au contexte français traumatisé par les attentats de novembre 2015, *En Thérapie*[26] montre la plasticité et l'inventivité dont font preuve les phénomènes de réécriture – dont même ils doivent faire preuve, à travers une palette large de transferts (temporels, culturels, éthiques, politiques, esthétiques, etc.), pour résonner avec les problématiques d'une époque ou s'accorder avec les idiomes nationaux.

De fait, se focaliser sur les mutations produites à l'intérieur d'un mode d'expression à un autre s'opère grâce à des transferts de divers ordres, du film vers la série (*M*A*S*H*[27], *Fame*[28], *Hippocrate*[29]) par exemple, ou l'inverse (*Sex and the City*[30], *Mission impossible*[31], *Miami Vice*[32]), initiés dans les deux cas par les mêmes producteurs ou les mêmes acteurs. De plus en plus, on rencontre des acteurs « transfuges », qui passent du cinéma aux séries et vice-versa, ou des réalisateurs et des scénaristes

---

24 Genette, Gérard, *Palimpsestes, la littérature au second degré*, Paris, Seuil, 1982, p. 241.

25 *BeTipul* (Hot 3, 2005-2008). Depuis sa création, la série a connu une vingtaine d'adaptations de par le monde.

26 *En Thérapie* (Arte, 2021), série créée par Éric Toledano et Olivier Nakache.

27 *M*A*S*H* (20th Century Fox Television, 1972-1993), série créée par Larry Gelbert, d'après le film éponyme de Robert Altman (1970).

28 *Fame* (MGM, 1982-1987), série créée par Christopher Gore.

29 *Hippocrate* (Canal+, 2018 –), série créée par Thomas Lilti.

30 *Sex and the city* (HBO, 1998-2004), série créée par Darren Star.

31 *Mission : impossible* (CBS, 1966-1973), série créée par Bruce Geller.

32 *Miami Vice* (NBC, 1984-1989), série créée par Anthony Yerkovich.

qui travaillent des deux côtés, à l'image d'Alan Ball. Les exemples sont innombrables, et il s'agit autant de porosité entre les différents modes d'expression que d'un moyen de conserver en mémoire le *plaisir* d'un texte dans un autre. La réécriture sérielle ne peut plus, si cela a un jour été le cas, être considérée comme une simple redondance, un prolongement répétitif d'une histoire originelle. Au contraire, on est frappé de voir combien, par le biais de réécritures aux dimensions et aux formats divers, les séries télé cherchent moins à adapter qu'à explorer des mondes ou à les réinventer. Ce peut être, au sein d'une même série, la réécriture d'un univers par rapport à un autre (*The Affair*[33], *Awake*[34]). Ce peut être aussi la manière dont une série joue très habilement avec les références et les motifs tirés d'un univers qui la précède (la première saison de *Fargo*[35] qui multiplie les allusions en forme de citations – tel lieu, telle réplique, tel objet – à l'univers premier du film des frères Coen). Ce peut être encore la reprise d'un dispositif de mise en scène qui raccroche très fortement une série à sa série-matrice pour mieux dériver à partir d'elle (les apartés face caméra de la version anglaise de *House of Cards*[36] que l'on retrouve dans son remake américain).

Mémoire et réécritures dans les séries télévisées forment donc un vaste terrain d'investigation problématique et analytique que ce numéro n'a pas prétention à cartographier ou inventorier. Il s'agit plutôt d'épouser la richesse des questions auxquelles il permet de se confronter, à travers un panel d'études qui constituent autant de coups de sondes.

Ainsi, la première partie cherche moins à s'arrêter sur la comparaison entre différentes formes d'expression, que d'insister sur certains types d'interactions qui alimentent des processus de réécriture conçus comme sources de créativité et d'innovation. Comment les échanges de procédés narratifs et filmiques ont-ils évolué et dans quelle mesure ces interactions influent-elles sur les séries ? L'étude de Jonathan Bignell, qui ouvre l'ouvrage, sur les transferts réciproques entre le cinéma et les produits télévisuels britanniques et américains au cours des années 1960 souligne que les influences et les écarts transnationaux sont à prendre en

33 *The Affair* (Showtime, 2014-2019), série créée par Sarah Treem et Hagai Levi.

34 *Awake* (NBC, 2012), série créée par Kyle Killen.

35 *Fargo* (FX, 2014 –), série créée par Noah Hawley.

36 *House of Cards* (BBC, 1990), série créée par Andrew Davies et *House of Cards* (Netflix, 2013-2018), série créée par Beau Willimon.

considération. Ces réalisations bénéficient non seulement d'échanges – de fusions, même – d'équipes transatlantiques, qui vont des acteurs aux scénaristes en passant par des producteurs et des techniciens, mais également de l'infrastructure des studios anglais, qui permettent les tournages *en série,* grâce au recyclage parallèle des *soundstages* et des *backlots* de films et de séries. Les films de James Bond ou la série *Le Saint* puisent d'égale manière dans l'ambiance des *Swinging Sixties*, qui bénéficient encore de la valeur ajoutée des Trente Glorieuses, leur permettant de transporter l'action (par avion, jet ou yacht privés) dans des paradis exotiques tels la Côte d'azur et la Jamaïque. Penny Starfield, de son côté, examine la manière dont la mini-série télévisée *Winnetou le Mescalero*, réalisée par Marcel Camus, forme une réécriture à partir d'un modèle lointain, imaginé par Karl May, qui lui-même s'inspire des romans de Fennimore Cooper. C'est tout un jeu de transformations narratives, intermédiales et interculturelles que cet article retrace. Affaire germano-allemande au départ, comme en témoignent les adaptations cinématographiques des années 1960, la réécriture par la série télévisée vise fondamentalement à réintroduire l'univers de Winnetou dans son pays d'origine, le monde amérindien, pour mieux rendre les personnages à leur humanité, ce que le roman originel et les réécritures précédentes avaient tendance à occulter à travers des représentations largement stéréotypées.

La troisième étude s'autorise un léger pas de côté par rapport à la thématique d'ensemble de ce numéro. Il est bien question de réécriture sérielle, mais à propos d'une série de jeux vidéo. Andrei Valla se livre à une analyse essentiellement narratologique du personnage de Kratos, pour montrer que la série vidéoludique *God of War* entend mener rien moins qu'une réécriture des origines de l'Occident. L'idée de Peter Sloterdijk selon laquelle la colère (la *ménis*) serait à la fois matrice et moteur de l'Occident sert ici de guide conceptuel. Kratos est ainsi pensé comme une réécriture de la figure d'Achille, tirée de l'*Iliade*, et la colère de Kratos, en menaçant les fondements d'un monde portés par les mythes grecs, finit par imposer la culture américaine comme nouveau point d'origine du monde occidental. La réécriture à laquelle s'intéresse David Gaillard s'appuie, elle, sur les phénomènes d'interactivité et de transfictionnalité à l'œuvre dans *Bandersnatch*, conçu ici comme un « film actable », épisode singulier de la série anthologique *Black Mirror.* Mais, alors que c'est une forte participation du spectateur que l'interactivité devrait induire, c'est au contraire en laissant libre cours à l'expérience spectatorielle du non-choix que le véritable usage du film actable se révèle, générant de nombreuses interactions transfictionnelles qui intègrent le spectateur dans la fiction. Pour Dominique Sipière, il s'agit de décrire les phénomènes de réécritures et les jeux avec la mémoire à l'œuvre dans les séries policières, qui empruntent leur structure narrative aux récits de type *whodunnit*, tout entière tendue vers une résolution finale. C'est une « rêverie » de la trace qui alimente ici, sous des formes presque infinies, les univers sériels et les formes de réécritures, au service de narrations au potentiel fortement subversif.

L'ensemble des articles regroupés sous la seconde partie se confrontent directement à la dimension de la mémoire et à son corolaire, l'oubli. La cinquième, et dernière en date, saison de *Prison Break* offre occasion à Philippe Ortoli d'exhumer les principes structurants qui organisent la tragédie de son personnage principal, Michael Scofield, pour mieux s'interroger sur ce qui fonde une lecture mémorielle d'une série télévisée. Alors que cette ultime saison, de seulement 9 épisodes, a pu apparaître comme un concentré médiocre de tout ce qui a déjà été traversé dans les saisons précédentes, c'est bien un double mouvement d'enfermement et d'ouverture que cette saison rejoue à son tour : en prenant l'allure d'une synthèse, elle permet d'autant mieux d'en avoir conscience. Tout se passe comme si cette saison réveillait et révélait la mémoire enfouie de la dynamique principielle sur laquelle la série est bâtie depuis son origine. C'est aux souvenirs des personnages et à la mémoire des lieux des deux premières saisons de *Downton Abbey* que s'intéresse Raphaëlle Costa de Beauregard. Balançant entre mémoire personnelle, celle des protagonistes, et mémoire collective, celles des lieux, la série interpelle fortement ses spectateurs sur ces enjeux mémoriels en tissant des liens entre passé et présent, ce qu'une étude de la réception de la série permet *in fine* de mettre en évidence. Faika Saci, quant à elle, s'installe dans les méandres complexes de la troisième saison de *Twin Peaks*, que 25 ans séparent de la précédente, pour analyser la manière dont la série joue avec sa propre mémoire tout en déjouant les attentes d'un spectateur gorgé de souvenirs. Mémoire spectatorielle, amnésie, anamnèse, héritage d'une mémoire collective forment les concepts-clés de cette saison, consciente que rien ne peut plus être comme il y a 25 ans, sinon les souvenirs que les personnages et les spectateurs ont en partage.

Dans cette seconde partie, toujours, c'est aux « mondes palimpsestiques » forgés par certaines séries contemporaines que s'intéresse Florent Favard. Faits de mémoire et de réécritures, comme leur nom le laisse entendre, ils sont aussi les refuges de « personnages-vestiges » dépositaires de souvenirs des états antérieurs de ces mondes. Qu'ils prolongent les mondes qui les ont précédés, qu'ils entretiennent avec eux un rapport réflexif ou qu'ils prennent l'aspect de mondes hyperfluides, les « mondes palimpsestiques » font de la mémoire l'un des enjeux majeurs des séries contemporaines. Hélène Breda, enfin, aborde l'analyse de la série belge, *La Trêve*, à partir du concept de « tissage narratif » qu'elle a construit. Souvenirs et amnésie forment ici des motifs autour desquels s'organise un récit double, où le mystère porte autant sur la victime que sur l'enquêteur : mémoire et oubli sont les gages d'une complexité narrative, aboutissant à une intrigue qui vise à prendre la mesure du tissu mnésique qui forme les existences.

C'est le rapport de la mémoire à l'histoire ou à la vérité qu'abordent les études réunies dans la troisième partie de ce volume. Bien qu'interrompue au bout de deux saisons, la série *Rome*, qui constitua un événement au moment de sa première diffusion sur HBO, revisite, sous la forme d'une réécriture fictionnelle très documentée, la mémoire des représentations culturelles liées au règne de Jules César. Victor Faingnaert montre ainsi que, en puisant aux meilleures sources de l'historiographie moderne, cette série renoue avec certaines grandes caractéristiques du genre Péplum, pour mieux les adapter au médium télévisuel et correspondre aux nouveaux horizons d'attente des spectateurs contemporains. Peu connue en France, la série *Verano Azul* constitue un moment majeur de la mémoire télévisuelle espagnole, l'un de ces objets culturels en lesquels une société entière semble se refléter et communier. Tout l'intérêt de l'étude menée ici par Nadia Ait Bachir vise à mettre en évidence que son succès tient précisément à son ancrage dans la réalité nationale de la Transition démocratique, dont elle a su synthétiser et métaphoriser les enjeux sociétaux et politiques.

À quel type de mémoire se réfère une série comme *Narcos*, et pour quelle finalité, quand elle ménage une place cruciale à des images d'archives, au point d'ailleurs de créer de toute pièce des images d'archives fictionnelles c'est-à-dire, pour parler clair, de fausses archives ? L'objectif bien sûr, comme l'analyse Nadia Tahir, est de faire « sonner vraie » la réécriture de l'histoire à laquelle s'adonne la série. Mais il est aussi éthique : l'archive joue ici le rôle de « caution morale » en soulignant la réalité, parfois terrifiante, de la violence liée au narcotrafic, pour mieux tenir à distance les risques de glorification des narcotrafiquants. C'est aussi sur le terrain éthique que se situe l'étude de la série documentaire *The Keepers* que mène Fabien Boully et qui ferme ce numéro. Cette série de « true crime stories » ne fait pas que reprendre l'enquête à propos d'un « cold case », l'assassinat en 1969 de Sœur Cathy Cesnik à Baltimore. En accordant une place séminale à des réminiscences traumatiques, cette mini-série s'impose comme un mausolée sériel : plutôt que de chercher une vérité définitive qui démasquerait des coupables, elles se veut une réponse à l'oubli qui menace, en accordant une grande confiance à la vérité contenue dans les souvenirs. Lutter contre l'oubli, c'est élaborer ici une émouvante éthique de la mémoire.

Dans leur ensemble, ces études qui traitent de la réécriture et de la mémoire mettent en relief la diversité très grande de l'écriture sérielle dans plusieurs pays, aussi bien sous les registres de la fiction que du documentaire. Comme on le verra à lecture des articles, c'est également une remontée dans le temps que ce numéro propose, parfois jusqu'à l'Antiquité, et tout particulièrement dans l'histoire des séries télé. Par-là, aussi, il est question de mémoire… On ne saurait achever cette introduction, enfin, sans rappeler que certains articles ont fait l'objet d'une communication lors de journées d'étude co-organisées par les laboratoires ERIBIA, LASLAR et ERLIS (MRSH, Université de Caen Normandie) et le projet GUEST Normandie[37]. Nous remercions vivement Christian Viviani, Nadia Tahir, Sylvaine Bataille-Brennetot, Florence Cabaret et Sarah Hatchuel pour leur contribution à l'organisation de ces journées.

Fabien Boully
et Penny Starfield

37 Groupe Universitaire d'Études sur les Séries Télévisées basé en Normandie (https://guestnormandie.wordpress.com/).

PREMIÈRE PARTIE

RÉÉCRITURES SÉRIELLES

ADVENTURES BETWEEN TV AND FILM, AND BETWEEN BRITAIN AND AMERICA

There are many connections between the TV series and cinema in 1960s British culture. One of them is the spy adventure genre, which was important in both media. In this article, I focus on TV series made for Britain's commercial ITV network, and the James Bond films of the 1960s. Among the concerns of both the series and the films is Cold War anxiety about the relations between East and West[1], and one of the ways that this anxiety is expressed is by setting fictional adventures in international locations. As well as giving the stories exoticism and variety, travel and international mobility are means to debate the place of Britain and Britishness in a changing world. Bond films and British action-adventure TV series of the 1960s showcase style and locations in the context of fantastic, rather than realistic narratives, to the extent that the series are now categorized as "telefantasy" to express their blending of science fiction and the action-adventure genres[2].

The other connection, which is probably less well-known, is that the aesthetic and stylistic features shared between TV and film action-adventure depended on shared production facilities. The main examples I discuss are Elstree and Pinewood Studios and the programmes made there. I want to show how TV series used the resources of the place where they were made, and how they represent space and place for the viewer[3]. These studios in the suburbs near London made filmed television using film cameras on soundstages, backlot sets built on the studio premises, and shooting in outside locations. By contrast, the main production method for television fiction in Britain in the 1960s was

1 Bignell, Jonathan, "Spies, style and the Cold War: James Bond in the sixties and seventies", *Symbolism: An International Annual of Critical Aesthetics*, n° 10, 2010, p. 81-92.

2 Johnson, Catherine, *Telefantasy*, London, BFI, 2005.

3 Bignell, Jonathan, "Transatlantic spaces: production, location and style in 1960s-70s action-adventure TV series", *Media History* 16:1 (2010), p. 53-65.

to shoot in a multi-camera television studio, in black and white using electronic cameras. Brief filmed sequences were inserted into live and later into videotaped dramas, usually to establish the location of the action by showing the exteriors of buildings or landscape settings, or to include special effects. In the action-adventure series I discuss here, the use of film to make TV contrasts with this more conventional video aesthetic of the period. Film was used to shoot television programmes on soundstages and in backlot spaces at the same film studios that were used to make cinema films.

British author Ian Fleming wrote the James Bond novels increasingly with film and television adaptation in mind, and he was keen to make money from writing screenplays for original film and television projects. The film and TV industries of Britain and the USA had strong trading relationships, so Fleming internationalized his work to suit both British and American audiences; the Bond films have hybrid British and American characteristics as I shall explore below. The early Bond films and Fleming's novels also have origins in ideas for television series. The *Dr No* novel published in 1958 was based on a television script written by Fleming, then the novel became the first film. Similarly, three of six outlines for TV episodes in a planned but abandoned television James Bond series of 1958 were published as short stories in Fleming's 1960 collection *For Your Eyes Only* (the basis of the 1981 film). The novel *Thunderball* (1961) also derived from a filmscript co-written by Fleming, and from *Thunderball* onwards, after the success of the *Dr No* film in 1962, Fleming shifted the scenarios of the novels from conflict with the Soviet secret service itself to conflict with the SPECTRE organization in order to satisfy the perceived demands of the international cinema audiences of the adaptations[4]. Bond was created for the transatlantic film and television culture burgeoning in the 1960s, and so were British TV adventure series of the same period.

---

4 On changes to the Bond plots across the whole of Fleming's output, see Bennett, Tony and Woollacott, Janet, *Bond and Beyond: The Career of a Popular Hero*, Basingstoke, Macmillan, 1987, p. 190-201.

TRANSATLANTIC PRODUCTION

British television production companies in the 1950s and 1960s successfully sold crime, espionage and costume adventure series to the USA, and also domestically to the British commercial channel ITV[5]. Pinewood studios, in the London suburbs, was used to make television adventure drama and was the base for each of the James Bond films of the 1960s, as well as other British films such as the *Carry On* film comedies (1958-1992). But alongside its cinema output, Pinewood's sound stages were used for television series production from the late 1950s, beginning with the police drama *Interpol Calling* (ITV 1959-1960), 39 half-hour episodes of which were made for the British ITV commercial network, partly financed by the impresario Lew Grade's ITC company. While the Bond film *Thunderball* was being shot in 1965, Pinewood hosted the filming of 26 episodes of the legal drama *Court Martial* (ITV 1966), also funded by ITC. *Court Martial* was made in Britain, but had originated in an American television play, *The Case Against Paul Ryker*, produced for the 1963 season of the US network NBC's series *Kraft Suspense Theatre*. It retained the US play's American protagonists played by Bradford Dillman and Peter Graves, and was exported for broadcast in the USA on the ABC network. ITC's adventure drama production continued with *Man in a Suitcase* (ITV 1966-1967) and *Strange Report* (ITV 1969), each of which featured an American protagonist based in a British setting, and the latter of which was made by Norman Felton, the American producer responsible for the spy series *The Man from U.N.C.L.E.* (NBC, 1964-1968). There was much interchange between film and television, and between Britain and the USA.

The owners of British film production facilities like Pinewood were keen to make television series as well as cinema films because the volume of material being filmed at the studios kept the studios running for most of the year. Making a filmed television series might require the use of Pinewood's soundstages for as long as eighteen months, whereas shooting a cinema film might only take five or six weeks. The film studios had a

5 Chapman, James, *Saints and Avengers: British Adventure Series of the 1960s*, London, I. B. Tauris, 2002.

range of specialized production facilities like production offices, editing suites, a music library, back projection and secure film storage vaults. They were expensive industrial complexes that needed to be continually maintained and invested in to keep pace with technological developments, so keeping the facilities in use for as much time as possible was the best use of resources. For example, British National Studios at Elstree were expanded in the mid-1960s with the building of three new soundstages, administration offices, an underground car park, a prop store and a scenery workshop. The new buildings were not only part of the infrastructure of production, but also appeared in the cinema and television programmes as locations. The Elstree site offered opportunities to film offices, roads, site entrances, car parks and the full-size facades of buildings that were constructed as on-site backlot sets. Shooting scenes on the studio premises meant that film crews did not have to travel to locations, and this saved money and time. If locations were needed off-site, the places that were chosen were often close to Pinewood and Elstree[6]. The suburban area surrounding the studios gave good access to streets, villages, and local woodlands that could feature on screen.

The filmed TV series made at Pinewood and Elstree were hybrids, deriving from programmes like *Court Martial* that were either American co-productions made in collaboration with British companies, or programmes shot in Britain that were made for American and British distribution. The film studios where they were made were similar to those of classical Hollywood in that they were sites with extensive industrial facilities, whose business model was built on continual, efficient production of output designed for an international audience. This deliberate international appeal, especially evident in the ITC company's programmes, was often expressed in the casting of American actors or the use of American production personnel. Americans had no automatic right to work in the British film and television industries, and had to have work permits, but many of these skilled *émigrés* had come to the UK in the 1950s when the US media industry had been targeted by Senator McCarthy's House Unamerican Activities Committee[7]. More

6 McKay, Anthony, "A guide to Avengerland", 1999. http://www.avengerland.theavengers.tv/intro.htm (consulted 10/6/2021).

7 Neale, Steven, "Transatlantic Ventures and *Robin Hood*", in *ITV Cultures: Independent Television Over Fifty Years*, eds., Johnson, Catherine and Turnock, Rob, Buckingham,

people followed in the 1960s as liberals sought to avoid participation in the Vietnam War. As members of the Commonwealth of nations, with strong links to Britain, Canadian actors and production staff were entitled to work in British television without work permits. Canada's proximity to the USA meant that many Canadians had seen a lot of American television and sometimes worked in the US industry, so they could advise on strategies for exporting British productions to the US market[8]. These very practical considerations meant that it made economic sense for British producers to borrow aesthetic and genre forms from American television to increase export potential for British series, and to make use of expertise and personnel from the USA and Canada.

The conditions for making cinema in Britain in the 1960s, including the Bond films, were precarious and they were made at a time of crisis for the British film industry[9]. The size of the British cinema-going audience had been falling since its peak in the 1930s and 1940s, so the revenue from British films was not enough to keep the film production base going. Moreover, films made in Britain had always been less attractive to British audiences than their Hollywood competitors. Attempts by the British government to support the British film industry and protect it to some degree from competition, were manipulated by American producers to their own benefit. The most significant legal provision was the Eady Levy, which required that a fixed proportion of films released in Britain must be "British", meaning that they were made mainly by British production staff, at British studios. Hollywood film producers looked for projects (known as "runaway" productions) that could be financed by American money but made for comparatively low cost at British studios. The revenue for such films would accrue to their American backers, and production costs could be offset by claiming subsidies from the British government that were intended to help "British films". It was in this environment that the first James Bond film, *Dr No*, was made.

Albert "Cubby" Broccoli was an American film producer working in Britain, and he gained financial backing from the U.S. company

Open University Press, 2005, p. 73-87.

8 Hilmes, Michele, "The 'North Atlantic triangle': Britain, the USA and Canada in 1950s television", *Media History*, 16:1, 2010, p. 31-52.

9 Brosnan, John, *James Bond in the Cinema*, London, Tantivy, 1972.

United Artists to make *Dr No* in Britain. His business partner Harry Saltzman owned the film rights to Fleming's Bond novels (except *Casino Royale*). By making *Dr No* at Pinewood with a British crew, and using the British overseas territory of Jamaica as their main offshore filming location, Broccoli and Saltzman could claim that *Dr No* was a British film, and the location work in Jamaica also provided an exotic appeal that could attract both British and American audiences.

JAMES BOND ON TELEVISION

Ian Fleming's journalist colleague and author Paul Gallico recommended Fleming's first novel *Casino Royale* (1953) to his Hollywood agent at manuscript stage, as a prospect for film adaptation, and in 1955, the American producer Gregory Ratoff bought an exclusive option on the film rights[10]. He bequeathed them on his death in 1960 to his widow who sold the rights to Charles K. Feldman, the producer of the 1967 film featuring David Niven. Meanwhile, an American television deal was made with the US television network CBS for the live television rights to *Casino Royale*. Live television rights are separate from film rights, which meant that it was this live television adaptation, screened in the USA on 21 October 1954 in the CBS anthology drama series *Climax! Mystery Theatre*, sponsored by the Chrysler Corporation, that first put Bond on screen.

There were some significant changes made to Fleming's novel for this television version, such as that Bond was now an American agent called Jimmy Bond, and his associate was a British agent called Clarence Leiter (not Felix Leiter, as in Fleming's novel and the Bond films) and was from the British Secret Service. The British and American identities of the protagonists had been swapped around. Spatially and stylistically, the 1954 adaptation was very constrained, being shot entirely in a television studio. The whole drama took place in interiors; a casino and hotel rooms, and there was none of the physical action, exotic locations, car chases or spectacular set pieces that we now associate with Bond on screen.

10 Lycett, Andrew, *Ian Fleming*, London, Phoenix, 1996, p. 232.

Fortunately, the live broadcast was recorded on three reels of 16mm film, but this recording was then lost until 1981. Nevertheless, this short, black-and-white television adaptation was the first screen Bond.

Dr No was the first Bond film for cinema, but its genesis was as a pilot for a television series[11]. On his frequent visits to Jamaica, Fleming had got to know Lady Jeanne Campbell, granddaughter of the newspaper magnate Lord Beaverbrook. She was based in New York, and put Fleming in contact with Henry Morgenthau III, son of a former US Treasury Secretary and associate of her grandfather. Morgenthau was a film producer, and planned to develop Jamaica as a base for television production, in particular filmed series for the American networks. Fleming created the character Commander Jamaica, quickly renamed Commander James Gunn, an American secret agent closely based on Bond. He wrote a sample treatment for a half-hour television episode in which Gunn battles an international freelance spy of Chinese-German ancestry, named Doctor No. The story was to be based in Jamaica and shot partly at Fleming's own estate, called Goldeneye. He wrote a pilot script for the proposed television series, *James Gunn – Secret Agent*, but by December 1955 Morgenthau gave up on the project, having failed to interest the American studios. Fleming re-used the ideas for this failed project and turned them into his 1958 novel *Dr No*.

In 1961, the London-based Canadian producer Harry Saltzman acquired an option to make films based on the James Bond character. Saltzman's production company, Woodfall Films, was a collaboration with the director Tony Richardson and playwright John Osborne, and had made the adaptations *Look Back in Anger* (1959) and *Saturday Night and Sunday Morning* (1960). Saltzman teamed up with the former Hollywood agent « Cubby » Broccoli, now based in London and running Warwick Pictures which had made *The Red Beret* (1953) and *Cockleshell Heroes* (1955) with director Terence Young and art director Ken Adam. Broccoli and Saltzman set up Eon Productions to sell the Bond idea to a major film studio. In New York they signed a contract with United Artists to make six films. An adaptation of *Thunderball* was to be their first production, but legal problems meant that instead they started work on a film version of *Dr No*, based on the novel that Fleming had adapted from his television outline for *James Gunn – Secret Agent*.

11 *Ibid.*, p. 296-298.

In 1963, Fleming's contact Ann Marlow was negotiating with Hollywood producer Norman Felton to make a television series based on Fleming's work, much like the *James Gunn* project developed with Henry Morgenthau III[12]. Marlow had produced some of the live television series of adaptations, *Somerset Maugham TV Theatre* (CBS and NBC 1950-1951), for the US television networks and through her Fleming contributed ideas to Felton's proposed series. The central character would be American, and named Napoleon Solo. However, Fleming was now seriously ill and was also aware that competing television projects might undermine plans for lucrative future cinema productions. Fleming therefore wrote to Felton, assigning him all of his rights in the Napoleon Solo character for a token fee of one pound. The series eventually appeared as *The Man from U.N.C.L.E.* There was no explicit reference to Fleming or to Bond, after Eon's lawyers argued that such reference would damage the value of their new adaptation of Fleming's 1959 novel *Goldfinger.* It was not in cinema that Bond first reached the screen, but as a live television play, and repeatedly there were attempts to make a Bond television series. Often, published work derived from film and television screenplays, not the other way around. The complex story of how Bond reached the screen depended on transatlantic relationships between agents, producers and directors, and the story shifts back and forth between television, film and literature.

TRANSATLANTIC CONNECTIONS

The cinema film production business and the trade in filmed television were transatlantic in the 1960s[13], but the links between national cultures were not only economic but also technological. The equipment and processes for making film (for TV screening or for cinema exhibition) were much the same, whereas British and American television had different

12 *Ibid.*, p. 420.

13 Osgerby, Bill, Gough-Yates, Anna and Wells, Anne, "The Business of Action: Television History and the Development of the Action TV Series", in *Action TV: Tough Guys, Smooth Operators and Foxy Chicks*, eds. Osgerby, Bill and Gough-Yates, Anna, London, Routledge, 2001, p. 13-31.

and incompatible technologies of electronic television broadcasting. For example, British television viewers watched television sets whose electronic pictures were made using the PAL format (which was originally German), but American television transmission was in the NTSC format. Celluloid film, on the other hand, was a medium that worked in the same way on each side of the Atlantic, and exports of programmes across the ocean were made by physically sending reels of film from one country to another. Trading in television and film relied on transport and travel networks.

Travelling from place to place was a key narrative feature of the Bond films and the 1960s television adventure series discussed here. Their protagonists are detectives and spies whose role is to cross the boundaries between geographical and social spaces, in order to police and manage them. In doing this, the protagonists' actions concretely negotiate what national identities mean in relation to each other, and this is especially interesting in relation to the significance of Englishness and Americanness. These two dominant cultures are represented as the agents of change and stability in the global order, although the superpower status of the USA tends to dominate the politics of the James Bond films. The writer and critic Kingsley Amis, for example, noted that in Fleming's novels Bond is powerful partly because of his superior taste and cultural knowledge, deriving from his social class, whereas in the Bond films this aspect of his character can be more comical than serious[14]. In their excellent study of Bond, Tony Bennett and Janet Woollacott argue that Bond's Britishness is filtered through an American attitude to the British class system as "an outdated anachronism" and "an amusing eccentricity when used in the service of the United States[15]". This position of negotiated dominance is evident in the films especially, in relation to the role of the CIA agent Felix Leiter who often arrives at the climax of the story to provide support for Bond in the form of overwhelming American military force.

Key figures in the American political establishment, including Presidents beginning with John F. Kennedy and continuing at least until Ronald Reagan, have publicly numbered Fleming's Bond novels among their favourite books[16]. John F. Kennedy's wife Jackie recommended

14 Amis, Kingsley, *The James Bond Dossier*, London, Jonathan Cape, 1965.

15 Bennett, Tony, and Woollacott, Janet, *op. cit.*, p. 208-209.

16 *Ibid.*

the Bond novels to Allen Dulles, Director of the CIA, and Dulles subsequently became a friend of Fleming's, and *From Russia, with Love* appeared in President Kennedy's list of his ten favourite books in an article for *Life* magazine on 17 March 1961[17]. The cinema historian Alexander Walker notes that the managing executives at United Artists who approved the financing for the Bond films were keen Kennedy supporters, and lobbied for the actor Peter Lawford, Kennedy's bother-in-law, to be cast as Bond instead of Sean Connery[18]. America took Bond to heart, at the highest levels.

In Britain the significance of American culture was contradictory, because America's pervasive pop music and imported television programmes could represent the dilution and dumbing-down of British identity, but also offered a fantasy of leisure, comfort and egalitarianism, which Dick Hebdige calls "an exotic elsewhere[19]". As far as the international distribution of the Bond films and the longevity of the franchise is concerned, there has been sufficient latitude in the representation of Bond over time to give rise to diverse commentary and scholarship[20]. But the key icon of the franchise, and one that makes a connection with the television adventure series, is the figure of the spy. In a relatively early analysis of the cultural significance of Bond, Lietta Tornabuoni commented in 1965: "the occupation of secret agent seemed to satisfy to the full the desire for evasion and for wealth, the lust for adventure and violence[21]". For example, the expression of sexuality by Bond matched the newly acquired sexual freedom that characterized the period, and was legitimated by Bond's undercover role[22]. For a British audience especially, perhaps, Bond represents international modernity by such details as his preference for Martini (rather than malt whisky, for example) and his ability to use technology.

Roger Moore as Simon Templar in the television series *The Saint*, (ITV 1962-1969) or Patrick McGoohan as *Danger Man* (ITV 1960-1962,

17 Tornabuoni, Lietta, "A Popular Phenomenon", in *The Bond Affair*, trans. R.A. Downie, eds. del Buono, Oreste et Eco, Umberto, London, Macdonald, 1966, p. 18-19.

18 Walker, Alexander, *Hollywood, England: The British Film Industry in the Sixties*, London, Harrap, 1986, p. 187-188.

19 Hebdige, Dick, *Hiding in the Light: On Images and Things*, London, Routledge, 1988, p. 9.

20 See Linder, Christoph, ed., *The James Bond Phenomenon: A Critical Reader*, Manchester, Manchester University Press, 2003.

21 Tornabuoni, Lietta, *op. cit.*, p. 22.

22 Walker, Alexander, *op. cit.*, p. 191.

1964-1968) share similar characteristics as sexually powerful masculine protagonists, but television series of the period show interest in strong women characters like Mrs Peel (Diana Rigg) in *The Avengers* (ITV 1961-1969) and protagonist teams that include women (as in *The Champions*, ITV 1968-1969). But Bond films are ironic about masculinity, and use humour to counterpoint both excessive violence and male sexual power, with the effect of granting some audience superiority over the Bond world; that world is seen from outside. Scripts use *double entendres* and ironic asides, for example, and exhibit awareness of cinematic convention. Alexander Walker argues that "Bond was the first film series at that time to work *with an audience.* [...] People who went to see the Bond films henceforth knew the game and anticipated playing it and even working at it as the film-makers fed them the clues[23]".

The Bond film franchise was only part of a lager international economic phenomenon, comprising products, brands and narrative tropes and images that were exploited across nations and across media forms. The first film, *Dr No*, made £700,000 in Britain, more than double the £300,000 it cost to make. Broccoli and Saltzman were able to invest gradually more money into the production of each film, and by the time of *Thunderball* (1965) the production cost was £2.5 million. The Bond novels had already been successful as books of course, but their sales were stimulated by the release of each film, most notably in 1963-1966[24]. At that time, the Bond novels were adapted into serial instalments for publication in *Playboy* in 1963, 1964 and 1965, and a range of magazines published articles about the films' stars, the "Bond girls", or the vehicles and accessories Bond used on screen. In addition to the UK and USA, merchandising effort occurred in France, Italy, Denmark, Sweden, and even Yugoslavia, which was at that time part of the Soviet Communist sphere of influence[25].

The genre of spy adventure was economically successful and attractive to audiences in transnational television trading at the same time as Bond was ascendant in cinema. Roger Moore, who would later play Bond, appeared on television as the international playboy adventurer *The Saint* (screened in the USA on NBC, 1967-1969), and was highlighted

23 *Ibid.*, p. 194.
24 Bennett, Tony and Woollacott, Janet, *op. cit.*, p. 30-32.
25 See Tornabuoni, Lietta, *op. cit.*, p. 13-34.

as a notable import in the entertainment trade newspaper *Variety*[26]. The television executive Lew Grade backed the production of the series by his company ITC, in order to target the US market for continuing series of filmed drama programmes[27]. This meant accommodating to the perceived demands of the major US television networks as far as the form and format of the series was concerned, such as by changing from the usual British episode duration of thirty minutes to a one-hour format. *The Saint* was made at Elstree studios from 1962, and used the production facilities discussed above, such as its prop and costume collections, post-production editing, and set building and backlot streets on the studio premises. The NBC network screened *The Saint* in the major cities of New York, Los Angeles and Chicago at first, and because of solid ratings NBC ordered more episodes. At the time, NBC was preparing for all-colour transmission, partly because its parent company RCA was a manufacturer of colour television sets and wanted to stimulate demand for them. So, although colour television would not be broadcast in the UK until the BBC2 channel began to show it in 1967 (and the main channels ITV and BBC1 not until even later) from 1968 episodes of *The Saint* were made in colour for colour screening in the USA.

British film production provided a key ingredient for the spatial aesthetic of *The Saint*, and ITC's later productions at Elstree. The offer of filmed action-adventure to US networks was premised on a general respect accorded to British programming because of its consonance with existing American genres and, as Jeffrey Miller outlines, the weekly listings magazine *TV Guide* ran a series of editorial pieces in the 1950s and 1960s that praised the programmes spearheading the sporadic "British invasions" of US network television[28]. The adventure genre programmes used British vocabulary, costume and décor to signify a "hip" and "cool" milieu but with storylines that were similar good-versus-evil action drama to domestic US productions.

From the start of their involvement with Bond both Broccoli and Saltzman wanted the film Bond to be depoliticised, so that the films

26 Brown, Les, "Britain Makes It on US TV – O'Seas Influence Makes Its Mark", *Variety*, 30 June 1966, p. 1.

27 Bignell, Jonathan, "And the Rest is History: Lew Grade, Creation Narratives and Television Historiography", in Johnson, Catherine and Turnock, Rob, *op. cit.*, p. 57-70.

28 Miller, Jeffrey, *Something Completely Different: British Television and American Culture*, Minneapolis, University of Minnesota Press, 2000.

could be seen as entertainment products not tied to particular conditions in the contemporary relations between East and West. In the films, evil masterminds threaten both East and West and Bond is tasked with maintaining the status quo. The villains are individuals, such as Doctor No, Auric Goldfinger and Ernst Blofeld whose aims may damage particular Western interest but are much more grandiose and fantastical rather than political. Blowing up American rockets in *Dr No* and stealing missiles in *Thunderball*, contaminating Fort Knox's gold in *Goldfinger*, capturing orbiting satellites in *You Only Live Twice* (1967) and hoarding diamonds in *Diamonds Are Forever* (1971) are based more on extortion than political strategy, with international consequences that require Bond to work transnationally.

INTERNATIONAL STYLE

Design and visual style establish a brand for the Bond film series, and their narratives are characterised by set pieces such as chases, negotiating the villain's secret lair, fight sequences and the destruction of the villain's headquarters, for example. The films' producers Broccoli and Saltzman built up a group of creative staff who gave the films continuity of style and tone, such as the designer Ken Adam, composer John Barry and the directors Terence Young, Lewis Gilbert and Guy Hamilton. Of course, each actor portraying Bond was normally contracted for several films, and other actors returned to play secondary characters like Miss Moneypenny or M. The Bond films worked like television series in these respects, with a relatively stable recurring cast and conventions of *mise-en-scène* that audiences could recognise. The ITC television series developed a related, yet distinctive, spatial aesthetic[29]. Bond films had budgets that allowed for shooting in exotic overseas locations, like Jamaica, in a way that spy adventure for television could not match. Instead, television series used film shot in soundstage interiors, at local British locations, stock footage of foreign locations, back-projections, and only occasionally used

29 Gibbs, John, *Mise-en-scène: Film Style and Interpretation*, London, Wallflower, 2002.

specially shot film recorded abroad[30]. But like the Bond films, their glossy adventure formats set up links between Britishness and international modernity, classlessness and consumerism. In their narratives, place and movement between places was an important attraction. Showing real places, by shooting on film on location, enables places to be identified and given significance. But alongside that, movement between these places is a key aspect of creating a more homogenous transnational utopia comprising less differentiated places that are also emblematic of modernity, like international luxury hotels, airports, office blocks, and city streets. The capacity to combine filming in interiors with location footage and commercially purchased stock shots was made possible by the facilities at Elstree and Pinewood studios.

The shared visual style among ITC series' action-adventure fictions derives from their use of the same settings again and again. In particular, the same buildings recur on screen because the British pop performer Cliff Richard made three films at Elstree and full-size buildings were constructed on the studio backlot for scenes in the films. The films *The Young Ones* (1961), *Summer Holiday* (1963) and *Wonderful Life* (1964) showcased Cliff Richard as an international pop star, and the film stories represented international travel and tourism. Going abroad was becoming more affordable for British holidaymakers in the mid-1960s, and the fashion and pop music industries led the international prestige of British culture. James Bond was part of this, and *Wonderful Life* explicitly refers to the film *Dr No* in a scene that alludes to its iconic shot of Ursula Andress (playing Honey Ryder) emerging from the sea. Cliff Richard, James Bond and ITC's action heroes like The Saint were part of a common transnational culture. The exterior settings built at Elstree studios were re-used for the settings in television adventure series that were sold to the US networks, such as *The Baron* (ABC 1966), *The Avengers* (ABC, 1966-1969), *The Champions* (NBC, 1968-1969), *Department S* (syndicated in the USA 1971) and *Randall and Hopkirk (Deceased)* (syndicated in the USA 1973).

The Champions used Elstree's backlot buildings and studio exteriors the most. They could represent France or the West Indies, for example,

30 Freeman, Nick, "See Europe with ITC: Stock Footage and the Construction of Geographical Identity", in *Alien Identities: Exploring Difference in Film and Fiction*, eds. Cartmell, Deborah, Hunter, I.Q., Kaye, Heidi and Wheleha, Imelda, London, Pluto, 1999, p. 49-65.

by changing details of set dressing such as shop signs and street names, with incidental music that suggested place by its ethnic motifs. The buildings at Elstree became foreign embassies and police stations, and various European streets. The protagonists of *The Champions* were agents working for Nemesis, an international arm of the United Nations, and this premise required them to travel all over the world. But they had special powers, acquired in the opening episode, set in the mountains of Tibet (actually an Elstree studio soundstage). They had great strength, superhuman sight and hearing, and telepathic abilities. Telepathy enabled them to experience far distant events remotely, and communicate with their fellow agents. So, the possible storylines of the series could easily jump from one setting to another far distant one, and the narrative of a single episode could link events occurring in different places around the globe. Travelling between and networking different countries and regions were part of the premise of the series, and supported the means of its realization.

As ITC production of action-adventure series continued into the 1970s, programmes used more specially shot film from overseas locations, so that they increasingly resembled higher budget cinema films. *The Persuaders!* (ITV 1971-2, screened in the USA on ABC 1971-2), cast *The Saint*'s Roger Moore with the American film star Tony Curtis. They played a duo of international playboys who got mixed up in solving crimes and foiling espionage plots, often taking place in European capital cities or holiday destinations (like Monte Carlo). Reporting on the making of such programmes, the governing body of British commercial television, the Independent Television Authority (ITA), recognized the cost of making British adventure series with international appeal:

> Adventure and action series are almost always more successful on film; at the same time film costs roughly four times as much as videotape. The probability is therefore that major series in the same category as ATV's forthcoming *Persuaders* with Roger Moore and Tony Curtis will continue to be made either as co-production with an overseas company or as a product aimed from the start at more than the home market[31].

However, the ITA set this against the economic success of such programmes in the UK and overseas, and also gave value to the way

31 Independent Television Authority, *Annual Report and Accounts 1970-1971*, London, ITA, 1971, p. 23.

that they present a "picture of British life and British attitudes to the world beyond the United Kingdom[32]". *The Protectors* (ITV 1972-4, syndicated in the USA 1972) featured the protagonist secret agents pursuing villains in Paris and Rome, and none of the three was British. Nyree Dawn Porter played the Italian Contessa di Contini, Tony Anholt was the Frenchman Paul Buchet, and American actor Robert Vaughn played an American, Harry Rule, who lived in London.

James Bond on television and cinema, and the spies and crime-fighters of television action-adventure in the 1960s and early 1970s were characters who moved easily between production technologies and were at the centre of networks of transnational trade and cultural relationship. British film studios like those at Elstree and Pinewood developed effective and flexible means to represent place in the studio and on location. The fictional worlds they represented were colourful and cosmopolitan, and expressive of an expansive modernity in which traveling and a global outlook combined the exotic and exciting with conceptions of foreign locations that could also embody Cold War perceptions of otherness and threat[33]. Action-adventure series and the James Bond films travelled across film and television forms and across national and cultural boundaries. Looking closely at their history draws attention to their intermedial and transmedial characteristics. Action-adventure television series depended on film, and James Bond had a life in television that prefigured his appearance in cinema.

Jonathan BIGNELL

32 *Ibid.*

33 Haralovich, Mary Beth, "*I Spy*'s 'Living Postcards': The Geo-politics of Civil Rights", in *Television, History, and American Culture: Feminist Critical Essays*, eds. Haralovich, Mary Beth and Rabinovitz, Lauren, Durham, NC: Duke University Press, 1999, p. 98-119.

RÉÉCRITURES EN SÉRIE

Le cas *Winnetou*

En 1980, la mini-série télévisée *Winnetou le Mescalero*, réalisée par Marcel Camus, est diffusée sur la deuxième chaîne française, appelée à l'époque Antenne 2[1]. Scénarisée par Jean-Claude Deret, elle présente une adaptation libre des westerns de l'écrivain allemand prolifique, Karl May (Ernstthal, 1842 – Radebeul, Saxe, 1912), qui mettent en scène les aventures de l'Apache Winnetou et de son ami blanc, Old Shatterhand, publiés entre 1893 et 1910[2]. Alors que les adaptations cinématographiques allemandes des années 1960 vont dans le même sens que les romans en accentuant la dimension quasi-mythique du héros indien, la série cherche à ramener ces récits vers leur terre d'origine et à les faire renouer avec l'histoire native de la rencontre des peuples indigènes avec l'Europe. La ressemblance des héros avec ceux du célèbre roman de James Fennimore Cooper, *Le Dernier des Mohicans* (1826), provient du fait que, incarcéré pour de petites escroqueries pendant un total de huit ans, Karl May aurait profité de ses années en prison pour s'adonner à des lectures abondantes, notamment celle de l'œuvre de l'écrivain étatsunien. Sans avoir mis le pied en Amérique du nord (il s'y rendra seulement en 1908), Karl May crée un univers de grands espaces et d'aventures héroïques, qui rencontre un succès considérable auprès de ses lecteurs, surtout en Europe centrale et en pays germanophones, à la fin du XIXe siècle et au début du XXe siècle, tout comme ses autres romans populaires[3].

---

1 La mini-série est disponible en coffret, L.C.J éditions et productions, 2013.

2 Pour les éditions françaises voir, *Le testament de Winnetou* (Flammarion, 1948), *Le Trésor du lac d'argent* (trad. 1963), *Winnetou, l'homme de la prairie* (Flammarion, 1947, 1973, 1980). Voir « Karl May en France, une réception manquée ? », (dir.) Leroy du Cardonnoy, Éric et Schmiele, Corona, *Strenae* n° 9, 2015, https://journals.openedition.org/strenae/1424 (consulté le 08/06/2021).

3 Sur la vie de Karl May, des détails de ses westerns romanesques, ainsi qu'une comparaison avec l'œuvre de James Fennimore Cooper, voir Cracroft, Richard H., « The American

Le jeune Fritz Lang, par exemple, dont la carrière cinématographique débute en 1919, est un lecteur avide de ce type de romans et l'attrait de l'Orient, l'autre pôle d'intérêt de Karl May, ressort dans ses premiers films muets. Plus tard, après avoir fui l'Allemagne nazie en 1933, il tournera des westerns à Hollywood[4]. À son image, cette littérature de jeunesse, « boy literature » selon l'expression de Thomas Elsaesser, exerce un pouvoir sur plus d'un garçon, comme le futur écrivain Aharon Appelfeld qui, au même titre que les romans de Jules Verne, lit « avec intérêt » ceux de Karl May dans sa Bucovine natale peu avant le début de la Seconde Guerre mondiale[5]. Le lectorat de l'œuvre romanesque de Karl May recouvre un spectre qui s'étend jusqu'à Adolf Hitler, en passant par Albert Einstein, Albert Schweizer et le philosophe marxiste Ernst Bloch. Ce dernier compare l'écrivain à un « Shakespeare des adolescents », faisant l'éloge de cette littérature populaire qui, dans sa fonction même d'échappatoire, permettra à la jeunesse d'atteindre l'utopie[6].

Si, à l'extérieur des pays germanophones, ces romans en lieux exotiques sont peu connus, les histoires de Winnetou ont pu se diffuser et se renouveler, d'abord à travers la culture populaire de l'après-guerre, ensuite grâce à des adaptations cinématographiques des années 1960. Afin de comprendre la mini-série et la position qu'elle adopte dans cette chaîne de transmission, il faut d'abord en passer par ces premiers avatars qui, dans leurs transformations même, poursuivent la première réécriture des personnages de J. F. Cooper par Karl May et continuent de laisser leur empreinte et d'accroître leur influence sur l'imaginaire allemand.

West of Karl May », *American Quarterly*, Summer, 1967, Vol. 19, No. 2, Part 1 (Summer, 1967), p. 249-258.

4 Ciment, Michel, *Fritz Lang : le meurtre et la loi*, Paris, Gallimard, 2003, p. 16.

5 Elsaesser, Thomas, « Myth as the Phantasmagoria of History H. J. Syberberg, Cinema and Representation », *New German Critique*, No. 24/25, Special Double Issue on New German Cinema (Autumn, 1981-Winter, 1982), p. 108-154 ; Appelfeld, Aharon, *Mon père et ma mère*, Paris, éd. de l'Olivier, [2013] trad. Valérie Zenatti, 2020, p. 125 ; Cracroft, Richard H., *op. cit.*, p. 257.

6 Bloch, Ernst, « Le Fusil argenté de Winnetou » [1929], *Héritage de ce temps* (*Erbschraft dieser Zeit* [1935], trad. Jean Lacoste [Payot, 1978], Paris, Klincsieck, 2017), p. 137-141.

RÉÉCRITURE TRANSATLANTIQUE

Les romans de Karl May appartiennent à la littérature dite de « colportage », à savoir des ouvrages vendus à petits prix et diffusés dans les lieux reculés ou éloignés des centres urbains. Ce mode de circulation des histoires et des idées tend à disparaître vers la fin du XIXe siècle et la littérature « populaire » qu'il propage est souvent considérée de faible qualité, destinée à un public moins éduqué, aux goûts peu raffinés. En rendant à Karl May ses « lettres de noblesse », le qualifiant d'« un des meilleurs conteurs allemands[7] », Ernst Bloch rehausse sans doute l'image d'ensemble du colportage. De même, s'il participe de la fascination qu'exerce l'Indien sur un grand nombre d'Européens, depuis l'arrivée de Colomb dans le « Nouveau Monde », l'apport de May est toutefois spécifique et ne consiste pas en une simple transformation de l'Autre américain, représentation assez commune. Bien souvent, en effet, les Indiens paraissent porteurs de traits de caractère perdus par les Européens, comme chez Chateaubriand pour qui les Indiens d'*Atala*, de *René* ou des *Natchez* témoignent d'une proximité avec la Nature, d'une capacité d'aimer et d'être ami, d'une hospitalité envers l'étranger, et enfin d'une innocence qui les rendent capables de grandeur. D'autres Européens se rendent dans l'Ouest, comme l'anthropologue et prince prussien, Maximilian de Wied, qui relate ses explorations dans son *Voyage dans l'intérieur de l'Amérique du nord pendant les années 1832-1834*, effectué en compagnie de l'artiste suisse, Karl Bodmer, dont les dessins de la vie des autochtones et de beaux paysages quasi-vierges illustreront l'ouvrage[8]. Les images prendront corps lorsque l'artiste américain George Catlin passera trois années à Paris à partir de 1845, accompagné d'une douzaine d'Amérindiens Iowa et Ojibwe. Installés dans leurs tipis, notamment au Louvre, ils attirent de nombreux visiteurs et admirateurs, parmi lesquels Delacroix, George Sand et Baudelaire. Signe particulier de cet

7 Bloch, Ernst, *op. cit.*, 138.

8 Le prince de Wied a étudié avec Johann Friedrich Blumenbach, professeur à l'Université de Göttingen, dont les théories sur les différences entre peuples exercèrent une influence sur l'idée émergente de la « race » au cours du XIXe siècle, et qui finit par nourrir le pangermanisme du tournant du siècle. Voir Blumenbach, J.F., *De l'unité du genre humain et de ses variétés (De generis humani varietate nativa*, 1795).

intérêt et de cette empathie que leur voue l'époque, le Britannique Grey Owl endosse une altérité amérindienne inventée, manière peut-être de dissimuler ses propres troubles identitaires, mais qui lui assurera une certaine notoriété[9].

On fait l'éloge des connaissances assez précises de Karl May au sujet des Amérindiens, en remarquant certaines ressemblances avec les romans de J. F. Cooper, en insistant sur la justesse des traits de caractère et des comportements, tout en soulignant parfois des bizarreries de langage. Certains événements, en tout cas, lui sont contemporains, notamment les guerres contre les Apaches dans l'Ouest américain qui se produisent entre des années 1860-1870 et persistent sous forme d'attaques ponctuelles jusque dans les années 1880. Il a donc pu y puiser, peut-être, sa matière romanesque, tout comme il se serait inspiré, pour son portrait de Winnetou, de Cochise, chef des Apaches Chiricahuas[10], négociateur ferme et sage avec les blancs, dont l'image iconique se trouve fixée par des films comme *Fort Apache* (John Ford, 1948) et *La Flèche brisée* (*Broken Arrow*, Delmer Daves, 1950). Peut-être Karl May a-t-il aussi pu voir de véritables Indiens pendant les tournées européennes du Wild West de Buffalo Bill Cody, dont les spectacles ont tourné dans de nombreux pays comme l'Angleterre, la France et l'Italie et étaient très appréciés de la reine Victoria et du pape ? C'est tout à fait possible, quand on sait qu'une célèbre photographie de 1890 montre Annie Oakley avec le prince Wilhelm (le futur Kaiser), se prêtant à l'exploit bien connu de la tireuse d'élite – tirer sur une cigarette placée dans la bouche d'un spectateur[11] – ce qui suffit à montrer que le Wild West de Buffalo Bill n'était pas inconnu en Allemagne…

Toutefois, si le lecteur des westerns de Karl May prend plaisir à l'époque à découvrir cet Autre exotique, c'est d'abord grâce à la médiation du personnage principal de Shatterhand. Cet aventurier allemand, qui parcourt l'Ouest américain, fournit au lecteur un moyen d'identification, un prisme à partir duquel s'infléchissent les représentations. De fait, sous la plume de Karl May, lors de leur traversée atlantique, les Indiens se trouvent soumis à une européanisation qui les transforme en « Soi ». C'est particulièrement

9 Voir le film de ce nom de Richard Attenborough (1999).

10 Cracroft, Richard H., *op. cit.*, p. 255.

11 Voir, par exemple, Rydell, Robert W. et Kroes, Bob, *Buffalo Bill in Bologna : the Americanization of the World, 1869-1922*, Chicago, U. of Chicago Press, 2005.

sensible dans le jeu de miroir différentiel qui s'établit entre, d'un côté, la force quasi-surhumaine qui caractérise l'Allemand, condensée, comme son nom anglais l'indique, dans un coup de poing rapide et fort, et de l'autre, la noblesse et le courage de l'Apache Winnetou, l'« idéal masculin » de May[12]. Ce parallélisme apparent « autorise » l'amitié qui s'établit entre lui et Shatterhand, et débouche, presque naturellement, sur son adhésion à la foi chrétienne. Mais comme en témoignent les couvertures des premières éditions des *Winnetou*, réalisées par l'artiste Sascha Schneider dès 1893, le personnage de Winnetou évolue d'un portrait plutôt réaliste, au diapason d'un roman d'aventure destiné à la jeunesse, vers une sorte d'abstraction culturelle et symbolique de plus en plus poussée. Alors que Winnetou et Shatterhand sont initialement représentés encadrés d'un feu de camp, d'arbres, de chevaux et de montagnes, la couverture d'une édition ultérieure (1905), de la main du même artiste, dépeint l'Indien à terre, soumis à un homme blanc coléreux, la nature allégorique du dessin étant appuyée par la nudité des deux personnages. Déjà, en 1904, Sascha Schneider illustre la couverture de *La Mort de Winnetou* de manière symboliste et épurée, représentant l'Indien nu qui s'envole au ciel, sa longue chevelure noire flottant en arrière. Ces images font de Winnetou le représentant idéal de cet espace vierge qu'est l'Ouest américain, surface sur laquelle on projette histoires, mythes et idéologies. Dans l'Allemagne des premières décennies du XXe siècle, Winnetou sert ainsi de réceptacle parfait à toutes les idéologies passées et présentes, qui forment « l'héritage de ce temps » selon l'expression d'Ernst Bloch.

DE L'ENTRE-DEUX CULTUREL À LA TRANSPOSITION CINÉMATOGRAPHIQUE

Contemporain de l'avènement du cinéma, Karl May n'a pas connu les premières séries cinématographiques d'aventure du milieu des années 1910, les *Fantômas* et *Les Vampires* de Louis Feuillade en France,

12 Boutin, Stéphane, « Les héros de l'authenticité. Histoires du salut chez Karl May et Heidegger », *Strenae*, *op. cit.*, § 10, n. 11 ; § 28, n. 36, http://journals.openedition.org/strenae/1456 (consulté le 08/06/2021).

ou *Les Exploits d'Elaine* (*The Perils of Pauline*, avec la célèbre actrice américaine Pearl White, produit par Pathé frères aux États-Unis). Il meurt en 1912, sans avoir connu non plus la grande époque du cinéma allemand, en particulier son cinéma expressionniste, qui débute à la fin de la décennie, avec le *Cabinet du docteur Caligari* de Robert Wiene (1919), et qui recueille l'admiration tant européenne qu'étasunienne, au point qu'Hollywood fera venir des cinéastes tels Paul Leni et Friedrich Murnau[13].

Si le cinéma allemand d'avant-guerre adapte des romans de J. F. Cooper, comme en témoigne la présence de Bela Lugosi dans le rôle de Chingachgook dans un film en deux parties (*Der Wildtöter und Chingachgook*, 1920), ainsi que des romans de Karl May qui évoquent l'Orient[14], il a fallu attendre les années 1960 pour que ses westerns soient portés à l'écran. Dans l'après-guerre, l'Allemagne et sa jeunesse doivent se reconstituer, se trouver de nouveaux héros et réaffirmer une identité. Encore une fois, le personnage fantasmé, mais d'autant plus malléable, de Winnetou focalisera cette réincarnation. Christopher Frayling constate pendant la même période un engouement pour le western hollywoodien qui se traduit par la sortie de nombreux opus, doublés en allemand et parfois augmentés de plans d'acteurs germaniques (gros plans et plans moyens), comme *La Piste des géants* (*The Big Trail*, Raoul Walsh, 1930), avec John Wayne[15]. Parallèlement, Winnetou perdure grâce à des manifestations comme le festival de Bad Segeberg (Schleswig-Holstein), qui recrée à partir de 1952, les aventures du chef Apache, et qui continue de nos jours de rassembler « des milliers de fidèles dans un théâtre en plein air[16] ». À travers ces pratiques de déguisement et de « performance », l'*Indianthusiasm*, selon le terme de Hartmut Lutz, aurait contribué à la possibilité, pour le peuple allemand de l'après-guerre, de faire face aux

13 Kracauer, Siegfried, *De Caligari à Hitler, une histoire psychologique du cinéma allemand*, Paris, Klincksieck, [1947] 1919.

14 La même année, Bela Lugosi joue un Sheikh dans une adaptation d'un roman de Karl May autour d'un autre personnage fétiche, Haji Baba.

15 Frayling, Christopher, *Spaghetti Westerns : Cowboys and Europeans from Karl May to Sergio Leone*, Londres, Routledge and Kegan Paul, 1981, p. 23. Ralph et Natasha Friar sont parmi les premiers à avoir noté l'importance des adaptations de westerns de Karl May, voir *The Only Good Indian : the Hollywood Gospel*, New York, Drams Book Specialists, 1972, p. 10-11.

16 Bherer, Marc-Olivier, « L'extrême droite allemande fascinée par les Indiens », *Le Monde des idées*, le 19 juillet 2018.

défis immenses du post-nazisme[17]. La présence continue de westerns, ainsi que ce type de manifestations, consolident donc la place de Winnetou dans la mythologie germanique. On en trouve encore l'indice dans des téléfilms tirés des histoires de Winnetou, tournés à Bad Segeberg (réalisés par Udo Langhoff pour le Norddeutche Rundfunk en 1957 et 1958) et diffusés pendant l'été. Tous ces événements préparent le terrain pour les adaptations cinématographiques des années 1960 qui, elles, s'accompagnent d'un intérêt accru pour les romans à l'occasion de leurs sorties sur les écrans.

Le premier film tiré d'un roman sur Winnetou, *Le Trésor du lac d'argent (Der Schatz im Silbersee)*, projeté en 1962, est réalisé par le cinéaste allemand, Harald Reinl, pour la maison de production Rialto, sur un scénario de Harald G. Petersson. Le film bénéficie d'un très grand succès. Reinl réalise ensuite *La Révolte des indiens apaches* (*Winnetou I*, 1963), *Le Trésor des montagnes bleues* (*Winnetou II*, 1964), *Winnetou III* (1965) et *Le Trésor de la vallée de la mort* (1968). Parallèlement, d'autres films de la série sont réalisés par différents cinéastes[18]. Harald Reinl a une longue expérience cinématographique, tournant dans l'après-guerre des *Heimatfilme*, histoires familiales sur fond de paysages ruraux, avant de se spécialiser dans des policiers, dont l'esthétique ressemble au film noir américain des années 1940[19], comme en témoignent deux suites (1961, 1962) aux « Mabuse » de Fritz Lang, dans lesquels joue Lex Barker, futur interprète d'Old Shatterhand dans les films « Winnetou ». Pour adapter les westerns de Karl May, Reinl quitte l'ambiance cloitrée de ses films précédents pour de vastes plaines et de hautes montagnes blanches dignes des personnages quasi-mythiques de ses romans. Ce changement de décor constitue un apport essentiel du western européen, ici par les

17 Lutz, Hartmut, « German Indianthusiasm : A Socially Constructed German National(ist) Myth » *in Germans and Indians : Fantasies, Encounters, Projections*, dir. Calloway, Colin Gordon, Gemnden, Gerd, Zantop, Susanne, Lincoln, Nebraska, U. of Nebraska Press, 2002. Voir aussi Sieg, Katrin, *Ethnic Drag : Performing Race, Nation, Sexuality in West Germany*, Ann Arbor, U. of Michigan Press, 2002.

18 Sur le succès des adaptations cinématographiques des romans de Karl May à leur sortie, voir Schneider, Tassilo, « Finding a New Heimat in the Wild West : Karl May and the German Western of the 1960s », *Journal of Film and Video* 47 : 1–3 (Spring-Fall 1995), p. 67–81 (p. 51) ; Larski, Henri, « *Winnetou*, fleuron du cinéma populaire allemand des années 1960, un rendez-vous véritablement manqué avec le public français ? », *Strenae*, *op. cit.*, http://journals.openedition.org/strenae/1443 (consulté le 08/06/2021).

19 Schneider, Tassilo, *ibid.*, p. 60-62.

scènes tournées en Croatie (à l'époque la Yougoslavie), plus tard avec les paysages arides du Sud de l'Espagne, qui contribueront à l'esthétique si caractéristique des westerns italiens.

La bande annonce du *Trésor du lac d'argent* insiste sur le caractère international de la distribution, trait important de ce cinéma grand public européen, constituée d'acteurs et de figurants yougoslaves, allemands et italiens (cette caractéristique se retrouve dans *Le Trésor des montagnes* bleues, où Klaus Kinski jouera à côté de Mario Girotti, qui se transformera bientôt en Terence Hill). Acteur hollywoodien de haute taille, Lex Barker (1919-1973) donne une allure plus héroïque au personnage de Shatterhand que celui dépeint dans les romans de Karl May, plutôt petit, et considéré d'ailleurs par bien des critiques comme l'*alter* ego de l'auteur[20]. Connu pour avoir incarné Tarzan dans cinq films produits par Sol Lerner dans les années 1950, ainsi que d'autres héros de films d'aventure, Lex Barker vient en Europe à la fin de la décennie où il intervient d'abord dans le cinéma italien (on l'aperçoit dans *La Dolce vita* de Fellini, 1960, en tant que « Robert », l'acteur américain qui a joué Tarzan). À partir de 1965, Shatterhand se transforme en Surehand, interprété par l'acteur anglais Stewart Granger. Quant à l'interprète de Winnetou, le brestois Pierre Brice (1929-2015), après une courte carrière en France, où il joue de petits rôles dans quelques films signés Carné, Cayatte ou encore Allégret, sa carrière européenne démarre grâce au rôle principal du film italien *Jeux précoces* (*Il Rossetto*, Damiano Damiani, 1960). Elle se confirme avec ses prestations en Winnetou à partir du *Trésor du lac d'argent*, rôle qu'il alterne au début avec celui de Zorro, dans deux productions italiennes.

Christopher Frayling met en évidence deux des thèmes principaux qui font la particularité du western allemand : d'un côté le « bon sauvage », de l'autre, l'Or comme symbole souvent « négligé » par Hollywood dans sa participation à l'édification du « mythe de l'Ouest[21] ». Les films Winnetou tendent à mettre en opposition ces deux thèmes, personnifiés par les guerriers apaches et les blancs véreux motivés par l'appât du gain, alors qu'au même moment Hollywood peine à trouver l'attitude à adopter vis-à-vis des peuples indigènes devenus minorités à l'intérieur

20 Cracroft, Richard H., *op. cit.*, p. 251.

21 Frayling, Christopher, *op. cit.*, p. 29. L'affiche du *Trésor du lac d'argent* souligne la présence d'or « indien » et promet de l'action et des bagarres.

des États-Unis et du système hollywoodien. Le « bon sauvage » ne trouve plus sa place entre les Indiens « assimilés » et ceux qui restent « l'ennemi à éradiquer » : les premiers, souvent « domestiqués », servent de scouts, qui avertissent les blancs de la menace imminente représentée par les seconds, symboles des nations indiennes guerrières, traitres et dangereuses (voir *La Chevauchée fantastique*, John Ford, 1939, même si Ford tente ensuite d'améliorer la représentation des Cheyennes dans le film éponyme (1964), refusé par les producteurs qui imposent des acteurs non-Amérindiens dans les rôles principaux). Les récits, censés raconter l'histoire véridique de ce peuple à la recherche d'une liberté en dehors de la réserve, source de leur dépérissement, indiquent assez que le cinéma hollywoodien s'est longtemps empêtré dans des histoires et des images d'un passé faussaire. Il faudra le réalisme que Ford appelle de ses vœux, ou, quelques années plus tard, le regard satirique d'un Arthur Penn ou d'un Robert Altman (respectivement *Little Big Man*, 1970, et *Buffalo Bill et les Indiens*, 1976) pour défaire de telles représentations.

Le western européen apporte, lui, un regard neuf sur l'Ouest américain. En l'occurrence, l'Amérindien sort grandi par les histoires de Winnetou, qui conservent la dimension d'« utopie sociale » portée par les romans de Karl May, telle que l'avait pressentie Ernst Bloch dans les lectures de son œuvre et que souligne aussi Tassilo Schneider[22]. Il est intéressant de noter que, à la même époque en Allemagne de l'Est, une vogue similaire d'*Indianerfilme* apparaît, à cette différence près que le personnage principal, joué par une star du cinéma est-allemand, Gojko Mitic, est à chaque fois un héros amérindien, réel ou fictif, et que la focalisation narrative se situe de son côté[23]. C'est d'autant plus notable que c'est justement ce parti pris que va adopter la série télévisée française, *Winnetou le Mescalero.*

22 Schneider, Tassilo, *op. cit.*, p. 62.

23 Gemünden, Gerd, « Between Karl May and Karl Marx : The DEFA *Indianerfilme* (1965-1983) », *New German Critique*, No. 82, East German Film (Winter, 2001), p. 25-38.

RETOUR VERS LE RÉEL

Il reste à écrire l'histoire de la cohabitation entre le cinéma grand public national des années 1950 et 1960, avec ses imbrications cosmopolites[24], et les « petites » formes, tels les cinémas nouveaux qui apparaissent en Europe et ailleurs, ainsi que la migration de nombreux genres cinématographiques vers la série télévisée. Dès ses débuts, avec son entrée dans nos maisons, la télévision permet de viser un grand public par le biais d'histoires familiales, par de petites formes qui s'étalent parfois sur plusieurs saisons et de nombreux épisodes. Cette division s'accentue au cours des décennies et c'est le cinéma qui accapare la « grande » forme, au travers des productions et des distributions multinationales. Dans ce contexte, la série télévisée devient vecteur d'un récit plus simple, plus direct, d'un récit national aussi, comme en témoigne la manière spécifique dont elle intègre rapidement le western aux États-Unis, alors que le cinéma hollywoodien le transforme en spectacle et en mythe. Ce phénomène se voit en France à travers des productions qui traitent des événements historiques comme *Un Village français* (2009-2017).

La série télévisée française *Winnetou le Mescalero* se situe entre ces deux pôles, entre l'histoire nationale et celle venue d'ailleurs, mais réappropriée par les Européens. Les adaptations cinématographiques des années 1960, comme on vient de le voir, avaient permis un premier rapprochement européen par la réécriture de l'histoire des Indiens d'Amérique, grâce à la mise en valeur de l'Apache Winnetou et de son peuple. Au cours de la décennie suivante, l'empathie de nombreux Français pour les Amérindiens s'accroît, ainsi qu'un intérêt pour leur vie et leurs coutumes. Ainsi, les histoires de Winnetou traversent une nouvelle frontière, et coïncident avec un temps et une culture qui cherchent cette fois-ci une authenticité plus grande. Ils la retrouvent en les replaçant sur le continent américain, bien que le tournage se fasse à Durango au Mexique et que de nombreux personnages soient joués par des acteurs mexicains. Mais c'est que les couleurs ocres de ce pays et la végétation

---

24 Henri Larski observe que le peu de succès des films « Winnetou » en France à partir des 1964 résulte en partie de la résurgence du cinéma populaire français : Larski, Henri, *op. cit.*, § 18-22.

ressemblent aux paysages du Sud-ouest étatsuniens, et donc aux décors de nombreux westerns hollywoodiens… d'ailleurs souvent tournés au Mexique. Cette correspondance, tant réelle que cinématographique, se retrouve également dans celle de l'habitat des Mescaleros et d'autres peuples indiens de la série. Lors d'un entretien réalisé en 2007, Pierre Brice, l'interprète du personnage de Winnetou, salue le travail du réalisateur français, qui permet à la série de s'éloigner de la vision plutôt « naïve » de Karl May et de la représentation peu véridique des Apaches dans les adaptations cinématographiques :

> Tourné par un français, [la série] a pris une autre dimension, une autre allure, c'était… beaucoup plus réaliste, ça montrait la vraie vie des Indiens, les costumes étaient beaucoup plus authentiques. Le costume, c'était un vrai costume d'Apache. Le costume de Winnetou dans les films allemands était plutôt un costume fantaisiste. Pour moi, cette série était un gros succès. Elle était un peu moins appréciée par les Allemands […]. Mais ça reste pour moi ma série favorite[25].

Connu pour ses long-métrages *Orfeo negro* (1959) ou *Le Mur de l'Atlantique* (1970), Marcel Camus réalise plusieurs mini-séries télévisuelles à partir de 1973. L'adaptation par Jean-Claude Deret de *Winnetou le Mescalero* se décline en six épisodes, de 50 minutes chacun, reliés par un fil conducteur narratif fort qui monte crescendo : « De sable et de sang » raconte l'enlèvement du garçon, Petit Ours, par des méchants blancs, suivi de la riposte apache, pendant laquelle l'enfant est blessé, ainsi que son grand père, Vieil Ours (Vincent Lara), laissé pour mort, père spirituel de Winnetou (Pierre Brice), qui lui s'enfuit à cheval ; « Duels » s'ouvre sur un combat initiatique entre deux jeunes guerriers, Chihuahua (Ignacio Guadalupe), du côté des Apaches Chiricahuas et un Comanche (Éric Do), qui s'est attaché à Winnetou, lequel le nomme Tashunko (cheval noir) ; dans « Fleur de prairie », Tashunko poursuit son initiation dans le monde adulte grâce à une expérience amoureuse avec une jeune Cheyenne, Winona (Ana Laura), à qui il donne le surnom qui forme le titre de cet épisode ; « Cheval noir contre cheval de fer » décrit le massacre des Cheyennes et la mise à sac de leur village par les constructeurs blancs du chemin de fer, pendant lequel Fleur de prairie

25 Schwehm, Olivier, « J'ai donné une âme à Winnetou », interview avec l'acteur Pierre Brice sur le rôle de sa vie, été 2007, *Strenae*, *op. cit.*, § 11, http://journals.openedition.org/strenae/1476 (consulté 08/06/2021).

est tuée ; ce massacre sera vengé dans « Le Temps de la haine » ; et enfin, « Le Temps des remords », se focalise sur le procès de Vieil Ours, qui avait en fait survécu, et se retrouve accusé de l'assassinat de son petit-fils.

Winnetou vieilli est présent dès le générique, d'abord à cheval, suivi d'un gros plan sur son visage, puis sa voix se donne à entendre en *off* comme un monologue intérieur élégiaque :

> Lune après lune, saison après saison, la nuit de l'homme blanc descend sur la terre sacrée que nous a donnée le Grand Esprit et le soleil de l'homme rouge va s'éteindre. Une fois de plus, moi, Winnetou le Mescalero, je prends le chemin de la grotte où dorment ceux que j'aime.

La caméra le suit jusqu'à la grotte de ses ancêtres, où il rend hommage à son père et sa sœur, tués jadis par de méchants blancs, racontant ainsi, comme s'il s'agissait d'épisodes précédents, des faits qui se sont produits dans les films des années 1960. Comme son discours l'indique, c'est un Winnetou plus âgé, presque désabusé, en raison des attaques continues de l'homme blanc envers son peuple. Et, comme pour donner raison à ses paroles, sa réflexion est interrompue par un Apache, qui vient l'avertir que le village a subi un assaut de la part des blancs : ils l'ont brulé, ont violé des femmes et se sont enfuis avec Petit Ours.

La série conserve le personnage de Old Shatterhand, joué maintenant par Siegfried Rauch qui, s'il n'est pas si grand que Lex Barker, apparaît plus robuste. Shatterhand aussi a vieilli et s'est assagi : surtout, il est nettement plus en retrait que dans les versions cinématographiques. Après une brève apparition au début pour aider Winnetou blessé (épisode 1), il lui vient encore en aide vers la fin, accompagné d'un autre personnage des premières versions, Sam Hawkens (épisodes 5, 6). Toujours interprété par l'allemand, Rolf Wolter, l'un des quelques acteurs à réapparaître dans la série, Hawkens est aussi l'un des rares personnages des premiers films à faire retour (dès la 3e partie de l'épisode 2). Dans cette sous-partie, le vieillard vit seul avec son ours noir dans un petit domaine intitulé « Hawkens City », où il fabrique du whiskey, vendu dans le voisinage. Sa distillerie brûlera lors de la visite de Winnetou et Tashunko, mais Hawkens recommencera avec toujours le même goût de la vie.

De nouveaux personnages font leur apparition, comme le photographe itinérant français, Napoléon Charbonneau (Jean-Claude Deret), qui vient en aide à Winnetou lorsque, après le sauvetage manqué de Petit Ours, il envoie les bandits qui le poursuivent sur une fausse piste (épisode 1). Joué par le scénariste de la série, le personnage du photographe introduit une voix narrative supplémentaire par son activité, qui consiste à saisir et raconter les événements en images. De plus, son point de vue extérieur de français fait de lui, comme l'allemand Shatterhand, quelqu'un qui connaît une histoire et des valeurs différentes et dont l'être n'est pas conditionné par l'histoire de l'Amérique. Personnage parfois humoristique, qui donne priorité à son art (ou à son métier), il sert aussi à rappeler que les blancs peuvent faire preuve d'un comportement « normal », face à la violence effrénée de ses nombreux congénères.

Dès le premier épisode, *Winnetou le Mescalero* met en scène la diversité des personnages dans cet Ouest américain, comme avec l'aubergiste noir, Ambose (Leopoldo Francés[26]), qui vient en aide à Shatterhand et recueille Winnetou chez lui jusqu'à sa guérison. En particulier, la série insiste sur la très grande diversité des peuples amérindiens, en commençant par les trois Païutes qui rendent au départ Napoléon Carbonneau responsable des blessures de Winnetou, mais qui, par la suite, le font bénéficier des soins de leur guérisseur, ou en soulignant l'identité Sioux des cris qu'imite Shatterhand pour faire fuir les bandits. Winnetou lui-même a une grande connaissance des us et coutumes propres à chaque peuple amérindien, telle l'offrande qu'un Comanche comme Tashunko fait à ses ancêtres avant le repas. Rapidement, Winnetou prend le rôle de père spirituel, d'initiateur, vis-à-vis de Tashunko, et lui apprend par exemple le respect dû à un cimetière indien.

La série évite de verser dans le simple *remake* d'une série telle que *Lone Ranger* (1949-1957), ce qui l'aurait seulement conduit à rééquilibrer le rapport entre le cow-boy blanc et l'Indien. En remplaçant Shatterhand par le jeune Comanche, qui devient ainsi le « petit frère » de Winnetou, la série renforce la focalisation indienne, la prise en compte de leur perception et compréhension des événements. Ce duo croise la route de plusieurs blancs comme, à la fin de l'épisode 1, un fonctionnaire du Bureau des affaires indiennes, Vincent (Rodney Cudney), accompagné de son épouse qui elle est apache, Naline (Monica Miguel), et de leur fils, Peter. Gravement blessé à la jambe, Vincent sera soigné par Winnetou. Toutefois, lorsque Vincent cherche à montrer sa bonne foi

26 Interprète de métis ou de noirs dans le cinéma français des années 1950. Voir par exemple *Le Mouton à cinq pattes* (Henri Verneuil, 1954).

en tant qu'agent du Bureau des affaires indiennes, et veut défendre la cause des Amérindiens, Winnetou s'emporte avec amertume au sujet de « ces visages pâles » qui

> [...] envoient les mauvais blancs qui nous dépossèdent, ensuite ils dépêchent les bons blancs pour nous défendre contre les mauvais blancs, mais qui, dis-moi, exceptez nous-mêmes, nous défendra contre nos défenseurs ?

Sur leur cheval derrière Winnetou, Naline et Peter sont les témoins de ces propos cinglants, vus en contre-plongée par un Vincent significativement dominé dans le contre-champ. Le spectateur ressent à cet instant le cynisme grandissant de Winnetou, trait de caractère qui le distingue peu à peu des films précédents.

À la fin de l'épisode 2, Winnetou et Tashunko réussissent à libérer deux femmes cheyennes capturées et violées par des blancs. Ils les ramènent à leur village où elles sont réintégrées. Les trois épisodes suivants se passent dans le village des Cheyennes, ce qui permet une description détaillée de leur mode de vie. Les différents membres de la communauté sont individualisés, des adultes jusqu'aux enfants, en passant par les femmes qui, dans les versions cinématographiques, sont négligées[27]. C'est un lieu vivant, avec des enfants qui courent en tous sens. La brève idylle entre Tashunko et Winona y est décrite comme un passage naturel de la sortie de l'adolescence, illustré par leurs promenades en barque, cachées par des feuillages épais, dans une ambiance simple et bucolique, où l'amour s'exprime à travers des situations et des signes charmants : lui se dissimule sous une couverture rouge, pour lui jouer de la flûte et elle, passant en courant, ne manque pas de l'effleurer avec le pied. Cette harmonie, quelque peu idéalisée, est brisée par l'incursion des blancs qui souhaitent faire passer le chemin de fer à l'emplacement du village. Le spectateur découvre alors la dévastation à travers le regard de Winnetou et Tashunko, qui s'étaient absentés quelques jours : les tipis sont en lambeaux, certains brûlent encore, les morts jonchent le sol, les survivants (quelques femmes et enfants, un vieillard) crient leur

27 Le cinéma classique hollywoodien se caractérise par la représentation des Indiens et d'autres personnages minoritaires comme une foule indéterminée, pratique qui continue dans les films « Winnetou » des années 1960. Sur la non-individuation des minorités face aux personnages d'Américains blancs, voir Géré, François, « L'imaginaire raciste : la mesure de l'homme », *Cahiers du Cinéma*, n° 315, septembre 1980, p. 37-42.

douleur. L'empathie avec les indiens est ici manifeste et le spectateur est appelé à se révolter devant les horreurs dont ils sont les victimes.

Au cours de la série, Winnetou ressort comme le véritable protagoniste, comme le personnage central, à la fois négociateur avec les blancs et conciliateur entre les peuples indiens. Il cherche à résoudre les conflits par la discussion et il prône la paix. Néanmoins son pessimisme affleure par moments, par exemple lorsqu'il pronostique la disparition inévitable des Amérindiens (épisode 2). Ainsi, la série hérite des adaptations cinématographiques pour mieux rompre avec elles, en représentant certes une utopie, mais impossible à maintenir. Même le chef cheyenne se demande si la meilleure solution ne serait pas de signer l'accord avec la société ferroviaire afin de fournir une vie plus facile à sa communauté. Comment réagir aux attaques incessantes contre les peuples amérindiens ? Faut-il se venger tout de suite sur ceux qui ont commis le massacre, comme le veulent les survivants et Yaqui (Miguel Angel Fuentes), leader des Apaches Chiricahuas et frère de Cochise ? À cette tentation des représailles immédiates, portée par un tempérament négatif qui veut répondre à la violence par la violence, Winnetou oppose sa vision à long terme, constructive et positive : l'établissement d'une confédération des tribus indiennes comme, on peut l'imaginer, celle organisée par le chef Powhatan, père de Pocahontas, ou par le leader Shawnee, Tecumseh au début du XIXe siècle.

Winnetou se trouve également tiraillé entre le sauvetage du plus grand nombre d'Amérindiens et la survie de quelques-uns qui lui sont proches, mais parvient *in fine* à concilier les deux. Il réussit à sauver Tashunko, capturé par des blancs après avoir vengé la mort de Winona et, ensemble, ils se dirigent ensuite vers la ville où Vieil Ours attend d'être jugé pour le meurtre de son petit-fils. Appelé comme témoin au procès de Vieil Ours, Winnetou peut alors, et enfin, non seulement défendre son père spirituel, mais aussi porter des accusations plus générales devant ce tribunal. Il parvient à faire ressortir la triste histoire des Amérindiens face aux colonisateurs blancs, marquée par des massacres, notamment celui de Sand Creek (1864) où, aux côtés de deux-cents Cheyennes tués par une milice composée d'anciens soldats de l'armée unioniste, figurait une quarantaine d'Arapahos, parmi lesquels il n'y eut que quatre survivants, dont Vieil Ours. Il évoque aussi le massacre du village cheyenne sur les rives du Washita, qui précède la bataille de Little Big Horn. À ces faits historiques, s'ajoutent des intertextes cinématographiques, comme *Soldier Blue* (Ralph Nelson, 1970) et *Little Big Man*, qui racontent respectivement le massacre de Sand Creek et de Washita.

C'est en puisant dans cette mémoire douloureuse qu'il devient possible de montrer la souffrance dont ont été victimes les Amérindiens. Il faut cependant l'aide du photographe, Napoléon Charbonneau, pour rappeler l'existence d'images du massacre de Sand Creek et celle de l'agent du Bureau des affaires indiennes qui en détient des originaux. À la vue de ces Cheyennes, en majorité des femmes et des enfants, sauvagement tués ou mutilés, les officiers de l'armée présents au tribunal, les jurés et les spectateurs communient dans le choc et l'indignation. Cependant, nous ne connaitrons jamais le verdict des jurés, car Vieil Ours, ayant pu exaucer son dernier souhait (fumer une certaine herbe qui lui apporte réconfort), tombe raide mort au moment même où le président du jury doit en faire la lecture. Sur place, Winnetou prononce une oraison funèbre dans laquelle il maudit les blancs. Tandis qu'il parle, il balaie l'assemblée d'un geste de son bras, et son regard toise le public à l'unisson, comme le signifie un panoramique qui fixe un à un ou en groupes hommes et femmes :

> Même mort, l'Indien te poursuivra. Vous les blancs vous ne serez jamais seuls dans ce monde, jamais seuls entre vous. Cette terre restera celle de l'homme rouge. Leurs ancêtres y dorment depuis des générations, et chaque jour, où que vous alliez, vous foulez la poussière de leur peau. Le temps viendra, bientôt, où le peuple rouge aura disparu de cette terre et ce jour-là, le soleil s'éteindra, nos morts invisibles se presseront sur vos chemins sans arbres, dans les rues de vos villes sans âmes [...] le temps du remords viendra [...]

Les blancs quittent alors le tribunal en silence, tandis que Winnetou entonne un chant d'adieu pour Vieil Ours. Le soir, lui et Tashunko repartent, dos tourné à la caméra, en direction de l'horizon.

Une fois de plus, pourrions-nous dire, les histoires de Winnetou se transforment. La série télévisée amène le spectateur sur un chemin plus proche du réel étatsunien que ne le faisaient les films, pays construit sur la souffrance des peuples indigènes, résultat de rapports violents, qui n'ont pas eu les mêmes effets « régénérateurs » pour les Amérindiens que ceux constatés par Richard Slotkin au sein d'autres communautés[28]. Toutefois, la série apporte aussi une dimension supplémentaire à ces histoires, dimension logée en creux dans les festivals consacrés à Winnetou et dans les adaptations cinématographiques des années 1960. Du côté des festivals, le personnage ethnicisé, l'Indien, vient combler le vide laissé par la population juive disparue ; sur le versant des films, les bandes de méchants blancs représentent le mal absolu interne, le nazi, que doit dompter le bon Shatterhand, et au-delà de lui, Winnetou. Dans la série télévisée, les scènes de destruction et de carnage du village cheyenne, qui commencent à peine à figurer dans le cinéma américain contemporain de l'époque, évoquent un autre génocide, celui dont sont victimes les Amérindiens, dont ce néologisme pour le désigner n'existe au moment du tournage que depuis une trentaine d'années[29]. Dans ce contexte, le procès final se pare d'une dimension plus universelle, en entremêlant les mémoires douloureuses : derrière le procès de Vieil Ours, on pense au procès de Nuremberg, à cette immense différence près que l'accusé est ici victime et non bourreau. Son innocence, comme celle d'autres victimes de crimes contre l'humanité, repose sur des preuves absentes, des preuves écrites ou en images qui font défaut. Les traités ont disparu, les dessins ou les tableaux sont souvent décalés dans le temps, de rares photographies commencent à apparaître et la redoutable problématique de la falsification des preuves est présente. À deux reprises il est question de documents trafiqués. Le capitaine Stevens (Jacques François), en charge de la construction ferroviaire, propose de falsifier l'accord des Cheyennes de céder leur terre. Et face aux photographies du massacre de Sand Creek, le procureur (un officier de l'armée) tente de faire croire que ce sont des mises en scène.

Par sa réécriture du personnage de Winnetou et des histoires habituelles qui avaient forgé sa légende, *Winnetou le Mescalero* parvient

28 Slotkin, Richard, *Regeneration through Violence : The Mythology of the American Frontier, 1600-1860*, Norman, Oklahoma UP, 1973.

29 Sur la notion du néologisme comme signifiant « en attente », en d'autres termes, « une notion qui existe en tant que telle, mais qui n'est pas "ancrée" à un signifiant particulier, et, par conséquent, aspire à être réalisée dans un signifiant, un peu comme un esprit chercherait à s'incarner », voir Tournier, Jean, *Introduction descriptive à la lexicogénétique de l'anglais contemporain*, Paris, Champion-Slatkine, 1985, p. 227. Sur le génocide des Amérindiens, voir par exemple Churchill, Ward, *Fantasies of the Master Race : Literature, Cinema and the Colonization of American Indians*, San Francisco, City Lights, 1998.

ainsi à faire remonter à la surface une mémoire plus en affinité avec le vécu des Amérindiens. Le message est amer, incontestablement, mais il s'accompagne d'une revalorisation culturelle, aussi forte sur le plan symbolique qu'elle se présente nécessaire sur le plan éthique. La vie traditionnelle des Cheyennes est condamnée, l'insouciance des enfants du village et leurs espoirs coupés dans leur élan, mais la série montre néanmoins qu'il est possible de raconter leurs histoires différemment, en empathie avec leur point de vue, en faisant de leur vision du monde une vision incarnée et de leur parole la dépositaire d'un message qui mérite attention et considération. Peut-être est-ce, d'ailleurs, ce qui a permis au personnage de Winnetou de continuer à essaimer dans la culture populaire. Dans son interview avec Olivier Schwehm, Pierre Brice constatait une certaine défection des récits de Karl May dans l'imaginaire de la jeunesse allemande, en faveur de Harry Potter et « d'autres héros[30] ». Il en va ainsi du mécanisme même des œuvres populaires, que l'acteur fait ici ressortir, où récits et personnages cultes cèdent la place à d'autres, mais font aussi retour en étant sujets à diverses réadaptations, suites, *prequels* et autres *spinoffs*. C'est pourquoi on n'est pas étonné de constater que, depuis ces propos de Pierre Brice, la saga de Winnetou a fait retour en 2016 en Allemagne, à l'occasion de deux remakes. La réécriture continue, inspirée par de nouvelles visions et considérations contemporaines.

Penny STARFIELD

30 Schwehm, Olivier, *op. cit.*, § 12.

KRATOS ET LA COLÈRE D'ACHILLE

Réécriture des origines de l'Occident par la violence

Au début des années 2000, le studio SIE Santa Monica, basé en Californie et dirigé par David Jaffe, souhaite produire un jeu vidéo qui se démarquerait grâce aux sensations offertes aux joueurs par la brutalité du personnage principal. L'équipe décide d'ancrer sa nouvelle idée dans l'univers des mythes et des dieux grecs antiques. *God of War* sort en 2005 et rencontre un succès immense. La série principale se termine en 2010 avec le troisième opus concluant la saga. Quatre autres épisodes annexes explorant certaines ellipses sortiront jusqu'en 2013. Enfin, en 2018, Santa Monica a dévoilé un huitième *God of War*, cette fois-ci dans l'univers des mythes scandinaves.

God of War, c'est l'histoire de Kratos, un brillant général spartiate qui vend son âme au dieu de la guerre Arès pour échapper à la mort lors d'un affrontement contre les hordes barbares. En échange de sa survie et d'une victoire écrasante, Kratos accepte de servir Arès. Un jour, encouragé dans sa folie sanglante par le dieu de la guerre, le Spartiate massacre un village innocent. Parmi ses victimes, il trouve sa femme et sa fille. Découvrant qu'il a été piégé par le dieu qu'il sert, Kratos jure de se venger. Commence alors une longue quête : il tue d'abord Arès, devient le nouveau dieu de la guerre, mais inquiète Zeus qui essaye de le tuer. Fou de rage, Kratos poursuit sa vengeance. Après de nombreuses péripéties et révélations, il rejoint l'Olympe et supprime tous ceux qui s'opposent à lui. Il décime le panthéon grec en massacrant violemment tous ses dieux, ses titans et ses héros mythiques. Il finit par achever Zeus et Gaïa en même temps, laissant derrière lui un champ de ruines.

Le dernier opus de la trilogie principale n'est sorti que cinq ans après le premier, mais ces années auront suffi à rendre la série culte. Ce succès a fait de Kratos une icône de la culture populaire presque aussi connue qu'un Mario ou un Link. Néanmoins, la fascination qu'il suscite dans l'imaginaire des joueurs en fait un personnage à part. Il est associé à la colère dévorante et incontrôlable qui blesse jusqu'à celui qui la porte, mais aussi à la fierté et à l'honneur démesurés qui poussent à la vengeance aveugle et à la destruction du monde.

Pourtant, malgré ce statut particulier, la saga et son héros n'ont jamais fait l'objet d'études scientifiques. Il faut dire que le jeu vidéo est encore réticent à se laisser analyser par la narratologie. Les ludologues sont nombreux à défendre qu'une approche narratologique du jeu vidéo est inutile, car celui-ci ne se comprend vraiment qu'à travers les mécaniques d'interactions qu'il propose. Il ne s'agit évidemment pas ici de clore ce débat, ni même d'y participer, mais de justifier les apports d'une approche narratologique à l'étude du cas de Kratos. En effet, les sept premiers jeux de la saga avaient beau se dérouler dans l'univers des mythes grecs et utiliser les mécaniques bien particulières du genre *beat them all*[1], Kratos reste malgré tout l'élément central des jeux. La preuve en est que le huitième opus sorti en 2018 se déroule dans l'univers des mythes scandinaves et utilise les mécaniques du *RPG* (Role Playing Game)[2]. Le seul lien entre la première et la deuxième « phase » de cette saga, c'est justement Kratos. Or, les joueurs n'ont jamais remis en doute la continuité entre les différents opus. Ce personnage de jeu vidéo défini par un ensemble de signes et de motifs narratifs est donc abordable par le prisme de la narratologie. À travers lui, c'est l'intégralité de la saga qui l'est également.

L'approche narratologique permet d'interroger les motifs communs entre les mythes fondamentaux grecs et ces jeux vidéo. Le plus évident, c'est celui de la colère. La rage qui pousse Kratos à défier le monde entier est très proche de celle d'Achille chantée par Homère 3 000 ans plus tôt. Dans *God of War* comme dans l'*Iliade*, le récit se déploie à partir de l'impulsion originelle qu'est la colère du héros. Le philosophe Peter Sloterdijk estime d'ailleurs que « le héros et sa *ménis* constituent pour Homère un couple indissociable[3] ». Comme Achille, Kratos est défini par sa colère. La rage qui le pousse à détruire l'Olympe commence avec la

1 « Jeu de combat répétitif et court, dans lequel le personnage doit avancer dans les niveaux […] en affrontant des hordes successives d'assaillants » – in Perron, Yolande, *Vocabulaire du jeu vidéo*, Québec, Office québécois de la langue française, 2012, p. 57.

2 « Role Playing Game : jeu vidéo dans lequel le joueur incarne un ou plusieurs personnages dans une histoire scénarisée, et dont le niveau augmente et les caractéristiques évoluent durant l'aventure, en fonction de l'expérience acquise » – in *ibid.*, p. 66.

3 Sloterdijk, Peter, *Colère et Temps*, Paris, Hachette, 2009, p. 9-17.

provocation d'Arès, tout comme la colère d'Achille est initiée par l'affront d'Agamemnon. Cependant, avant de servir le dieu de la guerre, Kratos est déjà un général brutal, sanguinaire et colérique, tout comme Achille est déjà un soldat hors du commun, promis à une grande destinée et obsédé par l'honneur. Sans cette colère originelle, Kratos n'aurait pas été le héros poussé à la folie par Arès. Peter Sloterdijk considère également la colère comme le moteur de l'Occident dont la culture serait dominée par cette rage et ses représentations. L'*Iliade* et la colère d'Achille seraient alors à l'origine de sa présence dans les récits occidentaux.

Pour autant, il ne faut pas considérer Kratos comme une simple réécriture d'un mythe grec en particulier. Certes, l'histoire d'un héros poussé à la folie par un dieu jusqu'à tuer sa propre famille rappelle celle d'Héraclès, mais ces événements servent uniquement d'introduction au premier *God of War*. Le jeu démarre vraiment quand Kratos est chargé par Athéna de tuer Arès, lui offrant l'opportunité d'assouvir un désir de vengeance déjà vieux de plusieurs années. De même, s'il est évident que Kratos est mû par sa *ménis*, en déduire un lien thématique fort avec l'Achille d'Homère ne peut être que la première étape d'une réflexion plus large. Si l'étude de cette *ménis* dans l'*Iliade* permet de mieux la comprendre dans *God of War*, elle en révèle aussi toutes les particularités. La colère chantée par Homère cause le malheur des Achéens, mais ne mène pas à la destruction complète du panthéon grec. Le sacrilège commis par Kratos est rendu possible par les milliers d'années et de kilomètres qui séparent les développeurs du matériau qu'ils exploitent. Il en résulte une réappropriation fascinante où apparaissent des motifs et des thèmes typiquement nord-américains et modernes. Cette destruction violente place *God of War* en point culminant de cette *ménis* mythique que l'*Iliade* n'atteint pas. La mort de chaque dieu, infligée par les mains de Kratos, provoque un cataclysme adapté à son rang – les océans recouvrant la terre après la mort de Poséidon par exemple. Quand Kratos a fini de massacrer tous les habitants de l'Olympe, le monde est revenu à l'état de chaos primordial dans lequel il était aux origines de la cosmogonie grecque antique.

La colère de Kratos surpasse donc largement celle d'Achille dans les faits, mais également dans ses conséquences. Elle place le Spartiate à l'origine d'un Nouveau Monde où les quelques survivants reçoivent de ses mains l'Espoir, c'est-à-dire la force qu'il a trouvée dans la boîte de Pandore et qu'Athéna souhaitait récupérer. Kratos apparaît alors comme le vecteur d'une réappropriation beaucoup plus large que celle de la simple *ménis* d'Achille. Le troisième jeu *God of War* ne se conclut pas sur la destruction du monde, mais par un retour à son état d'origine. Or, si la colère est le moteur de l'Occident et que son origine se trouve dans l'*Iliade* et le panthéon grec, Kratos se réapproprie efficacement ce moteur pour détruire les origines mêmes de cet héritage, et produire un élan vers un Nouveau Monde. Ainsi, c'est toute la culture nord-américaine qui se repositionne au fondement de la culture occidentale. Il est donc légitime de se demander pourquoi et comment la série *God of War* parvient à « recycler » et réécrire, *via* Kratos, la *ménis* d'Achille afin d'être le nouveau terreau de cette colère, moteur de l'Occident et matrice de sa culture.

KRATOS, UN HÉROS GRÉCO-AMÉRICAIN

Kratos est un personnage volontairement original. En le créant, les développeurs souhaitaient en faire le véhicule idéal pour leurs idées de *gameplay* : de la force, de la violence et de la brutalité. Ils ont révélé qu'ils ignoraient que ce nom était aussi celui d'un personnage de la mythologie grecque (le fils de Styx qui aurait enchaîné Prométhée selon Eschyle) : ils l'avaient choisi pour sa célèbre signification en grec (le pouvoir / la force), alors que l'histoire du jeu était déjà écrite. Il est évident que placer l'intrigue de *God of War* dans l'univers de la mythologie grecque a permis de supporter cette effusion de violence qui a fait le succès de la saga. Malgré la volonté des développeurs d'en faire un personnage original, Kratos doit sa cohérence et son succès à son identité de héros typiquement grec.

Cette identité, on la retrouve dans l'histoire de Kratos dès son enfance. Au fil de la saga et des différents jeux, les joueurs ont appris qu'il était le fils de Zeus et qu'il avait un frère, Deimos. Alors qu'il n'était qu'un enfant, Zeus envoya Arès et Athéna éliminer le frère de Kratos. Une prophétie avait annoncé au dieu de la foudre qu'il serait tué par un de ses enfants dont la tâche de naissance couvrant visage et corps correspondait à celle de Deimos. Sans savoir encore qui avait tué son frère, Kratos se fit tatouer la même marque pour ne jamais oublier. Plus tard, il tuera Zeus lui-même. Nous retrouvons ici une idée très présente dans les mythes grecs et qui a abreuvé des siècles de narration : la prophétie autoréalisatrice. C'est en craignant qu'un de ses fils ne l'assassine, que Zeus met en marche l'engrenage implacable qui mène Kratos à le tuer. Plus encore, cette histoire rappelle le mythe de l'ascension au pouvoir de Zeus. Son père Kronos, effrayé par une prophétie qui lui annonce qu'il sera renversé par son propre fils, décide de manger ses enfants. Zeus est caché par Gaïa et combat Kronos quand il atteint l'âge adulte. Il venge ses frères et les sauve, puis renverse les Titans et prend le pouvoir. Il faut aussi noter que Gaïa est la première à venir en aide à Kratos dans son combat contre les Olympiens, et se souvenir que Kronos avait lui-même déjà renversé son père Ouranos avec l'aide de Gaïa. Voilà pourquoi Athéna, alors qu'elle agonise dans les bras du Spartiate, le supplie de mettre fin au cycle mortifère des enfants assassinant leurs parents. Malheureusement, Kratos est mû par sa *ménis* et non par la soif de pouvoir et de liberté de Zeus ou de Kronos. Loin d'arrêter le cycle infernal, cette *ménis* le relance jusqu'à ses plus extrêmes conséquences.

Tout au long de la saga, les armes jouent un rôle extrêmement important. Elles permettent à Kratos d'exprimer la violence inhérente à sa colère en répandant le sang et en détruisant tout ce qui l'entoure. Cependant, leur traitement narratif particulier, les rapproche beaucoup de certaines caractéristiques typiques des armes dans la mythologie grecque et dans l'*Iliade*. La première est la plus évidente : les armes de Kratos lui sont parfaitement adaptées jusqu'à devenir une partie de lui-même, au sens propre, comme au sens figuré. En effet, lorsque Kratos donne son âme à Arès en échange de la victoire contre les hordes barbares, le dieu de la guerre décide d'en faire son champion. Il lui offre un peu de son pouvoir et lui donne *Les Lames du Chaos*. Ces lames gigantesques ne correspondent à aucune découverte archéologique et à aucune description faite par Homère. Pour autant, elles remplissent le même rôle que l'armure parfaitement adaptée d'Achille. Elles sont littéralement un prolongement du corps de Kratos : des chaînes les relient à ses avant-bras où elles s'enfoncent profondément dans la chair de telle sorte qu'il ne puisse plus les retirer. Kratos ne dispose même pas de fourreau pour ses lames. Quand il ne s'en sert pas, elles sont simplement accrochées dans son dos, immenses et bien visibles, comme sa colère dont il ne peut se débarrasser.

Les autres armes jouent aussi un rôle symbolique fort dans la saga *God of War* puisque Kratos récupère souvent les attributs des héros et des dieux qu'il tue. Ces armes disposent de pouvoirs bien particuliers qui permettent au joueur d'accéder à de nouveaux lieux et de nouvelles capacités. C'est une mécanique assez fréquente dans l'univers vidéoludique mais qui s'adapte très bien à une tradition grecque antique qui consistait à récupérer les armes uniques et spécifiques d'un héros vaincu. Pour ne citer qu'un exemple, Kratos vole les poings d'acier d'Héraclès qui lui permettent de briser certains murs afin d'accéder à des lieux inatteignables avant.

Kratos a aussi souvent été qualifié d'antihéros par les fans de la saga. Il faut dire que le général spartiate est sans pitié et n'essaye jamais de faire le bien. Il n'obéit qu'aux lois de son honneur, de sa *ménis* et de sa vengeance. Plusieurs fois au cours de l'histoire, il a l'opportunité de sauver des innocents, mais n'en fait rien. Pis encore, il lui arrive de les condamner pour arriver plus vite à ses fins. Néanmoins, si l'ensemble de ces actions donne à Kratos le tempérament d'un antihéros en comparaison de la noblesse des héros modernes, issus de la tradition catholique des chansons de geste, l'impression est à relativiser, car il correspond peu ou prou aux caractéristiques classiques du héros grec animé pas sa *ménis*. Ces héros ne sont pas chevaleresques et nobles. Achille ne tue pas seulement Hector : il déshonore son cadavre en s'acharnant dessus pendant plusieurs jours. Ce sacrilège encouragé par sa *ménis* est un affront fait aux traditions mortuaires de son époque, mais cela n'en fait pas pour autant un antihéros. Rappelons que pour Homère, le héros et sa colère sont indissociables.

Il convient aussi de constater que si les héros de l'*Iliade* sont souvent érotisés, ce n'est pas le cas de Kratos. En retirant les armes d'Hector, Achille remarque la beauté de son corps et la pureté de sa peau. Kratos, lui, n'est pas beau et jamais idéalisé sur le plan sensuel. En revanche, sa musculature surhumaine en fait un modèle typique des représentations corporelles sublimées par notre époque. Ajoutons à cela que, après avoir tué sa famille, il est maudit par l'oracle du village et les cendres de sa femme et de sa fille se collent à sa peau. Ainsi, « le fantôme de Sparte » ne peut cacher les horreurs qu'il a commises. D'un point de vue figuratif, cela le rapproche de la pureté blanchâtre des statues grecques qui ont fasciné toute l'Europe depuis la Renaissance.

Si la violence déployée par Kratos et la colère qui en est à l'origine en font un héros typiquement grec, ces caractéristiques ont été sélectionnées pour qu'il soit conforme à l'archétype du héros de la mythologie américaine. Le traitement des motifs grecs que nous venons de pointer est presque toujours exploré à travers le prisme des deux genres mythiques de l'Amérique : le western et le film de gangster. En effet, les armes de Kratos, les fameuses *Lames du Chaos*, ne sont pas qu'une représentation figurative de sa colère. Elles sont aussi une représentation littérale de sa servitude. Les chaînes qui dévorent ses avant-bras sont celles d'un esclave. À travers elles, ce qui s'exprime, c'est le thème du cycle de la violence et l'impossibilité pour celui qui y entre d'en sortir un jour. Or, cette idée d'un héros ayant usé de la violence et ne pouvant plus échapper au dénouement sanglant de sa destinée est très présente dans le western et les films de gangsters. Le rôle que joue la boîte de Pandore dans la saga *God of War* – dans le premier opus, Kratos ouvre la boîte afin d'obtenir le pouvoir de vaincre Arès, mais il libère aussi tout le mal qu'elle contenait – vient nourrir ce thème puisque la violence de Kratos contaminera les dieux et se retournera contre lui, le forçant à mener son combat ultime contre l'ensemble de l'Olympe.

Enfin, Kratos emprunte à la figure du gangster son combat contre un monde injuste, biaisé et violent. Il est considéré comme un criminel par une société coupable des mêmes crimes : Kratos est condamné par les dieux à revivre en cauchemar la mort de sa femme et de sa fille, alors que Zeus a fait tuer Deimos sans en subir la moindre conséquence. Kronos mangeait ses propres enfants et se permet pourtant de traiter Kratos de « lâche qui tue sa propre famille ». La définition que donne Giovanna De Luca du gangster américain (en se référant au célèbre essai de Robert Warshow) lui correspond donc très bien :

> Le gangster est un "héros tragique" [...] Il est un individu révolutionnaire qui parvient à dire "non" aux pré-structures biaisées de la société. Pour le gangster, les règles sociales et économiques sont bien établies et il essaye de les défier. Ce faisant, il devient le porte-parole d'une pensée partagée par les autres citoyens ordinaires. Le cow-boy, lui aussi, fait face à un ensemble préétabli de règles. Mais contrairement au héros/gangster, il a moins d'ennemis à combattre[4].

---

4 De Luca, Giovanna, « From Western to Gangster Drama : the Mafia Movies », publié pour la première fois in Gargiulo, Gius (sous la direction de), *Transductions : du Western*

Kratos est donc un héros typiquement grec, mais chacun des éléments qui vient affirmer cette identité souligne également ses origines américaines. En un sens, si l'*Iliade* est au fondement de la culture occidentale et de la colère qui lui sert de moteur, il n'est guère surprenant que les héros de la mythologie américaine soient inspirés par ceux de la mythologie grecque et forgés en référence à eux. Seulement, le mélange de ces deux identités dans la figure de Kratos n'est pas anodin. Il aboutit à un hybride particulier, l'identité gréco-américaine, qui permet à la saga *God of War* de se confronter plus directement encore aux origines de la culture occidentale.

LA CONFRONTATION DE DEUX MONDES

La nature hybride de Kratos lui permet de générer une confrontation entre la culture américaine et la culture grecque antique, première étape essentielle dans la réécriture des origines de l'Occident par la saga *God of War*. Une fois cette confrontation rendue possible, il n'est pourtant pas acquis qu'elle contienne tous les éléments nécessaires à cette réappropriation. Le combat qui oppose Kratos au monde de la mythologie grecque pourrait n'avoir aucune portée symbolique. Or, ce n'est pas du tout le cas et chacun des jeux *God of War* plonge un peu plus profondément dans cette entreprise de récupération des fondements de l'Occident et de son moteur.

Tout au long de la saga, Kratos est mû par un objectif précis qui évolue au fil des épisodes. Pour atteindre ses buts, il parcourt l'univers des mythes grecs et en affronte les figures centrales. Dans le premier opus, Kratos obéit aux ordres d'Athéna et ne s'oppose pas vraiment aux lois du monde des dieux. La seule règle qu'il enfreint, c'est celle qui concerne tous les mortels puisqu'il refuse de rester aux Enfers quand il meurt et s'en échappe. Dès le deuxième épisode, Kratos souhaite se venger de Zeus

---

américain au Western italien, numéro spécial de *La Tribune Internationale des Langues Vivantes*, n° 50, Mai 2011, p. 41-45. *Cf.* Warshow, Robert, « The Gangster as Tragic Hero » [1948], in *The Immediate Experience*, Cambridge, E.U., Havard University Press, [1962], 2001, p. 97-104.

qui vient de le trahir. Pour cela, il sort à nouveau des Enfers, puis va à l'encontre de tous les codes qui régissent le monde. Il part à la recherche des trois Moires (appelées *sœurs du destin* dans les jeux) pour pouvoir remonter le temps et tuer Zeus avant qu'il ne le trahisse. Cet objectif est déjà une désobéissance importante en soi et les Moires n'acceptent pas de l'aider. Il doit donc affronter plusieurs héros avant de les atteindre. Quand il les rejoint enfin, elles refusent d'obéir à un simple mortel, fut-il fait dieu de la guerre, et Kratos les tue toutes les trois pour ensuite remonter le temps en utilisant les fils du destin qu'elles tissent, déplient et coupent.

Cet objectif principal du deuxième opus de la trilogie centrale n'est pas anecdotique et son impact symbolique dépasse largement l'univers de *God of War*. Dans l'*Iliade*, la colère d'Achille est telle qu'il décide de se retirer du champ de bataille tant que son honneur, bafoué par l'affront d'Agamemnon, ne sera pas restauré. Résultat, les Grecs perdent du terrain face aux Troyens et la victoire promise par le destin est sur le point de leur échapper. Les conséquences de la *ménis* d'Achille commencent à préoccuper Zeus lui-même. Il s'inquiète de voir cette colère permettre au puissant guerrier de se soustraire au destin, alors que les dieux eux-mêmes s'y soumettent. Dans *God of War*, la *ménis* de Kratos inquiète aussi Zeus et son trône ; et sa crainte est confirmée par le pouvoir qu'elle donne à Kratos : échapper au destin. Il remonte effectivement le temps et parvient à changer le cours des événements. Cependant, si Achille influençait à peine le destin avant de revenir dans le droit chemin, Kratos détruit les trois sœurs qui en ont la charge. Il ne se soustrait pas seulement au destin : il détruit la notion même de destin, action dont la portée symbolique est bien supérieure. Tout en répondant aux règles et aux relations qu'il emprunte aux mythes grecs, Kratos use donc de sa brutalité pour s'opposer aux structures injustes qui l'empêchent d'atteindre son objectif. Sa *ménis* en fait un puissant agent de désordre dans le monde pourtant normé de la mythologie.

Au long de ses différentes péripéties, Kratos va être amené à croiser et à combattre de nombreux dieux et titans, mais également des héros humains bien connus. D'après Sylwia Chmielewski, Kratos serait inspiré principalement de Thésée, Persée, Héraclès et Achille[5]. Il est

5 Chmielewski, Sylwia, « C ://Hercules in Computer Games/A Heroic Evolution », in Dominas, Konrad, Wesołowska, Elżbieta et Trocha, Bogdan (eds.), *Antiquity in Popular Literature and Culture*, Cambridge Scholars Publishing, Cambridge, 2016, p. 177-192.

intéressant de noter que le général spartiate combat et tue chacun de ces héros au cours de son aventure, exception faite d'Achille dont il n'est jamais fait mention. Situation étonnante qui laisse supposer un parti pris inconscient de la part des développeurs, pour qui il aurait été difficile d'opposer symboliquement ces deux personnages mus par la même force. En revanche, chaque rencontre entre Kratos et les trois autres héros dont il serait inspiré est lourde de sens. Persée et Thésée sont croisés par le joueur dans *God of War II* alors que Kratos essaye d'atteindre les trois Moires en résolvant les énigmes de leur temple et en survivant à leurs pièges. Thésée est l'un des nombreux gardiens de ce temple et Persée, comme Kratos, essaye d'atteindre les trois sœurs pour obtenir une audience. Lors de ces rencontres, les deux héros mythiques sont présentés comme de serviles idiots au service d'un ordre en décomposition. Quand Thésée clame à Kratos qu'il sert l'Olympe pour la gloire de Zeus, Kratos lui répond qu'il a tort puisque les jours de Zeus sont désormais comptés. Persée, lui, est furieux contre Kratos dont l'arrivée brutale dans le temple lui a fait perdre son dernier espoir d'atteindre les Moires. Il décide alors de le combattre, pensant que la présence du dieu déchu est un autre test des sœurs du destin. Dans les deux cas, Kratos signale aux héros qu'il n'a rien contre eux et qu'il ne souhaite pas les tuer, mais qu'il le fera s'ils s'opposent à lui et continuent à servir l'Olympe. Bien sûr, Kratos vient à bout de ces deux combattants et ses victoires ont des impacts symboliques notables.

D'abord, il combat Persée dans une piscine, ou plutôt un très grand bassin, dans lequel il le noie avant de l'envoyer si fort contre un mur qu'il le traverse. Le choix de placer le combat dans un tel environnement s'explique évidemment par une logique de *gameplay* : Persée a le pouvoir d'être invisible et le joueur ne peut donc savoir où il se trouve qu'en suivant les traces et le bruit de ses pas dans l'eau. Mais la piscine a aussi une valeur symbolique, surtout quand elle trouve un tel écho dans le rapport entre Kratos et Persée. Traditionnellement, la piscine représente un monde clos statique et imperméable aux changements extérieurs. Dans de nombreux films, elle enferme des personnages qui veulent sortir de leur condition. Dans le cas du combat entre Persée et Kratos, elle est métaphore de la permanence du monde que Persée accepte de servir en respectant ses règles. C'est sa faiblesse et c'est ce qui le mène à sa perte. Quand il se débarrasse de lui, Kratos le projette contre un mur, créant justement une ouverture par laquelle il poursuivra son aventure. Quant à Thésée, Kratos le tue avec sa propre arme qu'il ramasse à terre, lui arrache la clé pour ouvrir la porte qu'il gardait et lui broie le crâne en la refermant dessus plusieurs fois. Une manière plutôt directe de retourner sa fidélité au monde grec contre lui.

Cependant, la confrontation la plus lourde de sens et de symboles, c'est celle qui oppose Kratos à Héraclès. Cette confrontation n'a lieu qu'au milieu de *God of War III*. Le combat, notons-le, n'est pas annoncé par l'arrivée d'Héraclès, mais par la présence d'Héra. La femme de Zeus est ivre et reproche à Kratos le désastre qu'il est en train de causer. Elle lui annonce que sa vengeance s'arrête maintenant et fait entrer Héraclès dans l'arène. Fils de Zeus lui aussi, Héraclès appelle Kratos « mon frère » avant de lui annoncer qu'il est venu le tuer. Kratos découvre alors qu'Héraclès est jaloux. Il lui reproche d'être le favori de Zeus (malgré l'absurdité d'une telle affirmation) parce que, pendant qu'il était envoyé tuer Arès, lui, Héraclès, devait nettoyer des écuries. Pis encore, pendant que Kratos était fait dieu de la guerre, Héraclès devait aller cueillir une pomme. Il se sent humilié du ridicule de ses douze travaux face à l'épopée sanglante de Kratos. Il veut donc se venger en tuant Kratos pour prendre sa place sur le trône du dieu de la guerre. Kratos crache alors au visage d'Héraclès qu'il souhaite devenir un Olympien au moment même où leur règne touche à sa fin. Le combat qui suit est classique dans les mécaniques qu'il déploie et Kratos vient enfin à bout de son demi-frère en lui arrachant des mains ses armes (deux points massifs en métal et en forme de lion) et en lui martelant le crâne avec jusqu'à ce qu'il n'en reste rien.

Kratos et Héraclès partagent à peu près les mêmes origines (fils de Zeus, demi-dieux, poussés à la folie par un dieu, responsables du meurtre de leurs propres familles et souhaitant racheter leurs fautes, etc.), mais ils ont emprunté des routes très différentes. La preuve la plus évidente de cela, c'est qu'Héraclès obéit à Héra. Pourtant, Héra est celle qui l'a poussé à la folie. Kratos, lui, a cessé d'obéir à Arès dès qu'il a compris sa trahison et a saisi la première opportunité pour le tuer, au risque de tout perdre. Kratos est une version plus libre, plus forte et plus violente d'Héraclès qui est lui-même le représentant docile du vieux monde olympien. Or, ce qui permet à Kratos de se différencier d'Héraclès, c'est justement la moitié américaine de son héritage. Kratos a hérité du gangster le pouvoir nécessaire pour vaincre ce vieux monde. Héraclès est figé dans son identité purement grecque et il ne peut se battre que pour perpétuer ce monde injuste qui lui a tout pris. Kratos est donc bien « un individu révolutionnaire qui parvient à dire “non” aux pré-structures biaisées de la société. Pour [lui], les règles sociales et économiques sont bien établies et il essaye de les défier. Ce faisant, il devient le porte-parole d'une pensée partagée par les autres citoyens ordinaires[6] ».

LA COLÈRE DE KRATOS COMME ORIGINE D'UN NOUVEAU MONDE

À première vue, l'épopée de Kratos se conclut sur la destruction complète du panthéon grec. Sa colère l'a mené dans une quête vengeresse insensée aboutissant à l'anéantissement du monde. Chaque fois que Kratos tue un des dieux de l'Olympe, cette mort entraîne une catastrophe naturelle irrémédiable (disparition du soleil, mort des espèces végétales, libération des pires maladies, etc.). Quand Zeus est enfin mort, le chaos règne et le monde est devenu totalement invivable. Le fantôme d'Athéna demande alors à Kratos de lui transmettre l'Espoir, cette force qu'il a absorbée en ouvrant la boîte de Pandore. Elle veut s'en servir pour reconstruire le monde et Kratos comprend qu'elle a toujours eu pour objectif de renverser le pouvoir en place et d'installer le sien. Las de n'être qu'un pantin, il se suicide pour libérer cette force emprisonnée dans son corps et ainsi la distribuer équitablement – démocratiquement – à tous. Cette conclusion, *a priori* anecdotique en comparaison des scènes spectaculaires offertes par le reste de la saga, implique en réalité un fait majeur : le monde tel qu'il est après la vengeance de Kratos est encore peuplé, et donc fécond.

Cette simple constatation change drastiquement notre point de vue sur l'histoire et ses conséquences. Alors que les dieux de l'Olympe répètent tout au long de l'aventure que Kratos est un sauvage brutal qui se nourrit de la violence et ne sera satisfait qu'après avoir détruit le

6 De Luca, Giovanna, *op. cit.*, p. 41-45.

monde entier, nous réalisons soudain qu'il n'a pas détruit le monde à proprement parler. Il l'a ramené à son état de chaos primordial, celui dans lequel il était avant l'intervention des dieux. Mieux encore, en tuant dieux et titans, Kratos a offert à ce monde toutes les chances de se développer sans subir les guerres intestines qui le pourrissaient. D'ailleurs, il a pris soin de distribuer à tous la dernière trace de ce pouvoir divin pour qu'il ne soit pas concentré dans les mains d'une seule personne. Kratos est donc à l'origine d'un Monde Nouveau, vierge et débarrassé des travers de l'Ancien Monde.

Cependant, pour que la destruction soit ressentie comme le remplacement d'un Monde par un autre, il faut d'abord que l'Olympe soit présenté comme ce monde dépassé et révolu. Nous avons vu comment les rôles actantiels qui définissent certains personnages servent le rapport entre un monde figé et la violence de Kratos qui le force à s'ouvrir. Nous avons vu aussi comment cette opposition permet de rapprocher Kratos de la figure mythique du gangster. La bonne société désapprouve Kratos et sa violence, mais elle n'hésite pas à en faire usage pour son propre intérêt. De son côté, Kratos utilise cette violence pour obtenir la place qu'il souhaite. Contrairement à Héraclès, il n'accepte pas son destin de bâtard et dérange l'ordre établi. Dans le *Scarface* de Brian De Palma, Tony Montana désire tellement obtenir une place de choix dans une société qui ne veut pas de lui qu'il en vient à créer un monde parallèle dont il est le centre. Dans le cas de Kratos, la dynamique est différente, mais sa colère le mène bien lui aussi à créer un Nouveau Monde dont il est le point d'origine à défaut de pouvoir en être le centre.

Néanmoins, n'allons pas croire que seule la comparaison avec Kratos permette de considérer que la mythologie grecque et l'Olympe forment l'Ancien Monde. D'ailleurs, le héros de *God of War* est lui aussi issu du vieux monde et le perpétue à travers sa violence jusqu'au dernier instant de la première phase de la saga. La rupture n'est consommée que lorsqu'il choisit de se suicider plutôt que de donner à Athéna le pouvoir de rebâtir un monde sur les mêmes bases.

D'autres éléments offrent aux jeux de présenter l'Olympe comme l'Ancien Monde. D'un point de vue purement formel, on peut noter la décision des développeurs de donner à des personnages clés des accents anglais. C'est le cas notamment de Zeus et de Gaïa. Il est absolument certain que ces accents étaient un choix délibéré puisque les acteurs qui leur prêtent leurs voix sont nés aux États-Unis et y ont grandi. Ils ne sont donc pas dus au hasard du casting, mais bel et bien une décision consciente et réfléchie. Certes, présenter Zeus avec cet accent répond à un cliché tenace dans les univers de *Fantasy* où les personnages ont très souvent des accents du Royaume-Uni. Mais, à part ces deux personnages – et le dieu Hermès dont l'acteur est effectivement anglais –, aucun autre n'a d'accent de ce genre. De plus, Zeus et Gaïa sont les plus grandes figures d'autorité et les deux antagonistes du combat final que mène Kratos. Symptomatiquement, il tuera Gaïa en plantant son épée d'abord à travers le corps de Zeus, comme s'ils formaient les deux faces d'une même pièce. Si l'accent a été choisi consciemment et participe à définir le personnage qui le porte, alors cela permet également de saisir que l'Ancien Monde est l'Europe anglophone. Dans une perspective historique fabulée, l'Amérique serait alors ce Nouveau Monde que Kratos crée en s'opposant à l'ancien.

La scène finale de *God of War III* est aussi très importante pour bien comprendre la nature de cette opposition. Une fois Zeus éliminé, il ne reste qu'Athéna, Kratos et ses remords. La déesse n'est intéressée que par une chose : récupérer le pouvoir que Kratos a obtenu en ouvrant la boîte de Pandore. Ses intentions, restées floues jusqu'à présent, se dévoilent : elle s'est servie de lui pour renverser les Olympiens et rebâtir un Nouveau Monde à son image grâce à ce pouvoir. La *ménis* de Kratos est enfin apaisée et il n'a plus la force de se battre. Il ne veut pas pour autant offrir à Athéna ce qu'elle souhaite et se suicide. Or, cette réaction de Kratos peut sembler étrange. Certes, le personnage a toujours été réticent à obéir et Athéna lui a déjà menti plusieurs fois. Il n'a donc aucune raison de lui faire confiance ou de vouloir lui faire plaisir. Cependant, face au cataclysme qu'il a causé, il pourrait estimer que ses intentions de reconstruire le monde sur les mêmes bases sont nobles. Sa vengeance étant complète, cela n'irait pas à l'encontre de ses propres objectifs. Pourtant, Kratos choisit la mort et donne le pouvoir à tous. Il fait donc explicitement le choix de la démocratie en refusant de laisser la tyrannie perdurer. Soudainement, la prophétie qui annonçait à Zeus qu'il serait renversé par un de ses enfants et le fait que cet enfant appartienne à une fratrie composée de Kratos et de Deimos (l'étymologie bien connue du mot *démocratie*) prend un sens à la portée politique inattendue. Athéna se réjouissait, elle, que l'humanité fût plongée dans le chaos, car désormais prête à entendre son message. Quand Kratos finit par distribuer le pouvoir qu'elle désire à toute l'humanité, elle lui hurle qu'« ils ne sauront pas quoi en faire », se retrouvant dans la position du despote cherchant à justifier une concentration extrême du pouvoir.

Si Kratos se trouve à l'origine d'un Nouveau Monde en formation, il semble offrir comme promesse inaugurale un pouvoir « démocratique ». Ce Nouveau Monde est donc facilement assimilable à la vision d'une Amérique comme terre promise où chaque homme peut vivre librement, débarrassé de la tyrannie. Cette tyrannie est ici représentée par Zeus, le roi de l'Olympe, et son accent anglais fait écho à la monarchie que les États-Unis ont combattue pour obtenir leur indépendance. Kratos, de son côté, est un produit de cette Amérique : un gangster. Notons que d'autres produits culturels américains présentent souvent l'Ancien Monde comme archaïque, ignorant jusqu'à la notion de démocratie, s'amusant ensuite à faire fleurir cette idée politique au sein de l'œuvre. Un exemple récent peut être trouvé dans le dernier épisode de la série *Game of Thrones*, où une dizaine de chefs et de nobles discutent de l'avenir du royaume et du roi qu'ils placeront à sa tête. Samwell propose que le peuple de Westeros choisisse lui-même son souverain. Son intervention provoque des éclats de rire et tout le monde ignore son idée. Dans cette série aussi, la plupart des personnages ont des accents originaires du Royaume-Uni et son intrigue est inspirée de l'histoire anglaise et de l'épisode de la Guerre des Deux-Roses. Ce passage, si peu subtil qu'il a été particulièrement critiqué par les spectateurs, révèle en réalité une idée profondément ancrée dans la culture américaine qui place l'avancée démocratique comme un élément intrinsèque de l'identité du nouveau continent.

Enfin, il faut noter un dernier détail de la scène finale de *God of War III*. Pendant toute la durée du jeu, Kratos cherche à retrouver et à ouvrir la boîte de Pandore pour obtenir le pouvoir qu'elle renferme, sans savoir qu'il s'agit de l'Espoir. Quand il parvient enfin à ouvrir la boîte au prix de la vie de la jeune Pandore, Kratos découvre qu'elle est vide. Le combat contre Zeus suit immédiatement cette découverte. Une fois que Kratos l'a remporté, la scène finale du jeu se met en marche. Quand Athéna apprend que la boîte est vide, elle comprend que Kratos avait déjà pris tout le pouvoir qu'elle contenait lors de sa première ouverture (juste avant d'affronter Arès dans le premier *God of War*). Athéna prend alors conscience que c'est ce pouvoir qui a permis à Kratos de survivre à toutes les trahisons et de tuer tous les dieux les uns après les autres.

Détail anecdotique et petite astuce scénaristique éculée ? Peut-être, mais qui a aussi de l'importance puisqu'elle permet « d'adoucir » le processus de récupération et de réécriture des origines de la culture occidentale. Si la colère est le moteur de l'Occident et que le traitement qu'en fait l'*Iliade* est la matrice de sa culture, alors la *ménis* que Kratos emprunte à Achille lui permet de se positionner en nouveau point d'origine de la culture occidentale. En détruisant le monde pour permettre l'apparition d'un nouveau modèle plus démocratique, Kratos se fait le représentant d'une vision idéalisée de l'Amérique. Mais alors, il n'est plus possible d'accepter l'idée frontale que la violence puisse, seule, être à l'origine de la culture américaine. L'idéal doit échapper à la négativité et il faut trouver le moyen de la transcender. L'idée que les actions de Kratos ont été, malgré toute sa colère et sa brutalité, guidées par l'Espoir – qui permet de continuer à se battre quand tout est perdu – correspond bien mieux à l'image que l'Amérique aime renvoyer d'elle dans les produits culturels qu'elle diffuse.

CONCLUSION

Dans l'*Iliade*, la colère d'Achille menace le monde, car elle est ce qui lui permet de se rapprocher des dieux. Sa *ménis*, le moteur de l'Occident, lui permet de se soustraire au destin et sa force va jusqu'à ébranler les fondements de la société grecque en s'attaquant à ses rituels sacrés :

> En rejetant une supplication, en refusant de rendre le corps d'Hector aux siens en échange d'une compensation et en lui déniant le droit à des rites funèbres, il renonce au comportement qu'un être humain devrait avoir à l'égard d'un ennemi mourant et récuse toute norme sociale[7].

Dans *God of War* aussi, la *ménis* de Kratos est un danger pour les structures les plus profondes du monde. Néanmoins, cette menace se

---

7 De Roguin, Claire-Françoise, « Quand le divin Achille se met à penser : colère, désespoir et pitié dans l'*Iliade* », *Revue de l'histoire des religions*, n° 2, 2008, p. 223-241.

concrétise et Kratos, parce qu'il répond aux codes du personnage de gangster, parvient à détruire l'ordre en place. Il atteint son objectif parce que le monde que sa *ménis* frappe est injuste et dépassé. Sa disparition laisse place à l'espoir d'un monde meilleur. La colère de Kratos est donc bien à l'origine d'un monde nouveau dont elle devient le moteur, même si un retournement finit par distribuer ce rôle essentiel à l'espoir.

Quand la saga a redémarré en 2018 avec un nouveau jeu, celui-ci se déroulait dans l'univers des mythes nordiques. Kratos, vieilli et assagi, contrôle désormais sa colère et s'occupe comme il peut de son fils, Atreus. Hanté par ses regrets, éprouvant d'importantes difficultés à quitter son rôle de guerrier pour celui de père, il essaye d'apprendre à son fils à ne pas se laisser dominer par la rage. Au cours de leur aventure, Atreus est gravement blessé et Kratos doit aller dans le royaume des morts pour récupérer de quoi le soigner. Pour combattre les ennemis qui s'y trouvent, il est obligé de reprendre les lames d'Arès qu'il avait enterrées. Un moment hautement symbolique durant lequel Kratos se rapproche de la figure mythique du cow-boy enfermé dans le cycle de la violence. L'ancien dieu de la guerre ne peut pas échapper à ce qu'il est. Il est obligé de côtoyer la mort, littéralement. Après avoir utilisé la figure du gangster pour détruire les origines de l'Occident et mettre l'Amérique à la place, la saga *God of War* continue à s'intéresser à ce processus de récupération et de réécriture en faisant évoluer le personnage de Kratos vers la figure du cow-boy. Ainsi, elle continue à faire de la mythologie américaine et de ses préoccupations le nouveau moteur de l'Occident. Le résultat concret, c'est que le travail du studio américain Santa Monica est effectivement à l'origine de la découverte de ces cultures antiques européennes pour beaucoup de joueurs dans le monde entier. « L'Amérique est la version originale de la modernité, nous sommes la version doublée ou sous-titrée[8] », écrivait Jean Baudrillard. *God of War* répond que l'Amérique a plutôt le potentiel d'être la version originale de l'Occident, toutes périodes confondues.

Andrei VALLA

8 Baudrillard, Jean, *Amérique*, Paris, Grasset, 1986, p. 151.

BANDERSNATCH

Collaboration entre interactivité et transfictionnalité dans un film actable

Le 28 décembre 2018, Netflix présentait son premier film interactif pour adultes, *Bandersnatch* réalisé par David Slade, issu de la très populaire série d'anthologies *Black Mirror* créée par Charlie Brooker. En apparence, l'interactivité proposée par le film est simple et s'appuie sur la possibilité pour le spectateur d'influencer le déroulement de l'intrigue en prenant des décisions à la place du personnage principal. En 2009, Marida Di Crosta inventait le terme de « film actable[1] » pour définir ce genre d'interactivité. Un terme qui permet de distinguer, au sein de l'appellation extrêmement large de « cinéma interactif », les films qui laissent aux spectateurs la possibilité d'intervenir dans la narration à travers des choix encadrés, souvent binaires (une proposition à gauche de l'écran contre une proposition à droite dans le cas de *Bandersnatch*).

Bandersnatch, à la fois épisode de série et film actable – et c'est sous cette deuxième dénomination que nous l'appréhendons dans le cadre de cette étude[2] –, raconte l'histoire de Stefan, un programmeur de jeux vidéo de 19 ans vivant à Londres en 1984. Le jeune homme habite seul avec son père depuis la mort de sa mère 14 ans plus tôt dans le déraillement d'un train. Un accident dont il se sent responsable puisqu'il est à l'origine du retard qui l'empêcha de prendre le train précédent. Depuis, il est suivi par une psychiatre qui l'aide à gérer sa paranoïa et son obsession pour la notion de choix. Le jeune programmeur présente

1 Di Crosta, Marida, *Entre cinéma et jeux vidéo : l'interface-film, métanarration et interactivité*, Bruxelles, Éditions De Boeck Université, 2009.

2 La nature de film de *Bandersnatch* est ouverte au débat du fait de son lien étroit avec la série *Black Mirror*. Cependant, la plateforme Netflix le présente volontairement comme un film à part. À ce titre, il n'est intégré à aucune des cinq saisons de la série et a le droit à sa fiche indépendante. Sans clore la question autour de la nature de film de *Bandersnatch*, cela justifie l'usage de ce terme dans le cadre de notre travail actuel.

à Mohan Thakur, le directeur du studio Tuckersoft, et Colin Ritman (un programmeur célèbre) un projet d'adaptation en jeu vidéo du livre à choix multiples *Bandersnatch* de Jérôme F. Davies. Le projet est accepté par Tuckersoft, mais le développement va amener Stefan à sombrer dans la folie à mesure qu'il stimule ses obsessions. Dès le début du film, le spectateur est encouragé à trouver les choix qui permettront au personnage de réaliser le meilleur jeu possible. L'ensemble est soutenu par plusieurs sous-intrigues que nous sommes libres d'explorer ou non. La première tourne autour de la mort de la mère de Stefan et son désir de remonter le temps pour changer le cours des événements. La seconde tourne autour du complot gouvernemental P.A.C.S contrôlant les pensées et les choix du jeune homme par l'entremise de son père. De nombreuses scènes et segments de l'histoire existent dans différentes versions selon les choix possibles. L'ensemble produit une narration ramifiée, riche et complexe où le spectateur se sent rapidement démuni et dépassé par la quantité d'informations disponibles.

Si l'on en croit la communication officielle de Netflix et si l'on s'appuie sur les réactions de nombreux critiques, *Bandersnatch* a été un grand succès. Tant et si bien que la plateforme publia un nouveau contenu de ce type en août 2020, un autre film actable tiré de la série *Unbreakable Kimmy Schmidt*. Pourtant, *Bandersnatch* a suscité peu de réactions de la part de la communauté scientifique. Il faut dire que les fictions interactives ont été rapidement rangées du côté des fausses révolutions lors de leur émergence massive sur CD-ROM dans les années 90. Leur caractère d'innovation a été jugé superficiel, notamment parce qu'elles n'atteignaient pas l'interactivité soi-disant promise. Isabelle Raynauld écrivait ainsi à ce propos en 1999 : « À y regarder de plus près, plusieurs caractéristiques alarmantes pour les adeptes de nouveauté surgissent : la fiction sur CD-ROM est beaucoup plus "hyper sélective" qu'interactive[3] ».

À la lecture des premiers et rares textes scientifiques abordant *Bandersnatch*, il semble qu'il n'ait pas échappé à ce traitement. On continue de lui reprocher de ne pas intégrer pleinement les choix du spectateur et leurs conséquences sur la narration. Il en résulterait une expérience faussement personnalisée et un film interactif qui ne tient pas

3 Raynauld, Isabelle, « Du scénario de film aux scénarios multimédias dits interactifs : étude des pratiques d'écriture scénaristique », *Cinémas* Volume 9, n° 2-3, printemps 1999, p. 147-156.

ses promesses[4]. Une telle position entraîne inévitablement l'impossibilité de considérer ce qui fait justement de *Bandersnatch* un film actable très singulier méritant notre attention. En effet, si *Bandersnatch* a suscité tant d'intérêt de la part du public et de la critique, ce n'est pas seulement grâce à la visibilité que lui offre Netflix. Le film actable *Unbreakable Kimmy Schmidt : Kimmy contre le révérend* a bénéficié des mêmes conditions de diffusion (il est également issu d'une série à succès diffusée sur Netflix), sans provoquer les mêmes réactions. De même, au moment de sa mise en ligne sur la plateforme de streaming, *Bandersnatch* n'était pas le premier film du genre à y faire son apparition : du contenu actable pour enfants était déjà présent, passé totalement inaperçu[5].

En réalité, *Bandersnatch* se démarque des autres films actables pour trois raisons essentielles, qui retiendront l'attention des analyses qui suivront : la construction labyrinthique de sa narration, la possibilité offerte au spectateur d'une « expérience de non-choix » et le lien étroit entre *Bandersnatch* et la série *Black Mirror*. Des raisons qui tiennent donc à la nature spécifique de la structure de son récit, à l'expérience utilisateur et à sa position dans la série d'anthologies qui a valeur de matrice.

La première originalité de *Bandersnatch*, c'est la construction narrative particulière à laquelle le film aboutit grâce au dispositif actable. La majorité des films du genre proposent des récits en arborescence dans lesquels chaque choix crée deux chemins différents menant eux-mêmes à deux nouveaux choix, et ainsi de suite, jusqu'à atteindre un nombre de fins déterminé par le scénariste. Si le spectateur est invité à revenir en arrière, c'est toujours pour découvrir un autre parcours et mener une nouvelle exploration diégétique et narrative, mais le temps de visionnage et la nature de l'expérience ne changent jamais vraiment. En définitive, le spectateur suit la trame d'une narration classique avec pour seule originalité qu'une autre version de cette histoire existe théoriquement en parallèle. De son côté, *Bandersnatch*, n'envisage pas sa narration comme une arborescence, mais plutôt comme un labyrinthe. Les différentes fins et les différents parcours possibles ne sont pas parallèles,

4 D'Aloia, Adriano, « Against interactivity. Phenomenological notes on *Black Mirror : Bandersnatch* », *Series – International Journal of TV Serial Narratives*, Volume 6, n° 2, décembre 2020, URL : https://series.unibo.it/article/view/11410/12163 (consulté le 09/04/2021).

5 *Minecraft, mode histoire* (2015) de Telltale Games, *L'épopée du Chat Potté, prisonnier d'un conte* (2017) de DreamWorks Animation Television, *Buddy Thunderrstruck, la pile des peut-être* (2017) de Netflix, *Stretch Armstrong, l'évasion* (2018) réalisé par Victor Cook.

mais en quelque sorte interconnectés : ils ne cessent de se rencontrer et de se percuter à travers des retours en arrière imposés. La répétition des mêmes scènes, au sein de branches narratives pourtant différentes, est une partie intégrante de l'expérience proposée. Cependant, de nombreuses scènes sont légèrement modifiées quand le spectateur les revoit après un premier passage, les personnages de Stefan et de Colin prenant progressivement conscience qu'ils vivent et agissent à l'intérieur d'une fiction : *Bandersnatch* revêt, au fur et à mesure de son développement, une dimension de plus en plus métatextuelle.

De plus, en substituant à une structure en arborescence un labyrinthe narratif qui pousse le spectateur à en chercher la sortie, *Bandersnatch* propose une expérience inédite, qui semble de prime abord contredire l'interactivité promise : l'expérience de non-choix. Elle a été mentionnée dans certains articles de presse et de recherche, mais n'a jamais vraiment été prise au sérieux. Certes, il est fréquent que les films actables ne laissent que dix secondes au spectateur pour effectuer leur choix. Quand il ne réagit pas assez vite, le programme derrière le dispositif actable détermine et impose un choix au hasard à sa place. Ainsi, sans même que le spectateur n'agisse, chaque visionnage peut offrir un film différent grâce au fonctionnement en arborescence. Mais, dans *Bandersnatch*, le choix automatiquement fait n'est jamais le fruit du hasard. Si le spectateur donnait libre cours à l'expérience de non-choix, sans jamais intervenir, il verrait le même film de 1 h 30 : tous les choix seraient identiques et la narration emprunterait les mêmes chemins à chaque nouveau visionnage. Dans cette configuration, ce film offre toujours un déroulé complet de l'intrigue principale et des sous-intrigues. Il donne même accès systématiquement à une fin secrète permettant de télécharger un jeu vidéo développé dans le film par Colin Ritman, dans une perspective transfictionnelle (différente de celle qui retiendra notre attention par après) qui permet de basculer de spectateur à joueur. Cette remarquable inertie narrative qui procède des non-choix, au sens où le même film se répète sans cesse, représente un cas unique dans l'histoire des films actables : cette particularité n'a pourtant jamais été relevée.

Enfin, ce qui a un impact considérable sur la narration et l'interactivité de *Bandersnatch*, c'est le lien intime et particulier qu'il entretient avec *Black Mirror*. Dès la deuxième saison de son anthologie, Charlie Brooker a commencé à disséminer dans chaque épisode de discrets éléments (appelés *easter eggs*[6]) et des références plus appuyées à d'anciens épisodes. Résultat, avec le temps, les épisodes de *Black Mirror* ont perdu un peu de leur indépendance – phénomène paradoxal puisque l'indépendance de chaque épisode est au cœur du concept de série anthologique – à mesure qu'un univers diégétique commun se tissait entre eux. Dans *Bandersnatch*, cette dimension transfictionnelle[7] et transtextuelle[8], qu'on peut considérer comme une forme localisée de réécriture, est particulièrement présente. Cependant, transfictionnalité et transtextualité débordent le cadre de *Black Mirror*, et ce film en fait un usage inédit par rapport aux autres épisodes de la série, en reliant pour la première fois l'univers diégétique au monde réel, notamment en citant explicitement Netflix au sein de deux segments de l'intrigue principale. L'usage de la transfictionnalité dans *Bandersnatch* s'appuie donc sur une démarche à laquelle les spectateurs de l'anthologie sont habitués, mais celle-ci est poussée un degré plus loin et brouille les frontières entre le monde réel et l'univers fictif de *Black Mirror*. En revanche, et comme si s'opérait une forme de contrepoint par rapport à ce débord centrifuge que nous venons de pointer, *Bandersnatch* intègre aussi de nombreux thèmes chers à *Black Mirror*, en une forme d'ingestion centripète, et utilise la narration actable pour interpeller le spectateur sur la notion de choix et de libre arbitre à l'intérieur même du dispositif. *Bandersnatch* n'est donc pas seulement un film actable, mais aussi une réflexion sur le film actable, dans une perspective méta là aussi marquée.

Aussi, les reproches habituellement faits aux films actables et à leur fausse interactivité ne semblent pas en mesure d'appréhender pleinement la richesse de la proposition narrative de *Bandersnatch*, parce qu'ils font écran à la singularité réelle du dispositif élaboré. La personnalisation complète de chaque expérience spectatorielle est un fantasme qui semble inaccessible tant qu'il sera nécessaire de produire des images en les enregistrant à l'aide d'une caméra. Les technologies procédurales

6 À l'origine, un *easter egg* est une fonction cachée, dans un jeu ou un programme informatique, volontairement dissimulée par le programmeur. Il n'est accessible que par une série d'actions bien précise. Dans le cinéma, le terme est aujourd'hui employé pour décrire les références discrètes insérées dans un film. Le procédé est très souvent utilisé pour relier le film à un univers plus large tout en stimulant le spectateur attentif à ces éléments disséminés pour lui.

7 Saint-Gelais, Richard, *Fictions transfuges. La transfictionnalité et ses enjeux*, Paris, Éditions du Seuil, novembre 2011, p. 7.

8 Genette, Gérard, *Palimpsestes : La littérature au second degré*, Paris, Le Seuil, 1982, p. 7-16.

utilisées dans le jeu vidéo pourraient, à terme, produire des images photoréalistes et personnalisées réagissant à chaque interaction avec le spectateur. Mais, à ce stade, les limites inhérentes au film actable, soumis à l'étape du tournage pour la production d'images, ne permettent pas ce genre d'interactivité « parfaite ». En faire l'horizon qui ne mériterait attention et considération que lorsqu'il sera atteint, c'est passer à côté d'œuvres très créatives. Si *Bandersnatch* semble être un objet si particulier, c'est justement parce qu'il déploie des efforts narratifs originaux pour atteindre un type d'interactivité qui entend d'autant moins être parfaite ou totale, qu'elle se veut être une *autre* forme d'interactivité.

LA NARRATION LABYRINTHIQUE ET L'ILLUSION DE POUVOIR DU SPECTATEUR

La conséquence la plus remarquable de cette construction narrative en labyrinthe, ce sont les nombreuses répétitions qu'elle provoque dans la narration. Tout au long du film, le spectateur est amené à faire des dizaines de retours en arrière pour modifier ses choix et explorer d'autres possibilités. Contrairement aux narrations actables en arborescence, ces retours n'interviennent pas seulement à la fin d'une version du récit pour proposer de découvrir d'autres possibilités. Comme dans un labyrinthe, le spectateur peut se retrouver dans une impasse à tout moment à cause d'un choix qu'il a fait et dont il ne peut prévoir les conséquences.

Ces impasses prennent la forme d'un dispositif de mise en scène particulier que nous appellerons « écrans de *Game Over* ». Il s'agit en fait d'un plan montrant deux écrans d'ordinateur posés sur un bureau. Chacun invite le spectateur à revenir en arrière à un ou deux points précis et différents de la narration pour procéder à un autre choix. Ces écrans de *Game Over* ont un rôle essentiel dans la construction d'une expérience narrative non linéaire, car ils invitent constamment le spectateur à explorer d'autres chemins possibles, mais aussi parce que le point de la narration où il choisit de retourner produit un impact sur l'expérience globale. Quand le spectateur fait un choix, il le fait dans la crainte de se retrouver en situation de fin de partie. Une fois devant l'écran de *Game Over*, les conséquences globales du retour en arrière sont impossibles à appréhender et le spectateur perd progressivement ses repères. Contrairement aux films actables en arborescence, le spectateur est donc volontairement placé dans une large structure labyrinthique où il est contraint d'errer. Revenir en arrière pour modifier ses choix est intégré plus largement à la narration elle-même, c'est une donnée consubstantielle à l'expérience narrative et plus une simple astuce pour augmenter artificiellement la durée d'un film qui existe en plusieurs versions.

Ce recours à la répétition est d'autant plus marquant qu'il est présenté dès les premières minutes du film et que les scènes sont modifiées par les allers-retours du spectateur. Après seulement 6 minutes de film, le spectateur doit choisir si Stefan accepte de développer son jeu avec le studio Tuckersoft ou non. Instinctivement, il est amené à accepter puisque Stefan rêve de cette opportunité. Pourtant, s'il accepte, une ellipse nous projette cinq mois dans le futur et nous découvrons que le résultat final médiocre a déçu la critique. C'est alors que le premier retour en arrière a lieu, sans aucun écran de *Game Over* (ce sera la seule fois). Le récit reprend à l'arrivée de Stefan dans les bureaux de Tuckersoft, mais la rencontre avec Colin subit une modification. En effet, lorsque Stefan fait sa connaissance pour la première fois, il découvre en même temps *Nohzdyve*, le nouveau jeu que développe le programmeur, mais la démonstration s'interrompt à cause d'un *bug* : Colin explique que la mémoire vidéo de la machine est saturée par la quantité d'images à afficher. Quelques minutes plus tard, si le spectateur ne fait pas le bon choix, il revoit la même scène, qui n'est justement plus exactement la même : cette fois, Colin a le curieux sentiment d'avoir déjà rencontré Stefan et Stefan connaît l'origine du dysfonctionnement avant que Colin ne la mentionne. Les personnages paraissent clairement avoir conservé la mémoire inconsciente du premier passage, comme dépositaires à leur insu d'un savoir que le spectateur est, lui, bien conscient d'avoir désormais en partage.

En moins de dix minutes, le film a donc explicité ses règles à son spectateur : il est dans un labyrinthe et doit trouver la meilleure manière d'en sortir. Pour cela, il peut utiliser certains retours en arrière, mais ils ne seront pas sans conséquence sur les personnages de Stefan et de Colin, ainsi que sur le récit dans son ensemble. De la sorte, la majorité des scènes existent en versions multiples et sont réécrites par les passages successifs du spectateur. Ces variations sont de trois types différents : soit elles changent quelques détails anecdotiques comme une publicité à la télé qui s'adapte au choix des céréales (le premier choix à faire dans le film), soit elles représentent la simple variation d'un événement qui mène à une impasse (par exemple, lorsque Stefan décide d'enterrer son père et que Kitty, Colin ou Mohan lui rendent visite, il finit par se faire attraper par la police), soit elles montrent les répercussions de la répétition d'un choix sur les personnages. Ce dernier type de variation est le plus intéressant en révélant que la narration labyrinthique fait du spectateur un agent de désordre.

Au cours de ces variations, il est fréquent que les personnages de Stefan et de Colin s'impatientent à force de vivre en boucle des situations que les choix du spectateur leur imposent. Prenons pour exemple la scène où Stefan demande quelques jours de plus à Mohan Thakur pour finir de programmer une nouvelle sous-intrigue à son jeu et dans laquelle Colin donne à Stefan un documentaire sur Jérôme F. Davies pour l'inspirer. Une autre version est disponible après que Colin a sauté de son balcon. Dans celle-ci, c'est un assistant qui donne la cassette à Stefan, de la part de Colin. Enfin, une dernière variation est disponible si la scène est revécue après le retour de Colin. Dans ce cas-là, Colin s'assied en face de Stefan, jette la cassette au milieu de la table sans en préciser le contenu et dit : « Passe à la séquence d'après ». Stefan ne comprend pas, Colin s'impatiente et ajoute : « OK. Laisse tomber, je vais le faire pour toi ». Colin tape dans ses mains et la séquence touche à sa fin. L'impatience du personnage revêt alors une dimension performative.

De telles variations ne changent pas les conséquences induites par la scène pour la conduite du récit, mais elles permettent de soutenir un procédé mis en place dès les premières minutes du film, comme on vient de le voir : Stefan et Colin sont influencés par tout ce qui se passe dans une autre « dimension » et aucun retour en arrière n'a vraiment valeur de nouveau départ. Surtout, elles conduisent le spectateur à s'interroger sur son véritable rôle dans cette narration. En effet, pour qu'un retour en arrière provoque la réécriture d'une scène, il doit être fait par le biais d'un écran de *Game Over*[9]. Ce sont donc bien les erreurs du

9 Le dispositif proposé par Netflix permet au spectateur de faire pause et de revenir à un choix précédent pour le modifier s'il le souhaite. Dans ce cas-là, non seulement il ne peut remonter que dix choix en arrière au maximum, mais cette répétition n'aura pas

spectateur qui agacent Stefan et Colin : la réécriture se nourrit d'échecs et de ratages. Progressivement, la forme narrative du labyrinthe ne fait pas que raconter, mais prend une dimension métadiscursive : elle se transforme en discours sur la véritable nature du pouvoir du spectateur dans le cadre d'un film actable.

Dès 2009, Marida Di Crosta émettait l'hypothèse que le film actable pourrait permettre au cinéma de revenir aux fondements de ses représentations, de questionner ses origines et de développer un autre langage[10], différent du « mode de représentation institutionnel[11] » théorisé par Noël Burch. Cette autre voie, elle dépend principalement de la modification de la place accordée au spectateur. La base du mode de représentation institutionnel, son principe, est la position dominante du spectateur. Or, le film actable, en exigeant un effort de participation et en nous plaçant dans une position proche de celle du monteur devrait renforcer cet « abus de position dominante » : elle vient paradoxalement briser le sentiment d'unicité et d'ubiquité du sujet-spectateur. Bien sûr, l'expérience est souvent présentée comme un gain de pouvoir, mais face à la quantité d'informations et de possibilités, c'est bien plutôt l'expérience un peu amère d'un spectateur démuni, voire rebuté que nous faisons. Dans le cas de *Bandersnatch*, la narration labyrinthique met encore un peu plus frontalement le spectateur face à sa perte de pouvoir, que des indices très signifiants auraient d'ailleurs dû alerter. Alors que pour tous les autres programmes diffusés sur Netflix existe la possibilité de voir s'afficher le minutage, ce n'est pas le cas pour *Bandersnatch*. Le spectateur peut seulement avancer ou reculer de 10 secondes avec les flèches de son clavier, mais ne peut pas aller au-delà d'un choix (précédent ou à venir) avec cette méthode. Il peut également revenir jusqu'à 10 choix en arrière, mais comme il ignore les conséquences réelles de chaque choix, cela participe à complexifier le labyrinthe. Devant un film supposément actable, le spectateur est donc d'emblée placé en situation de manque de repères temporels et de perte de contrôle...

---

d'impact sur l'écriture des scènes et les personnages ne remarqueront pas qu'ils ont déjà vécu ce moment.

10 Di Crosta, Marida, *op. cit.*, p. 78.

11 Burch, Noël, *La Lucarne de l'infini : naissance du langage cinématographique*, Paris, L'Harmattan, [1991] 2007.

LA COLLABORATION ENTRE L'EXPÉRIENCE DE NON-CHOIX ET LA NARRATION LABYRINTHIQUE

Dans *Bandersnatch*, la construction labyrinthique de la narration est indissociable de l'expérience de non-choix que le joueur peut faire. Si c'est un procédé fréquent dans le film actable, cette expérience de non-choix est ici originale, car elle ne repose pas sur le hasard. Au total, elle place toujours le spectateur face à 45 choix parmi lesquels nous intégrons les 8 écrans de *Game Over* qu'il rencontre. Surtout, son fonctionnement est tout à fait transparent.

En effet, l'expérience de non-choix suit toujours le même comportement : si le spectateur ne choisit pas, la proposition de gauche sera toujours et inexorablement sélectionnée. Lorsque cette proposition mène à un écran de *Game Over*, le choix de retourner en arrière sera toujours fait en priorité. L'option qui a mené au *Game Over* sera alors modifiée et c'est l'unique moment où le choix de droite sera fait par le programme informatique. Si l'écran de *Game Over* n'est pas dû à un choix en particulier, alors le choix de revenir en arrière pour explorer une sous-intrigue prévaut systématiquement sur celui de regarder le générique. Ce fonctionnement relativement simple permet à l'expérience de non-choix de se tracer un chemin qui ne se résout qu'en dernier ressort à faire apparaître le générique, c'est-à-dire quand il n'y a plus aucun autre choix possible. Ainsi, elle offre un film relativement classique et se conclut par un générique qui intervient après que l'exploration du labyrinthe a offert un tour complet de l'ensemble des sous-intrigues et de l'intrigue principale.

La simplicité et la lisibilité d'un tel fonctionnement prouvent que l'expérience de non-choix n'a pas été programmée pour tracer le chemin le plus court à travers le labyrinthe : au contraire, c'est le labyrinthe qui semble bien avoir a été construit autour de cette expérience. Il est nécessaire que le labyrinthe ait été pensé selon cette perspective pour qu'il suffise de choisir systématiquement l'option de gauche afin de le parcourir entièrement jusqu'à sa sortie. Par ailleurs, le fait que l'expérience de non-choix continue à utiliser les procédés narratifs actables mis en place par le labyrinthe, à savoir les *Game Over* et la répétition de plusieurs scènes qui sont pourtant structurellement liés à la possibilité de faire des choix, invite à considérer une collaboration plus large, mais aussi plus profonde, entre ces deux expériences en apparence opposées.

En se penchant plus précisément sur les écrans de *Game Over* par lesquels l'expérience de non-choix passe, il est possible de mieux comprendre cette collaboration. De fait, chacune des 8 « erreurs » qui mènent à un écran de *Game Over* participe activement à la construction de l'intrigue et permet d'exposer tous les motifs et les thèmes nécessaires. Nous avons déjà donné l'exemple du choix de développer le jeu dans les bureaux de Tuckersoft. Citons donc comme autre exemple l'écran de *Game Over* qui apparaît après le 8e choix (verser du thé sur l'ordinateur – crier sur papa). Verser du thé sur l'ordinateur mène à un *Game Over*, mais l'erreur est immédiatement rattrapée par un retour en arrière qui amène Stefan à crier sur son père. Cependant, l'action de « verser du thé sur l'ordinateur » interviendra plusieurs fois au cours du film et servira d'autant mieux à marquer la prise d'indépendance de Stefan. La deuxième fois que la proposition apparaît, c'est lors du 20e choix (verser du thé sur l'ordinateur – détruire l'ordinateur). Les deux possibilités auront vraisemblablement le même impact, mais dans les deux cas, Stefan refuse d'obtempérer et lève la tête au ciel pour demander qui le manipule. Douze choix plus tôt, Stefan était facilement contrôlable et acceptait de détruire le travail de plusieurs semaines sans problème. Désormais, il n'accepte plus de se laisser faire : conscient d'avoir été jusqu'ici actable, il s'affiche désormais comme une figure de résistance à l'interactivité.

Clairement, la narration actable prenant la forme d'un labyrinthe organise la désorientation du spectateur et la perte du pouvoir qu'il pensait acquérir grâce à un tel dispositif. Or, ce pouvoir, il devait théoriquement l'exercer sur le personnage principal, qui finit par se rebeller et inverser le dispositif à son profit. L'expérience de non-choix vient donc accentuer le pouvoir que prend Stefan, mais elle en fait surtout un surhomme capable d'identifier l'origine de ses erreurs et de remonter dans le temps pour les réparer. Il est donc loin d'être aussi démuni que le spectateur dans ce labyrinthe. Bon gré, mal gré, ce dernier prend alors conscience qu'il n'a jamais pris de décisions *à la place* d'un personnage, mais *pour* un personnage forcé à lui obéir. La différence n'a rien de rhétorique. Désormais, Stefan n'est plus l'incarnation du spectateur dans la fiction, mais un personnage fictif avec lequel il est conduit à « dialoguer ». Tout se passe comme si une situation de vases communicants s'instaurait : la position externe à la fiction du spectateur est renforcée, alors qu'en parallèle l'existence du personnage est rendue plus « réelle ». Cette relation particulière, c'est bien la collaboration d'une narration actable labyrinthique et d'une expérience de non-choix unique en son genre qui la révèle.

Enfin, si le fonctionnement si simple de l'expérience de non-choix peut s'expliquer par des nécessités informatiques, il repose néanmoins sur un postulat structurel et énonciatif crucial : le spectateur doit y adhérer du début à la fin. Faire le choix du non-choix, si l'on peut dire, présuppose d'accepter d'emblée de laisser libre cours à cette forme de l'expérience. Si le spectateur fait plusieurs choix avant de se placer en retrait et de ne plus agir, l'expérience de non-choix continuera à sélectionner l'option de gauche, mais cela ne mènera plus forcément à la sortie puisque le point de départ aura été différent, dicté par au moins un choix. L'expérience de non-choix ne saurait être le fruit d'une démarche négative : elle ne fonctionne pas si elle est faite par lassitude, mais seulement si elle résulte d'un choix conscient opéré dès le début. C'est uniquement à cette condition qu'on peut voir l'intégralité du film et accéder à la fin secrète, comme si elle se donnait en récompense à une participation *a priori* paradoxale, mais d'autant plus valorisée qu'elle est particulière.

L'expérience de non-choix offre donc au spectateur une distance confortable et une échappatoire face à la perte de pouvoir induite par le labyrinthe. Cependant, cette distance ne doit pas lui permettre d'oublier qu'il est effectivement en mesure de faire des choix. Non seulement il pourrait avoir à cœur d'essayer de faire prendre les meilleures décisions possibles à Stefan pour qu'il ne devienne pas fou et ne tue personne, mais il pourrait faire le choix le plus important de tous : arrêter de regarder le film afin que Stefan ne soit plus torturé par les multiples allers-retours. Ainsi, *Bandersnatch* réactive, avec une cinglante acuité, un thème cher à *Black Mirror* : le spectateur sadique et passif co-responsable de ce qu'il regarde[12]. D'une certaine manière,

12 Ce thème est particulièrement exploré dans le premier épisode de la première saison, *The National Anthem* de Otto Bathurst (2011), et le deuxième épisode de la deuxième saison *White Bear* de Carl Tibbets (2013).

comme Victoria Skillane dans *White Bear*, l'un des épisodes les plus fameux de *Black Mirror*, Stefan est ce personnage condamné à revivre en boucle les mêmes horreurs pour le plaisir de spectateurs insensibles. Avec *Bandersnatch*, semble donc se produire un saisissant déplacement de la frontière entre fiction et réalité, une traversée du miroir abstraite et théorique qui n'est pas sans engendrer un certain malaise : nous occupons la place qui était celle jusqu'ici des spectateurs intradiégétiques de *Black Mirror*, complices du spectacle qu'ils font exister en le regardant. Cette position est d'autant plus renforcée que *Bandersnatch* est à ce jour la seule production rattachée à l'univers de *Black Mirror* à se dérouler dans le passé. Or, la série met justement en scène les dérives possibles d'un futur où la technologie encouragerait ce qu'il y a de pire chez les spectateurs. Le spectateur sadique et passif du futur que *Black Mirror* nous a tant de fois présenté, rapporté au point de vue de Stefan, c'est celui qui s'amuse devant son compte Netflix à tester les limites de l'expérience proposée même, et surtout, si cela exige de faire taire son empathie.

LA TRANSFICTIONNALITÉ COMME INTERACTIVITÉ

L'interactivité narrative de *Bandersnatch* repose donc sur des procédés directement issus du film actable (labyrinthe et expérience de non-choix), mais aussi sur un usage particulier de la transtextualité et de la transfictionnalité. Cette transfictionnalité semble d'abord paradoxale, car pour autant qu'elle connecte le film à *Black Mirror*, elle l'en différencie également.

Chaque épisode de la série apporte son lot de nouveaux éléments diégétiques permettant de le relier encore davantage à l'univers global de l'anthologie. Mais dans *Bandersnatch*, les apports à cet univers de références complexes sont peu nombreux. Le film se réapproprie même certains motifs de la série pour modifier leur signification. Par exemple, un glyphe à trois branches omniprésentes dans *Bandersnatch* représente ostensiblement la notion de choix. Ce glyphe est aussi apparu à plusieurs reprises dans *Black Mirror*, mais il était associé à des technologies capables de manipuler la psyché pour torturer[13]. Résultat, si le spectateur connaît suffisamment bien la série pour interroger son réseau de motifs, la présence du glyphe pose une autre question : Stefan serait-il lui-même torturé par cette technologie récurrente dans la série ? Une telle utilisation de ces motifs exige un effort particulier du spectateur. Non seulement il doit faire lui-même certaines connexions, mais il doit aussi accepter l'étrange incertitude qu'elles provoquent. Les mystères sans réponses sont nombreux dans *Bandersnatch* et ils provoquent l'émergence de paratextes sur Internet qui viennent discuter le film, proposer des hypothèses et stimuler le spectateur qui n'aurait pas fait la connexion lui-même. Une stimulation à laquelle Charlie Brooker a habitué les fans de *Black Mirror* au fil des saisons.

Cet effort du spectateur – qui se transforme en véritable performance analytique chez certains youtubeurs – signale en fait son changement de position face à la fiction. En plus du dispositif actable, la transfictionnalité joue un rôle majeur dans ce changement avec un double mouvement qui consiste à intégrer le monde réel à l'univers diégétique du film et l'univers fictif à la réalité du spectateur. En effet, le film entreprend une démarche tout à fait inédite : intégrer des références réelles à l'univers fictif. Dans *Black Mirror*, les échos manifestes aux œuvres et aux acteurs économiques du monde réel sont très rares et rendus les moins visibles possible. Dans *Bandersnatch*, ces références sont beaucoup plus évidentes.

À ce titre, faire jouer un rôle à la plateforme Netflix au sein de l'intrigue principale de *Bandersnatch* est sans doute le moyen le plus efficace pour mélanger fiction et réalité. Deux séquences l'intègrent sans ambiguïté, mais nous nous concentrerons sur celle qui se déroule 2018. On y voit Pearl Ritman, la fille de Colin Ritman, interviewée parce qu'elle travaille sur l'adaptation du jeu vidéo *Bandersnatch* de Stefan en film actable pour Netflix. Quand elle lance le film pour le tester, c'est la toute première image du vrai film *Bandersnatch* qui apparaît. Cette séquence est intéressante pour son poids transtextuel et transfictionnel. Si Pearl Ritman regarde les premières images du film que le spectateur vient de visionner quand elle lance son programme et si dans le même temps elle travaille pour Netflix, alors elle est à l'origine du film que

13 C'est le cas dans *White Bear*, *White Christmas* (Carl Tibbets, 2014), *Playtest* (Dan Trachtenberg, 2016) et *Black Museum* (Colm McCarthy, 2017).

le spectateur regarde. Or, c'est un personnage fictif, jamais présenté comme autrement que fictif d'ailleurs. Quand elle est interviewée à la télévision, l'archive de l'émission de critique de jeu vidéo de 1984 qui introduit le sujet est également fictive, la journaliste qui l'interroge est une actrice, la chaîne de télévision UKN est fictive, etc. Pearl est donc à la source du film, mais sans perdre son statut de personnage de l'univers de *Black Mirror*.

Dès lors, puisque Netflix existe dans cet univers et qu'elle y produit le film que l'on vient de voir, c'est moins la fiction qui en l'espèce empiète sur la réalité, que la réalité qui semble comme aspirée par la fiction et le spectateur se retrouve devenu lui-même, sans le savoir, un membre de cet univers. Pour traverser ce « miroir noir » qu'est l'écran, il devait seulement regarder ce film interactif. Cette volonté d'intégrer le spectateur à la fiction, *Black Mirror* ne s'en est jamais cachée. Dans un entretien donné à Channel 4, Charlie Brooker a déclaré qu'il aimait que le titre de sa série soit une référence à l'instant précis où un film se termine, quand l'écran devient noir et qu'il renvoie au spectateur son reflet[14]. Un instant extrêmement court qui pousse le spectateur à s'interroger sur ce qu'il vient de voir et le rôle qu'il y a joué. À sa manière *Bandersnatch* est un accomplissement de cet objectif.

Un effort à peu près égal a toutefois été fourni par les équipes de production dans le sens inverse, c'est-à-dire pour intégrer la fiction à la réalité, notamment par le biais de la publicité. En effet, elle a été utilisée d'une manière oblique, pour ne pas dire compliquée à l'extrême, car volontiers cryptique. En Irlande, par exemple, une publicité a été publiée dans un journal pour faire la promotion du studio fictif Tuckersoft plutôt que *Bandersnatch*. Elle n'a donc un impact promotionnel – on pourrait même parler de promotion à rebours ! – que si le lecteur a déjà vu le film. Son rôle est évidemment autre : elle a plutôt pour mission de donner de l'épaisseur à l'univers de *Black Mirror* en le faisant exister au-delà de ses limites fictives et diégétiques. Netflix a intégré l'univers de *Black Mirror* et Tuckersoft vient d'intégrer le monde réel. Les deux se rencontrent alors sur la page du jeu *Bandersnatch* de l'une des versions du site de Tuckersoft. Un bouton invite l'internaute à y jouer et quand il clique, cela l'emmène sur la fiche Netflix du film *Bandersnatch*,

14 Entretien avec Charlie Brooker sur Channel 4 disponible ici : https://www.youtube.com/watch?v=U2YPxSDIoPE (consulté le 09/04/2021).

renforçant l'idée que l'entreprise Tuckersoft aurait existé et que le film *Bandersnatch* serait une adaptation du jeu avorté – idée volontiers induite par la phrase « Les personnes, les lieux, ainsi que les événements, sont basés sur des faits réels ».

Enfin, si cette interactivité par la transtextualité s'appuie largement sur la production de paratextes des spectateurs, la participation de l'équipe du film mérite aussi d'être considérée. Le jeu vidéo *Nohzdyve* développé par Colin Ritman en est le meilleur exemple. Il est téléchargeable directement sur le site Internet de Tuckersoft et peut être joué grâce à un émulateur de ZX Spectrum[15]. Bien sûr, le nom du véritable programmeur apparaît dans le jeu, mais il est également marqué comme étant la propriété de Tuckersoft. C'est un jeu très simple qui peut être considéré comme une illustration de la sortie du labyrinthe que Colin parvient à trouver dans *Bandersnatch* en sautant de son balcon après un long discours sur Pac-Man. Cependant, le plus intéressant reste la démarche à suivre pour l'obtenir. Les premiers internautes à l'avoir découvert ont théoriquement dû atteindre la fin secrète et mener l'enquête. Dans les faits, l'immense majorité des spectateurs qui ont joué à *Nohzdyve* ont obtenu le lien grâce aux discussions sur les forums. Ce paratexte, issu de *Bandersnatch* et produit dans le monde réel, peut donc prendre plus de place que le texte original.

Autre forme de paratexte remarquable, encore que de nature très différente : celui des déclarations de Charlie Brooker. Toujours dans le cas de cette histoire de fin secrète, Charlie Brooker a rapidement admis son existence à la presse et a même déclaré qu'il ne savait plus comment la trouver tant elle était bien cachée[16]. Pourtant, l'expérience de non-choix la rend si facile à atteindre qu'il est absolument impossible qu'il ignore la marche à suivre. Charlie Brooker a donc fait plusieurs déclarations faciles à réfuter et nous pouvons interpréter son geste

15 ZX Spectrum est un petit ordinateur personnel mis sur le marché en 1982. Il se branchait directement sur une télévision et permettait de développer et d'utiliser des jeux vidéo et des programmes informatiques. Aujourd'hui, il est possible d'installer sur n'importe quel ordinateur un logiciel (un émulateur) qui permet de lire les fichiers autrefois développés pour le ZX spectrum.

16 Maas, Jennifer, « Even the 'Black Mirror' Creator Can't Remember Exactly How to Get to 'Bandersnatch' Post-Credits Scene », publié sur thewrap.com le 12 janvier 2019 : https://www.thewrap.com/black-mirror-bandersnatch-post-credits-scene-charlie-brooker-doesnt-know-how-to-get-secret-ending/ (consulté le 09/04/2021).

comme une volonté d'épaissir le mystère qui entoure ce labyrinthe narratif, continuant ainsi à mettre au défi les spectateurs d'en trouver tous les secrets. De la sorte, le geste relève d'une forme de création discursive, en produisant un paratexte qui permet au labyrinthe d'exister au-delà de la diégèse, mais en conformité parfaite avec ce que le film porte en lui. Stefan est coincé dans un labyrinthe infernal, mais ce labyrinthe a une existence réelle dans notre monde sous la forme du film interactif de Netflix. L'équipe de production essaye alors de lui donner du relief pour que son existence dans notre monde réel soit encore plus prégnante. Décidément, il est bien difficile de se départir de l'idée que nous sommes bel et bien en train d'agir dans un épisode de *Black Mirror*…

CONCLUSION

Derrière les insuffisances techniques qui sont souvent reprochées au film actable, *Bandersnatch* développe une interactivité unique en son genre. En s'appuyant sur une narration labyrinthique, il intègre la répétition des scènes à la relation entre le spectateur et l'œuvre. Comme pour pointer que l'originalité de l'interactivité qu'il propose ne se situe pas exactement là où on l'attend, *Bandersnatch* propose également une expérience de non-choix inédite. En collaborant avec le labyrinthe, elle renvoie le spectateur à sa responsabilité face à un spectacle et lui propose ainsi une autre forme d'interactivité. Enfin, cette interactivité échappe largement au cadre du film actable quand elle s'incarne dans les nombreuses références transtextuelles et transfictionnelles. En stimulant la mémoire du spectateur, elle l'invite à enquêter et se permet même de réécrire le sens de certains motifs récurrents dans *Black Mirror*. En ce sens, *Bandersnatch* est un objet narratif complexe et labyrinthique qui mériterait une analyse profonde et précise de toutes ses particularités. S'il atteint un tel niveau de complexité interactive et narrative, ce n'est pas seulement par le biais du procédé actable. *Bandersnatch* s'appuie aussi sur des relations transtextuelles développées pendant sept ans. Il capitalise sur cet héritage et le prolonge à sa manière, notamment en dénonçant un autre labyrinthe : celui des algorithmes dans lequel Netflix enferme son spectateur. C'est aussi une part essentielle du discours réflexif de *Bandersnatch*[17], qui nous conduirait à envisager *Bandersnatch* sur un autre terrain, où les questions de transfictionalités basculent sur un versant politique.

David GAILLARD

17 Nous avons largement développé ce point dans une étude précédente. Gaillard, David, « Le spectateur face à ses choix : interaction et transfiction dans le film actable *Bandersnatch* », mémoire de master en Cinéma, Arts, Histoire et Société (mention Cinéma et Audiovisuel), sous la direction de Fabien Boully, Nanterre, Université Paris Nanterre, 2020, 100 p.

MÉMOIRE ET RÉÉCRITURES DANS LES SÉRIES POLICIÈRES

De quelle mémoire parle-t-on ici, à propos des séries ? La mémoire est d'abord un « ensemble de souvenirs » et une « aptitude à se souvenir » propre au spectateur et aux auteurs. Mais de quoi se souvient-t-on ? Et avec quels effets ? De quels savoirs et de quel savoir-faire la mémoire relève-t-elle ? Je vais m'efforcer de décrire les plans d'existence du travail de la mémoire dans les séries policières populaires. Ce travail s'avère différent si on le considère dans la *structure* narrative de toute série, puis plus spécifiquement dans les formules des récits policiers, dans l'univers des personnages (*diégèse*) et, enfin, dans les jeux de *réécriture* d'un récit à l'autre.

UNE MÉMOIRE NARRATIVE PROPRE AUX SÉRIES

On a déjà beaucoup écrit sur les effets de l'écriture sérielle et chacun est conscient de leurs spécificités : mise en place de *personnages durables* aussi longtemps que se prolonge la série, avec le double bénéfice d'une économie de temps qui n'est plus consacré à la mise en place de l'arrière-plan narratif et de la possibilité d'un réel *étoffement psychologique* des protagonistes (leur passé, leur évolution...) ; liberté de *ton* d'un épisode à l'autre à l'intérieur d'un schéma stable et lisible ; *horizon* prévisible (au minimum sur une saison), surtout dans les *soap* et les récits policiers.

On rappellera simplement une palette de *degrés* de sérialisation quand on passe du film isolé, découvert sans références pour en identifier l'horizon, à la série de type *The Mentalist.* La « sérialisation zéro » est rare et tout récit est habité par la mémoire d'autres récits : le film

« isolé » est bientôt annoncé par la *persona* de ses acteurs et par un effet de genre prévisible. Et il doit construire un univers, établir une crise narrative et dessiner des personnages. En revanche, il peut offrir une surprise totale à la fin du récit (*The Usual Suspects*), improbable dans les séries, sauf dans les cas peu fréquents de *cliffhanger*. La sérialisation débute dès les films dont le genre est affiché (film noir, western…) et elle est déjà complète avec les films-séries basés sur un groupe de romans (*Poirot*, *Maigret*…). Dès lors, ce sont la diffusion en salle, la présence de stars et l'écriture cinéma qui semblent distinguer un « vrai film » (les *Poirot* avec Ustinov) d'un film-série télé (Poirot avec Suchet). À l'évidence, avec les DVD puis les plateformes de diffusion, ces critères de différentiation sont de plus en plus flottants. Même ce qui constituait une forte différence d'écriture entre un film et une série des années 1990 (moyens techniques limités des premiers *Inspector Morse*) est désormais réduit : montages accélérés, mouvements de caméra rapides et complexes, jeux de caches, zooms prodigieux, *flashbacks* éclairs, focalisations internes ou intra objets dans lesquels, par exemple, une sonde visite l'intérieur du corps humain… ou une bouche d'égout (*Les Experts*, *CSI*), tout semble possible au point que le récit s'efface derrière la virtuosité de l'image. Enfin, et surtout, la qualité des écrans peut être égale ou supérieure à celle d'un écran de salle de cinéma. En revanche, la multiplicité des instruments de diffusion individualise le spectacle et fait perdre la magie du spectacle *partagé* dans la salle obscure.

Les séries elles-mêmes, comme le remarque Jean-Pierre Esquenazi[1], sont de deux types : dans les séries *immobiles*, Columbo ou Morse et leurs univers ne changent pas d'un épisode à l'autre. Au contraire, dans les séries évolutives (Martin Winckler parle de continuité *feuilletonnante*[2]), le héros change, se marie (Castle) ou découvre les secrets de son propre passé. C'est le cas pour *The Mentalist* ou pour Kate Beckett dans *Castle* et ce type d'intrigue finit par prendre le pas sur le mystère épisodique dans certains *Rizzioli & Isles* (père gangster et mère peu accessible pour Isles, famille de *soap opéra* pour Rizzioli). Ainsi, malgré la désinvolture des diffuseurs, il y a un ordre d'une saison à l'autre, même si l'effet produit est étrange : le même soir sur la TNT, vers 22 heures, le Capitaine

1 Esquenazi, Jean-Pierre, *Les Séries télévisées, L'avenir du cinéma ?*, Paris, Armand Colin, 2014.

2 Winckler, Martin, *Petit éloge des séries télévisées*, Paris, Gallimard, Folio, 2012, p. 22.

Roy Montgomery, mort pour sauver Beckett dans l'épisode que l'on vient de voir, est ressuscité grâce au retour à une saison précédente. Et bizarrement ce retour en arrière, ce *recommencement*, a quelque chose de plaisant, qui rappelle que nous sommes bien dans l'univers de la fiction, où l'ordre des événements est interchangeable. Après tout, il est toujours possible de relire avec profit un chapitre d'un livre déjà terminé : le changement d'horizon narratif – savoir où l'on va – modifie évidemment notre rapport au récit.

Le jeu des *durées* est trop connu pour qu'on y insiste : quatre-vingt-dix minutes pour les téléfilms (immobiles), surtout britanniques (*Morse*, *Barnaby*, *Frost*, *Lynley*, *Gently*, *Vera*...) et pour *Columbo* ; cinquante ou quarante minutes pour les séries évolutives américaines qui incluent près de dix minutes de publicités. Les feuilletons de trente minutes (*Untouchables*) sont devenus rares. La périodicité vient équilibrer la durée grâce au jeu des saisons. Au Royaume-Uni, les mini-séries comme *Broadchurch* racontent une histoire unique en six épisodes de cinquante minutes (*Top of the Lake*). Mais le format le plus fréquent aux États-Unis est celui de *The Mentalist* : six saisons de plus de vingt épisodes chacune (plus une dernière de treize épisodes). Le flux de la réception semble contrôlé par les diffuseurs, d'une semaine sur l'autre. Certaines séries répètent d'ailleurs le « résumé des épisodes précédents », comme dans les feuilletons du dix-neuvième siècle. Cela dit, on l'a vu, les DVD puis l'usage massif des plateformes (*Netflix*...) changent la réception qui peut alors se faire en continu, comme un film à rebondissements incessants. Cette spécificité est importante car elle modifie les attentes et la narration des séries.

La composante temporelle est un *outil* majeur de l'écriture de ces séries. Comme dans la lecture d'un livre dont il reste encore cent pages, l'annonce de plusieurs épisodes à venir garantit la survie et le succès du héros-détective, mais implique aussi que les solutions de l'énigme envisagées à un moment de la lecture ne sont pas encore les bonnes. Ce n'est pas le cas dans la salle de cinéma où la clôture du récit et la mort du personnage sont toujours possibles (sauf à regarder sa montre et calculer la durée annoncée du film et l'approche du dénouement). Les surprises extrêmes de la fin de *The Usual Suspects* sont rares à la télévision. Les séries connaissent pourtant de troublantes exceptions : surprise totale quand Barbara Havers, l'assistante de Lynley (BBC, série

3, épisode 4, *If Wishes Were Horses*), meurt pour de bon, comme Isabelle Florent dans la série française *Une Femme d'Honneur*. Certes Beckett (dans *Castle*) s'effondre sous les balles à la fin de la saison 3, mais elle renaît dès la saison suivante et on pense évidemment au précédent fondateur des *Reichenbach Falls* où Holmes meurt avant d'être ressuscité par Conan Doyle. Mais des accidents sont possibles. Ils sont peu fréquents, comme le confirme la mort de Red John (John le Rouge) dans *The Mentalist*, suivie de treize autres épisodes annoncés dans la saison six. De ce point de vue, on peut dire que ces séries policières sont *au passé*, que leur dénouement épisodique est déjà annoncé et que chaque fois qu'un des héros est accusé de meurtre et emprisonné, le spectateur – seul contre tous – sait qu'il s'en sortira (*Castle* et *Body of Proof*). Comme dans les livraisons des feuilletons traditionnels publiés dans des magazines, l'effet sériel s'ajoute à l'effet de genre pour rendre les personnages intouchables et immobiles. Le héros souffrira, mais ce sera sans risques pour son intégrité. C'est que la sérialité détermine un mode d'approche de la fiction selon lequel le héros est censément protégé de toute atteinte, du moins pour la durée de la série ; par conséquent la réception se fait en partie par identification d'un point dans le futur depuis lequel l'histoire du héros qui nous est contée maintenant pourra être considérée comme laps de temps diégétique (celui de la série comme narration également) pendant lequel cette existence du héros aura été « garantie ». Nous voyons donc le héros (en partie) depuis ce point du futur (la fin de la série toujours intégrée implicitement à la réception) au moment même où nous le voyons agir dans le présent également[3].

Autre aspect de la mémoire d'une série à l'autre, la *concurrence* commerciale entre séries. Aux États-Unis (mais aussi sur ITV), les séries organisent une double concurrence entre les chaînes de télévision et la nécessité d'accrocher le spectateur : d'une part, les épisodes sont coupés par des pauses publicitaires avec le risque de voir le spectateur passer à une autre chaîne. D'où les césures au noir au moment où une situation d'attente est tendue (suspense intense des *cliffhangers*, solutions proposées, surprises…). D'autre part, chaque nouvelle série peut susciter la création d'une série concurrente comparable, sur un autre réseau, et la série visible en garde la mémoire en arrière-plan. Le jeu entre les chaînes a quelque chose d'une machine darwinienne, beaucoup moins

3 Nous remercions Christophe Gelly pour avoir suggéré ce développement.

marquée au cinéma. Par exemple, la mise en valeur de la scène de crime et des analyses de type *forensics* dans *Les Experts CSI* (héritage de Holmes) engendre les séries concurrentes *Body of Proof*, *Bones* et *Rizzoli & Isles*, ou encore *Balthazar* en France, dont les protagonistes sont aussi des médecins légistes. De même, le fil conducteur du tueur Red John dans *The Mentalist* suggère l'apparition dans *Castle* d'un tueur en série (Jerry Tyson) qui veut nuire au protagoniste. Dans la série française *Balthazar*, le tueur fou Janvier est encore un parfait retour de la figure de Moriarty, l'ennemi surhumain de *Sherlock Holmes*. Cela confirme par ailleurs que les séries valorisent à tour de rôle une des composantes des récits prototypes qui habitent la mémoire collective.

Dans une série donnée, la stabilité des attentes permet de fortes variations de *ton* d'un épisode à l'autre, peut-être dues aux constants changements d'auteurs. Ainsi, un épisode quasi burlesque de *The Closer* (deux membres de l'équipe de Brenda trichent comme des gamins) est suivi par un mini-mélodrame (l'enjeu est un traitement du cancer). Certains épisodes de *Castle* sont des comédies, d'autres des moments d'aventure à la Edgar Wallace (le couple est enfermé avec un tigre ou dans une chambre froide), un autre est basé sur un pastiche évident de *Rear Window*, etc. C'est que *Castle* se veut désinvolte et *self-conscious* : sur le plan de la diégèse, le héros de la série est l'auteur de romans fictifs qui, d'autre part, sont bel et bien vendus en librairie dans le monde réel. Par une jolie inversion, le nom d'un personnage de fiction – Richard Castle – devient le pseudonyme d'un auteur caché (lui-même auteur de la série), dont le style pour les romans (exubérant et un peu chargé) est très différent du ton de la série. Évidemment, la trame du *whodunnit* en sort en piteux état, mais ce n'est guère pire qu'avec les *CSI* (*Les Experts*) dont l'énigme parait très secondaire par rapport à l'action et au feu d'artifices des images technologiques : certains épisodes relèguent le schéma du *whodunnit* au second rang au profit d'une intrigue qui couvre plusieurs épisodes (Red John en saison 6 du *Mentalist*). Comme dans toute série, la réception dépend de jeux intertextuels avec l'ensemble des autres séries policières qui se constitue en un vaste et unique récit.

LES STATUTS DU PASSÉ : SÉRIES HISTORIQUES / SÉRIES POLICIÈRES

Si on compare la place de la mémoire dans les séries historiques avec celle des séries policières on constate de grandes différences. Les séries historiques visent directement la reproduction d'un univers du passé comme décor et comme lieu du récit mais, le plus souvent, c'est la *reconstruction* du passé qui en est le principal objectif. La plupart des autres récits – aventures, comédies sentimentales, drames… – articulent un décor et des règles du jeu imposées par leur époque de référence. Certaines séries policières jouent également d'un décalage dans le temps : Moyen Âge de *Cadfael*, après-guerre de la série *The Bletchley Circle*, jeunesse des policiers dans les *prequels* comme *Endeavour* (les débuts de *Morse*) mais le plus souvent ces séries habitent simplement les décors contemporains. La mémoire des séries historiques est centrée sur un passé dans le monde *réel* qu'elle matérialise, tandis que celle des séries policières se concentre également sur un univers de la diégèse momentanément absent, le récit du crime, objet de l'*enquête* qui reconstruit des événements immédiatement passés : l'enquête vise un passé dans le passé. Dans les deux cas, pourtant, les récits travaillent à construire un rapport spécifique à une *vérité* narrative, c'est-à-dire à une forme de conformité entre un univers et ses représentations.

Une brève comparaison entre trois séries permet de repérer trois rapports à une vérité « historique » : *Downton Abbey*, *The Crown* et les deux miniséries sur O.J. Simpson[4]. *Downton Abbey* construit un vaste univers dans le temps et l'espace qui sert de décor à une fiction dont la crédibilité est garantie par le statut de l'auteur (Julian Fowles[5]), le soin apporté aux décors et une structure à la fois familière, par exemple

4 *American Crime Story* : « The people v. O.J. Simpson », Ryan Murphy, avec John Travolta, Sarah Paulson, etc., 10 épisodes de 42 minutes, février 2016 ; *O.J. Made in America*, Ezra Edelman, 5 films de 90 minutes, mai 2016.

5 Faingnaert, Victor, « *Downton Abbey*, ou comment représenter les rapports sociaux à travers la demeure et son espace, en ligne » in Coulouma, Flore et Pichard, Alexis (dir.), « Séries et espace », *TV/series* n° 18, 2020, https://doi.org/10.4000/tvseries.4776 (consulté le 13/06/2021). Voir aussi, dans ce numéro d'*Écrans*, Costa de Beauregard, Raphaëlle, « Remembering and forgetting in television series : the case of the first two seasons of *Downton Abbey* ».

via le film patrimonial (*heritage film*), et attestée : univers des domestiques au-dessous de celui des aristocrates, interaction et évolution sur plusieurs décennies en respectant l'environnement historique. Il s'agit bien d'une fiction, mais elle offre tous les traits du réel attendu par le spectateur, en partie en raison de la grande bienveillance de l'auteur envers ses personnages de toutes les classes sociales. Bref, *Downton Abbey* fait plus « vrai » que le vrai et que la série *The Crown*, pourtant basée sur l'Histoire réelle de la monarchie Britannique, mais dont les épisodes centraux semblent s'écarter d'événements vérifiables et sont contestés par la famille royale elle-même. Il arrive ainsi assez souvent que la véracité extrême des décors et des reconstitutions soit en décalage avec le caractère fictif des récits : à Londres, le musée Holmes de Baker Street est entièrement constitué d'objets authentiques pour abriter un personnage fictif. Les villages de *Midsomer Murder* (*Inspecteur Barnaby*) sont repérables et eux aussi authentiques, mais les aventures de Barnaby sont bien peu vraisemblables. Ce qui est en jeu ici tient à l'usage de la mémoire collective et de l'articulation entre vraisemblance (*Downton*) et vérité historique, même dans des lieux plus modestes, si on pense au soin mis à restituer l'ambiance du Northumberland dans *Vera*.

Un troisième exemple concerne enfin le *véhicule* de la reconstruction de l'univers mémoriel. Les deux séries sur *O.J. Simpson* se concentrent sur le travail d'enquête, les jeux des témoignages et le regard rétrospectif. Cette fois, les récits ont l'objectif explicite de retrouver une « vérité » historique à l'intérieur de l'univers narratif habituel des séries policières : tout est pareil (indices, enquêtes, interrogatoires, jurys…) mais chaque fait relaté peut – ou non – correspondre à ce qui s'est réellement passé. On pense à la série *Law and Order* qui indique à chaque fois que l'épisode repose sur des faits réels. Sur près de quinze heures, les deux séries réécrivent entièrement les faits, les enquêtes et le procès qui ont débouché sur une erreur judiciaire en disculpant le footballeur du meurtre de son épouse. Or les séries utilisent trois procédés pour raconter cet échec : une reconstitution minutieuse avec des acteurs connus (John Travolta) ; un document d'images d'archives et de témoignages d'époque ; et les récits des mêmes personnages vingt ans après. Le premier film retrouve deux caractéristiques de son procédé narratif : d'une part l'utilisation d'acteurs qui ressemblent plus ou moins à des originaux bien connus, comme l'avocat Robert

Shapiro joué par Travolta (procédé fréquent pour les biographies des grands hommes comme le général De Gaulle) et maintient ainsi une relative distance. Plus troublant, l'acteur qui incarne O.J. Simpson n'a pas du tout le charme ni la sympathie de l'original. D'autre part, la mise en scène des moments d'*entre-deux*, qui n'ont pas été filmés à l'époque (les procès l'étaient), scènes de couloir, moments plus intimes, dialogues rapportés mais non attestés, instants d'émotion ajoutés (on pleure beaucoup entre deux séances au tribunal…). La seconde série articule les images d'archives incontestables, mais forcément partielles, avec les commentaires d'époque puis le regard rétrospectif de certains protagonistes. C'est alors le va-et-vient entre les deux séries qui enrichit l'ensemble. Le spectateur connait déjà l'issue du procès et, le plus souvent, il est déjà convaincu de la culpabilité d'O.J. Ensuite, la mémoire de la reconstitution avec des acteurs donne de l'épaisseur (de la crédibilité ?) aux fragments archivés. Et, à leur tour, les images « fictives » paraissent authentifiées par les images d'archives. On voit ici que le jeu entre les véhicules de la mémoire constitue un instrument potentiel que seule la *durée* sérielle permet d'obtenir.

LE « PITCH » ET L'ENGENDREMENT CENTRIFUGE DES RÉCITS POLICIERS

Le travail de la mémoire est central dans les séries policières : d'abord, elles reposent sur la mémoire des récits antérieurs. Elles se multiplient à partir de schémas prototypes souvent empruntés à des romans ou à des films. On peut ainsi commencer par proposer un récit prototype selon le modèle de la *Quête du Héros* chez Christopher Vogler[6] qui, par exemple, s'incarne en partie dans la série *The Mentalist* et permet d'énumérer les composantes attendues de ce type de récits à la télévision. Le récit prototype nait des romans de Conan Doyle (Holmes), d'Agatha Christie (Poirot) et de leurs successeurs. On notera que le modèle original du *whodunnit* peine à survivre dans les films de cinéma, assez peu nombreux.

6 Vogler, Christopher, *The Writer's Journey, Mythic Structure for Storytellers and Screenwriters*, Studio City, CA, Michael Wiese, 1992 (trad. *Le Guide du scénariste*, Paris, Dixit, 2014).

Et on reste au contraire perplexe devant la répétition de ces milliers d'épisodes de séries qui reviennent chaque jour selon leur immuable schéma qui tient en une vingtaine de mots :

> Un meurtre est découvert, le Détective reconstitue le récit perdu et démasque enfin le coupable en dévoilant ses mobiles et ses méthodes.

Ce *pitch* fondamental renvoie à la formule : [meurtre mystérieux + enquête + révélation] et ce premier schéma induit aussitôt des boucles narratives : avant de trouver le vrai coupable, il faudra accuser puis disculper plusieurs faux coupables ; le détective travaillera sur un triple matériau : les *traces* du récit à reconstituer (valorisation de détails) ; les *témoignages* des autres personnages, vrai coupable inclus, ce qui implique une forte suspicion sur tout ce qui est dit (attention portée au langage) ; l'*action* physique en allant à la rencontre des lieux et des faits. À l'état pur, le récit présent (de l'enquête) se double ainsi de la reconstruction minutieuse d'un récit passé (du crime), souvent dilué dans les séries américaines sauf, au contraire, dans *Cold Case* où il devient l'objectif du récit.

Le récit prototype induit donc un « monstre principal » à vaincre (le tueur) et plusieurs fâcheux secondaires (rivaux, freins, suspects : administration, collègues, avocats…) à sanctionner. Et, selon les schémas de la narratologie, face à ces *opposants* il y aura des *adjuvants* plus ou moins ambigus : une équipe, des amis, une famille et des partenaires amoureux. L'ensemble se déroule dans un décor, un milieu professionnel (détective) et social (suspects) dont la peinture devient source d'intérêt en soi. On passe de l'habillage en deux dimensions d'un schéma ludique parfois reproché à Agatha Christie à son contraire : l'intrigue n'est alors qu'un prétexte pour peindre un univers.

Le détective lui-même est une source de variations, héros double avec à la fois de forts handicaps (qui le rapprochent du spectateur) et des dons exceptionnels (qui l'en éloignent). Les handicaps peuvent être *apparents* et destinés à être dépassés : dans les séries américaines c'est souvent une femme (supposée moins apte à l'action policière…) qui triomphe « quand même » (*The Closer*, *Body of Proof*, *Unforgettable*, *Rizzoli & Isles*). Ou ce sont des handicaps *réels* : le *Mentalist* et *Castle* sont en position subalterne dans leur équipe ; Holmes dans *Elementary*, Patrick Jane, Gently, parfois Richard Castle… sont bloqués par une vie affective troublée. Ailleurs, les dons sont *naturels* : insolent brio de Jane, ténacité de Megan Hunt (*Body of Proof*) et de Brenda (*The Closer*), ou *paranormaux* : la mémoire hypertrophiée de Carrie dans *Unforgettable*. Enfin, plus nouveau, un fort affichage des technologies apparait au cœur de *CSI* (*Les Experts*) ou de *Body of Proof*, deux séries qui font parler les objets.

Une autre ensemble de savoirs préalables est à la fois évident et un peu oublié : non seulement, comme dans les séries historiques, le monde dans lequel vivent les personnages engendre ou modifie le récit (par exemple, le divorce impossible dans la société des années trente motive bien des assassins…), mais l'*univers référentiel* de la justice et de la police impose tout un système de règles, de lieux, de hiérarchies et de travers qui passent de la réalité à l'organisation de la fiction. Cette mémoire *référentielle* est un peu le squelette des récits policiers, dont l'intrigue *whodunnit* serait le système nerveux.

À L'INTÉRIEUR DE LA DIÉGÈSE, LA LECTURE DES *TRACES* ET LA PRODUCTION D'UN UNIVERS

Ce pitch des séries policières est aussi une machine à créer des mondes, parfois dérisoires, parfois complexes. Voyons brièvement comment ce récit prototype s'incarne dans les séries. En Grande-Bretagne, les choses sont simples : la plupart des téléfilms sériels sont directement adaptés de romans ou formatés à partir des romans. Sans revenir à la somme des *Holmes* (Jeremy Brett), des *Poirot* ou des *Marple*, on trouve les trente-six épisodes de *Morse* à partir de quatorze romans de Colin Dexter, suivis sur le même format par les *Lewis* (*sequels*) et les *Endeavour* (*prequels*). *The Midsomer Murders* (Barnaby) est un peu moins fidèle aux romans originaux de Caroline Graham (plus sombres), mais il suit un schéma immuable de téléfilms immobiles. Le seul changement survient avec la mort de l'acteur John Thaw qui incarne Morse, ou le remplacement d'un Barnaby par son cousin.

Aux USA, on peut prendre *The Mentalist*, à la fois le plus populaire et le plus proche du récit canonique du *whodunnit*, comme base. Le succès en France est considérable (près de huit millions de spectateurs chaque semaine selon *wikipedia*[7]). Bruno Heller, l'auteur britannique, se réclame lui-même de Holmes. Autour de Patrick Jane, le surdoué « handicapé » (comme Holmes, Poirot, Marple, etc. il a sa fantaisie non conformiste, son statut et son passé contre lui), une équipe est bien dessinée : le couple hésitant Van Pelt-Dwayne ; Chow, l'impassible asiatique ; Teresa Lisbon, la chef débordée un peu amoureuse de Jane… Selon le pitch mémorisé, chaque épisode débute par une violente agression commise par un meurtrier invisible, puis par l'image d'un corps massacré, de l'équipe au travail et de Jane qui regarde autre chose, dont on se doute qu'il y lit plus de vérité que les autres. Tout semble écrit d'avance dans un confort de lecture rassurant. D'autre part, ce qu'il reste de l'effet *whodunnit* suppose que le meurtrier soit visible très tôt et que le (bon) spectateur soit déjà en mesure de le repérer. Très vite, les intrigues secondaires réapparaissent : relations entre collègues, difficultés avec des puissances rivales (FBI, avocats, *powers that be…*). Enfin, le récit se concentre sur un des membres de l'équipe dont le passé ressurgit à tour de rôle (ici surtout Jane et John Le Rouge) ou dont la vie amoureuse est compliquée (Van Pelt avec Dwayne ou Chow avec Summer). Tous ces éléments finissent par s'articuler comme les règles immuables et intégrées du déroulement d'une sonate ou d'une symphonie. Tout est attendu, tout est répété, rien n'est jamais tout à fait pareil.

Il faut ici s'arrêter sur la spécificité de la lecture de *la trace*, manifestation à la fois fragile et puissante de la mémoire. Dans certains épisodes les légistes et le détective découvrent un corps nu, calciné, caché loin du lieu réel de sa mort. Tout est alors à construire à partir d'infimes détails, de déductions (sur le lieu réel du crime), d'appels à la presse si l'on peut imaginer un visage. Alors, pas à pas, le détective reconstruit un personnage, son univers, sa vie affective, son entourage à partir d'infimes détails. De cette étrange *rêverie* nait souvent un monde indifférent que la mort a fait vivre. Au contraire, d'autres épisodes débutent sur la découverte d'un personnage célèbre dont chacun semble tout connaître. Cette fois, l'enquête trouve les traces d'un autre monde, dissimulé par un voile de mensonges. Les premières traces imaginent un univers derrière le voile, les secondes déchirent le voile pour révéler l'envers du décor. Le travail sur la trace dans les récits policiers populaire est une impressionnante machine narrative.

---

7 Voir également Rapilly, Frédrick, *Le Mentalist de A à Z*, Paris, Rocher, 2011, passim.

RÉÉCRITURES

Les innombrables reprises verticales (une version du canon de Sherlock Holmes après une autre) ou horizontales (plusieurs séries concurrentes basées sur les légistes au même moment) partagent certaines caractéristiques avec les adaptations du roman au film. On y retrouve les opérations décrites par Linda Hutcheon à propos des adaptations[8]. Le passage d'un récit verbal à un récit cinématographique (ou sériel dans le cas du *Sherlock* de Moffat et Gattis) ouvre au moins trois champs d'étude : la *mise à jour* diégétique (on passe de l'époque victorienne au Londres de 2010), le jeu de l'*intertextualité* (les allusions explicites à l'original) et la *création* de nouveaux segments de récit (nouvelles intrigues, nouveaux mystères, nouveaux sentiments…). L'exemple des réécritures de Holmes est probablement le plus copieux. Wikipédia signale que le *Guinness World Records* a retrouvé deux cent onze films et soixante et onze acteurs depuis 1900. On retiendra quelques séries holmesiennes caractéristiques dont le format affirme d'emblée un type de répétition-différence : d'abord la fidélité affirmée (mais évidemment contredite) de l'intégrale BBC jouée par Jeremy Brett, personnages, adaptations de romans et nouvelles et décors précis, mais jeu extraverti du protagoniste. Le Holmes des séries voyage dans l'espace (New York) et dans le temps (contemporain). Le titre d'*Elementary* signale explicitement l'emprunt à Conan Doyle mais Joan Watson y est une chirurgienne asiatique. Dans *The Mentalist* le récit original est reconnu malgré de grandes différences (Californie de nos jours, charme désinvolte de Jane…), ou il est allusif dans *Monk*, à la limite du burlesque. Le *Sherlock* de Moffat pour la BBC – dans un Londres très contemporain – est d'abord un jeu d'allusions, de ressemblances et de différences. L'intertextualité, centrale ici, est d'abord un exercice de la mémoire collective.

J'ai déjà insisté sur l'horizon fermé, prévu, de toute intrigue policière, épisode par épisode et, dans une moindre mesure, dans des arcs narratifs qui couvrent plusieurs épisodes (savoir qui est Red John). Je renvoie ici à la conclusion de mon étude[9] sur les séries dont voici

---

8 Hutcheon, Linda, *A Theory of Adaptation*, Londres, Routledge, 2006.

9 Sipière, Dominique, *Le Récit dans les séries policières*, Paris, Armand Colin, 2018.

peut-être l'essentiel : la constante la plus importante reste la base du *whodunnit* dans ces récits. Dans un univers quotidien sécularisé dont Dieu est absent ou silencieux, ces récits commencent par la mise en place du doute généralisé. Non seulement tous les personnages peuvent incarner le Mal – même le narrateur (*Ackroyd*), même le détective (*The Mousetrap*), même une des victimes (*And Then There Was None*) – mais tout ce qui se dit et tout ce qui se voit est sujet à caution. Contrairement à la doxa qui fait des *whodunnits* des mondes bourgeois étriqués, ces récits peuvent induire une forme de *subversion* absolue des signes, pour qui veut se donner la peine d'en jouer le jeu. Si Philip K. Dick nous invite à une schizophrénie cauchemardesque, les *whodunnits* font de nous des paranoïaques heureux. Car, face à cette subversion potentielle, voilà que le détective apporte toutes les réponses, que le monde retrouve ordre et sens dans un instant de clôture et de grâce, succédané quotidien de la révélation divine (il est probable que Pascal aurait prétendu détester les *whodunnits*). Bien sûr, ces *apocalypses en pantoufles* ne durent guère et elles se diluent jusqu'au ridicule dans la plupart des séries américaines où le *soap opera* l'emporte sur le *whodunnit* (*Rizzioli & Isles* ou *Castle*), mais il me semble qu'elles gardent quelques traces de la certitude qu'« une réponse » sera, quand même, apportée *in fine*.

On voit bien que les séries subissent la même dilution du schéma du *whodunnit* que les films, mais il en reste *quand même* quelque chose de profond : la certitude d'une réponse après la mise en crise, l'assurance d'une clôture du récit, de la persistance du vrai et du sens, fussent-ils un peu gris… On peut appeler cela un *contrat de clôture*. Les séries britanniques, dans un pays sans doute plus agnostique que les USA, restent assez proches du schéma original, tandis qu'aux États-Unis, plus religieux, la trame *whodunnit* se réduit à un simple moteur et à un squelette ludique du récit centré sur autre chose. Pourtant, à côté de ce (ré)confort quotidien, l'ombre plus *subversive* de mondes en détresse (*Vera*, *Frost*, *The Shield…*), ainsi que la lecture *soupçonneuse* de tous les discours diégétiques, mérite un travail plus approfondi dans un monde qui doute, jusqu'au complotisme.

Dominique SIPIÈRE

DEUXIÈME PARTIE

MÉMOIRE ET OUBLIS

LA GRANDE ÉVASION

Prison Break et la tragédie de Michael Scofield

Revenir sur *Prison Break* implique, dans notre modeste cas d'auteur, d'effectuer une plongée mémorielle, car en 2009 nous avions déjà publié en ligne un article sur cette série qui en était, alors, à sa saison 4 et semblait vouloir se terminer[1]. Sans vouloir recycler ce que nous avions déjà écrit, nous nous appuierons seulement dessus pour présenter notre objet : *Prison Break* est une série télévisée créée par Paul Scheuring et diffusée pour la première fois aux États-Unis en août 2005 sur Fox et, en France, un an après, sur M6. Elle comprend 5 saisons (92 épisodes), la dernière, riche d'à peine 9 épisodes, ayant été diffusée en avril-mai 2016 aux États-Unis et en mai-juin de la même année en France.

Rappelons l'argument global. Série de genre, comme il y a des films de genre, *Prison Break* s'enracine dans trois sous-catégories. L'une qu'on pourrait appeler « le film de complot », dont on connaît la prolifique veine des années 1970 (*Conversation secrète* [*The Conversation*, 1974], de Coppola ou *Les Trois Jours du Condor* de Sidney Pollack [*Three Days of the Condor*, 1975]), ainsi que le prolongement dans les années 1990 (type *Traque sur Internet* d'Irwin Winckler [*The Net* 1995]), favorisé par les adaptations de romans de John Grisham (*La firme* de Sidney Pollack [*The Firm*, 1993]). L'autre que l'on pourrait nommer « film de prison » (les titres sont multiples : citons *Un prophète* (2009) de Jacques Audiard comme un des plus récents). Et une troisième que nous appellerons faute de mieux « le film de faux-coupable » dans lequel c'est au présumé criminel lui-même de mener l'enquête permettant de connaître le vrai responsable du crime dont on l'accuse, simultanément au fait qu'il doit échapper, et aux forces de l'ordre et à celles du désordre (Hitchcock a

1 http://www.graat.fr/tv07ortoli.pdf (consulté le 03/01/2021) : Ortoli, Philippe « Mécanismes claustrophobes : *Prison Break* ou la série comme dispositif d'aliénation », actes du colloque *Les pièges des nouvelles séries télévisées américaines*, sous la direction de Sarah Hatchuel et Monica Michlin, 2009.

signé quelques opus respectés de cette configuration thématico-modale dont on trouve également des traces télévisuelles et cinématographiques dans *Le Fugitif* [*The Fugitive*, 1963-1967, Roy Huggins, Andrew Davis, 1993 pour le cinéma], entre autres). *Prison Break* se proclame donc dans une configuration qui met en exergue la question du rapport d'un cas individuel à celui, universel, de la justice. La série ne va cesser de décliner les différentes situations dramatiques que cette confrontation nourrit.

RAVIVER LE CIRCUIT

Ce mélange, qu'on pourrait prendre pour un mix postmoderne, aboutit à un projet extrêmement classique : restaurer le combat de David contre Goliath, le premier prenant les traits de Michael Scofield (Wentworth Miller), jeune ingénieur en génie civil au QI supérieur à la moyenne, qui décide, pour faire évader de la prison de Fox River son frère Lincoln Burrows (Dominic Purcell), de se faire incarcérer à l'intérieur de ses murs, après avoir fait tatouer sur son corps les résumés codés de l'établissement dont il a dessiné les plans dans le cabinet d'architecte où il officiait. Si son aîné est condamné à mort, c'est, bien sûr, à tort, victime d'une machination orchestrée par un mystérieux cartel (the Company). Le feuilleton (car on peut légitimement parler d'une histoire morcelée en de nombreux épisodes dans laquelle le suivi d'une continuité est nécessaire à leur compréhension) commence, dans la saison 1, par se concentrer sur l'évasion du héros, tandis que le cartel tente d'étouffer la vérité, puis, dans la saison 2, s'axe sur la traque des fugitifs (car Scofield a dû amener d'autres détenus dans sa fuite) par la Company jusqu'au Panama où ils sont remis en prison, saison 3, avant de se ré-évader pour, saison 4, lutter contre le groupe machiavélique, aboutissant, dans l'épisode final, à la mort sacrificielle de Michael.

Or, dans la saison 5, il s'avère que cette mort n'était que feinte : devenu membre fantôme d'un sous-groupe de la CIA en échange de la liberté offerte à ses proches, il continue à faire évader dans le monde des individus nécessaires à une certaine vision politique de cette officine (vision assez peu soucieuse de démocratie), jusqu'à ce qu'emprisonné et piégé au Yémen il parvienne à faire éclater la vérité et à retrouver sa famille. Le mouvement global des saisons, comme on le voit, est alterné : deux saisons dans un établissement pénitentiaire et deux saisons en dehors, et une autre, la dernière, accomplissant la prouesse, en 9 épisodes (cette brièveté a été beaucoup reprochée par les internautes et on les comprend !), de se situer à la fois à l'intérieur et à l'extérieur, comme une espèce de condensé global des quatre autres parties, dans laquelle nous suivons à la fois l'évasion, la fuite et le combat. L'ensemble de la presse et des internautes s'est déchaîné contre la soi-disant médiocrité de cette saison en forme de mini-série[2], arguant, au-delà des soucis scénaristiques, d'un traitement du *cliffhanger*, comme principe premier de l'écriture sérielle, qui serait passé de mode. *Prison Break* serait ainsi devenue *has been* (le monde de l'observation des séries télévisées est redoutable en ce qui concerne sa quête de nouveauté[3]). Pour autant, il nous semble que les choses sont un peu plus complexes et qu'on ne peut se contenter de décréter la faiblesse d'un élément sans réfléchir à la force du dispositif qu'il (et qui l') alimente. Un retour théorique paraît donc s'imposer pour développer ce qui sera moins la défense de la série que du système dont elle relève.

Les séries télévisées étendent les pouvoirs du cinéma en se souvenant d'un de ses archi-genres les plus anciens, à savoir « les films à épisodes[4] ». Elles décuplent sa dimension romanesque et, donc, plus profondément, plus essentiellement, sa capacité à se déployer métaphoriquement entre des bornes, la dernière servant rétrospectivement à évaluer l'ensemble en lui donnant un sens. Or, cette conception se heurte à celle, issue de Deleuze, d'un mouvement continu dont le cinéma ne fournirait que des coupes mobiles, d'autant qu'elle suppose un processus téléologique, puisqu'elle définit le fait qu'un mouvement se conçoit par sa fin, là où la pensée bergsono-deleuzienne décrit un écoulement conçu dans une totalité inépuisable. Les deux positions peuvent néanmoins se combiner si l'on considère que l'enchaînement de ces coupes mobiles, c'est-à-dire

2 Voir, entre autres, https://www.cineserie.com/dossiers/gros-plan/prison-break-revival-avis-cette-saison-5-1041651/ (consulté le 10/01/2021).

3 *https://biiinge.konbini.com/series/prison-break-critique-saison-5/* (consulté le 10/01/2021).

4 Les feuilletons dans les journaux français (Eugène Sue, Alexandre Dumas, etc.) ont inspiré les « films à épisodes » comme *Fantômas* (1913), *Les Vampires* (1915), ou *Judex* (1916), qui ont eux-mêmes inspiré les *serials* américains. Historiquement, le *cliffhanger* est donc français.

ce qui scelle leur union synthétique apte à les constituer en récit, doit intégrer le temps vécu comme une donnée pleine[5] et le faire ressentir : le tout, dès lors, devient bien le dépliement toujours repoussé d'un horizon, une conquête dont l'action est le principal pouvoir. C'est en cela que le principe des séries télévisées rejoint le fantasme de l'univers tout-cinéma d'un Tarantino : faire se croiser et se recroiser objets et personnages, à la manière d'un Dumas, d'un Balzac ou d'un Zola. Ce prolongement, permis par le principe des épisodes, puis des saisons, où la continuité ne résulterait plus uniquement de l'effet physico-psychologique du mouvement apparent entre les photogrammes mais bien de la mémoire même du spectateur, est prépondérant. Il détermine cette idée de continuité à construire. Dès lors, même sur des durées très longues, les discontinuités sérielles (éléments visuels et/ou sonores, plans, séquences, épisodes, saisons) peuvent devenir semblables à des images-souvenirs, participant à la structuration même des séries. Ainsi, parler de la série télévisée (ou du feuilleton) comme vecteur de mémoire, c'est parler de la manière dont elle peut manifester une conscience de soi capable, par chacune des unités qui la constituent, de raviver les unités qui l'ont précédée.

Revenons à *Prison Break* qui, en définitive, ne tente de répondre qu'à une question : comment, sans cesse, ranimer les choses et les êtres oubliés pour, avec eux, sortir du gouffre et se projeter ? Rarement une série aura été à ce point bâtie sur l'idée de transcendance, entendue hors de toute acception sacrée : nous avions déjà insisté, avec l'appui de Thibaud de Saint-Maurice[6] sur la nature spinoziste du héros, cherchant les causes adéquates du monde dans lequel il était plongé et les trouvant, à travers une observation rigoureuse de ce dernier[7]. Le souci premier

5 L'inscription du temps comme sujet dans le cinéma est, pour Marie-Claire Ropars-Wuilleumier, une des conditions essentielles de sa singularité : « Aux yeux du spectateur, le temps est perçu comme vécu dans la mesure où la représentation cesse d'être le support d'une action immédiatement interprétable : alors apparaissent, à travers la révélation des choses en train de se faire, par les actes qui se prolongent en situations ou les mouvements intérieurs qui ne débouchent pas sur des actes, les diverses manières qu'a le temps de passer sur les êtres suivant les diverses manières qu'ont les êtres de passer dans le temps ». *Cf.* Ropars-Wuilleumier, Marie-Claire, *De la littérature au cinéma*, Paris, Armand Colin (U2), 1970, p. 131.

6 De Saint Maurice, Thibaut, *Philosophie en séries*, Paris, Ellipses, 2009, p. 25.

7 « I. J'appelle cause adéquate celle dont on peut percevoir l'effet clairement et distinctement par elle-même ; j'appelle cause inadéquate ou partielle celle dont on ne peut connaître

était, bien sûr, que, dans ce qu'il mettait en œuvre pour comprendre et réagir, Scofield ne devait pas manipuler que des objets, mais également des êtres humains. Or, comme ces derniers – nous le savons depuis Kant[8] – sont des fins et non des moyens, ils ne pouvaient obéir à de simples directives, charriant avec eux une complexité inhérente à leur être : de cet aspect naissait ce qui rapprochait le plus la série d'un autre grand sous-genre du cinéma, le western italien et son système narratif des alliances temporaires souvent brisées, au terme desquelles d'autres naissaient. Les ennemis d'hier deviennent les associés d'aujourd'hui et, inversement : *Le Bon, la brute, le truand* [*Il Buono, il brutto, il cattivo*, 1966] constitue sans doute la matrice de cette structure que l'on retrouve aussi chez Corbucci (*Le Mercenaire* [*El Mercenario*, 1968]) ou chez Sollima (*Il était une fois en Arizona* [*Faccia a faccia*, 1967]), chacune des nouvelles associations et divisions étant produite autant par les péripéties de l'histoire que par la complexité romanesque des protagonistes. Or, il nous semble désormais que l'impossibilité d'appliquer ce principe de l'impératif hypothétique à des personnes n'est pas le cœur de la série[9]. C'est l'exploration qu'on y trouve de deux mouvements fondamentaux : l'un consiste à surveiller, à enfermer, à recouvrir, voire à enterrer ; l'autre ne cesse de mimer l'action de sortir, d'ouvrir ce qui est fermé, de se propulser et de s'élancer vers.

SORTIR DU GOUFFRE

Si tout le monde s'accorde pour repérer les références mythologiques contenues dans *Prison Break* (à commencer par celle de la saison 5 où Scofield-Ulysse doit traquer Poséidon-Antinoos pour reconquérir Pénélope-Sara et Télémaque-Mike, le tout à Ithaca !), elles n'expliquent

l'effet par elle seule. » Spinoza, Baruch de, *Éthique* (traduit par Charles Appuhn), Paris, GF Flammarion, 1965 [1677], Livre III, Définitions, p. 134.

8 Kant, Emmanuel, *Fondements de la métaphysique des mœurs* (traduit par Victor Delbos), Paris, Le Livre de poche (Classiques de la philosophie), 2007 [1785].

9 *Ibid.*, p. 82 : « Les impératifs hypothétiques représentent la nécessité pratique d'une action possible, considérée comme moyen d'arriver à quelque autre chose que l'on veut (ou du moins qu'il est possible qu'on veuille) ».

que partiellement l'image originelle à laquelle renvoie Michael. Certes, il doit dérober Scylla, programme informatique révolutionnaire potentiellement destructeur, dépendant des six cartes magnétiques détenues par les membres du cartel, comme le monstre originel possède ses six têtes. Certes, encore, il est incarcéré à Ogygia où il doit demeurer captif, mais sans Calypso. Seulement, ces références qui ancrent directement notre héros dans le creuset mythologique peuvent être ramenées à une unité imageante plus fondamentale. Nous tenterons ici d'employer le terme de « schème », squelette dynamique de l'imagination et présentificateur[10] des désirs inconscients. Ces désirs sont ici celui de la descente et du blottissement dans l'intimité, et celui de l'ouverture nécessaire que l'on doit y pratiquer. On pourrait, en empruntant la terminologie de Gilbert Durand, le doter de l'appellation de « diaïrétique[11] » qui consacre la purification obtenue par percussion, rattachée à toute la tradition symbolique des armes tranchantes, frappantes ou punctiformes.

Dans *Prison Break*, il n'est souvent nul besoin d'arme, tout élément pouvant devenir entre les mains de Scofield un moyen d'ouvrir et de trancher, c'est-à-dire de s'extraire du lieu dans lequel il se trouve. Sur cette base, la série étend son principe carcéral au-delà de l'idée stricte de prison puisque tout, pénitencier comme building, rue comme bateau, est toujours susceptible d'enfermer et de conserver. La mémoire que déploie la série est une mémoire jonchée de lieux clos, qui doivent s'ouvrir pour laisser leurs prisonniers s'élancer vers la lumière. En ce sens Scofield, dont la mission demeure celle de parvenir à trouver les moyens de s'extraire et d'extraire chacun de ce gouffre pour avancer en montant (*ascendere*) au-delà (*trans*), est un héros tragique au sens épique hégélien. Il est « une passion dominatrice ramenant à soi tout le caractère, le déterminant, et le vouant à la mort dès l'origine[12] ». Jusqu'à la mort ? Là est justement le problème magnifiquement posé

10 Pour Emmanuel Kant, le schème est « une règle de la synthèse de l'imagination par rapport à des figures pures de l'espace ». *Cf.* Kant, Emmanuel, *Critique de la raison pure*, trad. A. Renaut, Paris, GF, 2001 [1781], (« Logique transcendantale », livre II, chapitre 1, p. 224). Néanmoins c'est moins sous cette acception qu'il est retenu que sous celle de Jean-Paul Sartre, comme « présentificateur ». *Cf.* Sartre, Jean-Paul, *L'imaginaire*, Paris, Gallimard (Idées/Gallimard), 1982 [1940], p. 203.

11 Durand, Gilbert *Les structures anthropologiques de l'imaginaire*, Paris, Dunod, 1992 [1969], p. 178-202 (particulièrement p. 184-187).

12 Hegel, Georg Wilhelm Friedrich, *Esthétique* (textes choisis par Claude Khodoss), Paris, Presses Universitaires de France, 1954 [1835], p. 130.

par cette saison 5 qui ressuscite, aussi bien pour ses proches que pour nous, le personnage : Scofield ne peut pas mourir. Même si la tombe et le trou noir dans lesquels on l'a installé semblent fournir un dernier renoncement et le rendre à un ultime engloutissement, il lui faut, pour le dire avec les mots de Heidegger, constamment ex-sister, c'est-à-dire émerger au-delà d'un « sombre » fondateur. Et, par le fait, répéter sans cesse, en comprenant les modalités de cette répétition, l'évènement qui permet la victoire sur le néant.

Un des plus fameux *gangsters movies* américains possède un titre français *La Grande évasion* (titre original *High Sierra*, 1941, Raoul Walsh) qui est aussi celui de *The Great Escape*, de John Sturges (1963), grand classique du film d'évasion s'il en est. C'est sur l'œuvre de Walsh que nous souhaitons revenir. À la fin, après que le héros Roy Collins, joué par Humphrey Bogart, gangster traqué et finalement abattu en haut d'une montagne, tombe dans le vide, sa compagne, Marie Garson (Ida Lupino) demande à un journaliste cynique ce que veut dire véritablement s'évader : il lui répond que cela veut dire « être enfin libre ». Et le film de se terminer par la caméra accompagnant la jeune femme de très près murmurant ce mot comme une incantation destinée à la (et nous) persuader que Roy a enfin réussi à trouver le repos. Or, dans *Prison Break*, cette conclusion au diapason du tragique inhérent au film de gangster n'est pas possible. On nous dira, avec juste raison, qu'*a priori* la saison 5 est la dernière et que Scofield paraît enfin libéré. Mais, d'une part, rien n'est moins sûr (la mise en chantier d'une saison 6 est possible) et, de l'autre, on a déjà connu plusieurs fois ces *happy ends* faussement terminaux (mariage interrompu, barbecue brutalement stoppé). En réactivant une cinquième fois ce trauma originel qui est, en même temps, sa raison d'être, *Prison Break* fonctionne comme un messager venant réveiller un Maître, rendu amnésique et somnolent par le philtre de quelque traîtresse. On peut dire, en quelque sorte, que ce messager est celui du monde des Idées, dont le héros s'est éloigné en voulant devenir un membre de la communauté humaine, un simple mortel souffrant d'une tumeur au cerveau et choisissant de s'effacer. Ce messager n'est pas, loin s'en faut, un élément positif, puisqu'il replonge notre protagoniste dans son trauma. Seulement, il va de soi qu'au-delà des nécessités de l'intrigue (Poséidon, agent dissident de la CIA, fait mourir Michael, à la fois pour s'en servir comme d'une taupe fantôme et pour pouvoir lui ravir son épouse et son fils) ce trauma coïncide avec le dispositif sériel lui-même : Scofield doit sortir de ce trou pour ramener d'autres personnes à la lumière et prouver que boire à la fontaine de Léthé ne lui est pas permis. *Prison Break* est bien une création moderne qui commente ce qui conditionne son identité même, à savoir l'obligation de répéter, en s'en différenciant à chaque saison, les constantes qui la constituent.

Prenons appui sur deux passages du premier épisode de la saison 5, *Ogygia*. Le premier explique, en voix-off, le principe de ce qui doit remonter à la surface, en l'occurrence la mort, pour venir aider les vivants. Le second, concrètement, par le biais du personnage de Burrows, rend visible cette nécessité de l'extraction, en dévoilant le vide même de la tombe et, donc, la preuve que Michael s'en est bel et bien dégagé. Dans le premier extrait, qui ouvre cette 5e saison, après avoir détaillé une sage chouette qui paraît veiller, la caméra donne l'impression de fouiller au fond d'une grille d'égout (pour nous montrer ce qu'on apprendra plus tard être l'amas de lettres envoyées par Michael à son épouse qui repose ainsi sous terre, signe déjà de sa ressuscitation), puis renoue avec le jeu des apparences de Scofield, tel qu'il l'avait instauré dès la séquence d'ouverture de la saison 1 : nouveaux tatouages codés, nouvelles photographies. En quelques images, on comprend que le personnage a ainsi ranimé sa passion exclusive : elle flotte déjà sur l'épisode et le caractère énigmatique de ces premières images, qui s'étiolera (nous apprendrons à quoi correspond le codage du tatouage et l'intérêt de la pose devant la mosquée), amène le parfum d'une résurrection. La seconde séquence confirme cela en un plan riche d'enseignement, où Burrows creuse la tombe de son frère pour ouvrir le cercueil et savoir si, oui ou non, son cadavre y est bien enterré. Ce qu'il fait ainsi, creuser et ouvrir, n'est autre qu'une des variations gestuelles du schème fondateur de son frère, celui qui a fondé toute la série, à savoir précisément « creuser » et « ouvrir ». Il répète ainsi le mécanisme initié par Michael, d'autant plus que le plan initial le saisit en plongée, ce qui semble associer ses gestes à une forme de transcendance qui les dépasse. Il s'agit bien d'ouvrir pour sortir…

On pourrait, en interrogeant le circuit mémoriel, se poser la question : y a-t-il une séquence séminale que tous ces mouvements tendraient à reproduire ou n'existent-ils que par leur répétition même ? Émerger ainsi du gouffre possède-t-il un point zéro qui, comme dans la théorie du grand temps ou du temps primordial vers lequel ne cesse de revenir le mythe à travers sa réactualisation ritualisée, ferait de ces séquences des remémorations ? Car s'il s'agit bien de sortir de l'oubli et de reprendre sa place, ou, plutôt, de retrouver les gestes qui en caractérisent le schème initial, peut-on penser que la mémoire peut s'arrimer à un événement particulier ?

Il existe deux séquences dans *Prison Break* qui tentent de donner corps à l'hypothèse d'un point de départ de ce processus de reconnaissance attentive qui est en jeu. La première concerne le véritable *flashback* traumatique du personnage lorsqu'il retrouve son père (Marshall Allman), en présence de Sucre (Amaury Nolasco) et de Lincoln (saison 2, épisode 12). La seconde, plus littérale, est l'explication qu'il donne au médecin Sara Tancredi (Sara Wayne Callies) (saison 1, épisode 3), qui deviendra sa Pénélope, quant aux raisons qui le poussent, en prison, à accepter sa condition, après qu'il a été mutilé par d'autres détenus (on lui a sectionné deux orteils). La première séquence ouvre l'épisode 12 de la saison 2, et nous fait partager, en *flashback*, un souvenir d'enfance traumatique de Michael. À la mort de sa mère, placé chez un père d'accueil maltraitant, il fut puni par lui, enfermé dans le noir au cœur d'une pièce exiguë. Souvenir terrible – d'autant plus que ce « père », qui a entendu qu'il cherchait à sortir, revient le frapper sauvagement pour l'enfermer à nouveau, tombé au sol le visage ensanglanté – mais au cours duquel Michael fait son apprentissage. Une fois le regard habitué à voir dans l'obscurité, on peut desceller de petites choses qui peuvent vous aider à vous évader. Dans la seconde scène, Michael est à l'infirmerie de la prison de Fox River. À Sara, qui lui assène qu'il ne serait pas humain s'il n'avait pas peur dans un pareil endroit, il évoque ce que son frère lui avait dit quand il était petit, alors effrayé à l'idée d'un monstre qui se nichait dans le placard de sa chambre : qu'en fait de monstres, seule la peur était derrière la porte, une peur qui n'est pas concrète, une peur qui n'est que de l'air, et qu'il fallait ouvrir la porte pour regarder cette peur en face.

Les deux séquences se répondent l'une l'autre en désignant toutes deux le schème de l'ouverture – et les moyens afférents à son actualisation en geste – comme fondateur pour Scofield, étant entendu qu'observer les monstres du placard en l'ouvrant aboutit à regarder en face le gouffre et les possibilités qu'il recèle pour s'en extirper, jusqu'à la dernière trouée. Le jeu sur l'obscurité et le choix des détails manipulés par Michael, dans la première séquence, comme la certitude lue dans son visage clos au moment de la discussion avec Sara, identifient donc cette volonté à un principe nécessaire, naissant d'un trauma à conjurer. Lorsqu'il parle de l'air contenu dans son placard d'enfance, il est difficile de ne pas évoquer le vide et de ne pas penser au néant heideggérien qui laisse transi et branlant et dont on doit se détacher pour pouvoir exister. Mais *Prison Break* substitue à l'angoisse la peur véritable, en identifiant moins un objet (le monstre, la figure de l'adulte) qu'une trajectoire : celle d'une verticalité surveillante et punitive, dont le trait définitoire est contenu dans la violence du geste consistant à remettre l'enfant au fond du gouffre, c'est-à-dire à le faire chuter. Ce principe de domination, sans visage par le jeu sur l'éclairage et l'angle de la caméra, est prépondérant. Pour consacrer la cohérence de ses partis pris esthétiques, qui sont donc consubstantiels à ses options narratives, la série abonde en plans très courts déployant chaque fois un regard en hauteur, rasant, voire écrasant ses décors, et ce, qu'il s'agisse des prisons, des rues ou des buildings. Ces plans de coupe n'ont pas vocation décorative ou contextuelle. À raison de quatre ou cinq par épisode sur 92, ils instaurent une ponctuation récurrente qui ne cesse de réactiver sans cesse le trauma premier de Michael. Quelqu'un surveille et ne demande qu'à punir. Redoutable efficacité d'un dispositif classique que sa répétition transforme en principe de composition.

Ce circuit tracé instaure moins l'idée d'une continuité que d'une reprise du même sous le différent. Le réseau virtuel, constitué par ces plans, instaure, par sa réitération, l'idée du pouvoir englobant qui confère à l'enfermement la puissance d'un principe structurant. On peut noter, dans ces travellings rasants et plongeants, que, par exemple dans la saison 4, à l'horizontale, c'est-à-dire latéralement, le même mouvement se poursuit dans le plan montrant Michael avec Don Self, le policier corrompu (Michael Rapaport). À cette obsessionnelle omniprésence du regard qui surveille et domine, correspond bien évidemment le geste de punir, c'est-à-dire de faire souffrir dans sa chair le personnage. C'est ainsi que les plans de Michael mis à mal physiquement abondent dans la série. Héros tragique incapable de mourir puisqu'il ne saurait connaître le repos, il n'en doit pas moins faire l'épreuve dans sa chair même de son statut singulier, c'est-à-dire de ressentir le poids des sommets qui s'abattent sur lui.

Dans la saison 1, à la toute fin du deuxième épisode, Michael est sous la menace de se faire couper un doigt de pied. Un gros plan de l'orteil est très spectaculaire et évoque presque la toile de Mantegna *La Lamentation sur le Christ* : il faut remarquer la position horizontale du personnage, solidement immobilisé par les gardes d'Abruzzi (Peter Stormare) qui constituent alors une prison de chair autour de lui. Le sécateur est manipulé par une force verticale qui s'abat sur lui, pour le punir. L'impressionnant soleil qui littéralement lui fait tourner la tête lorsqu'il est enfermé dans le caisson de Sona (saison 3, épisode 9) participe de la même orientation et de la même force : de nouveau prisonnier, mais, ici, par des parois réelles, il subit encore la force supérieure qui, dans un autre exemple (saison 5, épisode 6), alors qu'il vient d'être empoisonné à l'antigel, le voit isolé dans l'immensité du désert yéménite et, là encore, chu, perdu dans le noir, vaincu par le mal. Le plan large qui le désigne, silhouette dérisoire dans la grande tradition Von Stroheimienne (*Les Rapaces* [*Greed*, 1923]), ravivée par les Coen (entre autres, *No Country for Old Men*, 2007), de l'individu perdu dans un décor hostile, est en ce sens éloquent. On sait qu'un héros doit fournir la preuve de son humanité et de sa faillibilité pour pouvoir montrer qu'il reste homme, mais, dans le cas présent, cela nous semble dépasser le simple cadre de cette phase de confirmation : Scofield est sans cesse ramené à un étau initial, dans la position de l'enfant maintenu ainsi par un adulte oppressif. Que peut-il face à cela ? Y a-t-il des images qui peuvent faire contrepoids ?

Bien évidemment, puisque Scofield est un héros et que cette énergie c'est celle qui consiste à ouvrir et à fuir. Un autre motif récurrent de la série consiste en une suite très brève de plans virtuels qui désigne brutalement une force qui va. Laurent Jullier appelle globalement cette figure de style le *run and gun* ou *shaky can* ou *Weasel Cam*[13] : le mouvement vers l'avant, suggéré par une caméra allant n'importe où, parfois sans aucune référence interne à la fiction chargée de légitimer sa course, est une des grandes figures du style dit « post-moderne ». Or, ce qui nous intéresse ici, ce n'est nullement la gratuité de cet élan, mais bien plutôt l'intégration de ces marques de ponctuation (on en trouve dans trois saisons sur 5, à raison de cinq par épisodes) dans la série, de manière à devenir des points cruciaux de l'organisation de

13 Jullier, Laurent, « Des nouvelles du style postmoderne » in *Positif* n° 606, juillet-août 2011, p. 163.

sa mémoire. On pourrait multiplier ici les exemples, dans lesquels on reconnaît, malgré la rapidité des plans, les éléments des décors afférents à chacune des saisons (jungle dans la 3, tuyauterie dans la une ou la quatre), mais ce qui importe dans tous les cas c'est la victoire de la manière sur la matière : le mouvement y est supérieur aux éléments qu'il traverse et désigne une force qui va vers une ouverture présumée. Cette propulsion en acte caractérise mieux que tout Scofield et son élan perpétuel pour fuir les monstres ogresques : elle consigne la cohérence plastique d'un univers fictionnel obsessionnellement rivé à cette lutte sans fin pour sortir du noir et exister. Mais, comme chaque tunnel ne cesse de déboucher sur un autre, il semble évident que Scofield ne peut jamais en avoir fini et est condamné, comme un Sisyphe, à détruire les cavernes d'effroi où on l'enferre et le torture. Prenons plusieurs séquences montrant Scofield à l'œuvre dans des processus d'ouverture : l'évasion de Sona (saison 3, épisode 6), la prise de Scylla (par un tunnel creusé qui débouche directement sur les sous-sols du cartel, saison 4, épisodes 11-12), et la fuite hors du bateau touché par le missile (saison 5, épisode 7). Volontairement, le choix ne se porte pas ici que sur des séquences d'évasion, dans la mesure où on souhaite insister sur la diversité des gestes développés par le schème de l'ouverture et de la fuite : quitter le bateau et plonger, ouvrir l'inviolable logiciel, sortir du tunnel pour se cacher sous les camions concrétisent le même mouvement que celui figuré dans les exemples de caméra subjective. C'est l'expression sans ambages d'une protension constante et effrénée. On constate que, dans l'évasion de Sona, un plan en contre-plongée désigne bien le sol lui-même comme un espace de délivrance, de la même manière que, dans l'exemple de la saison 4, sa vision dans l'écran de contrôle le représente en plongée. Quant à la scène de la saison 5, on voit nettement que le missile provient du dessus : la configuration que nous qualifierons de morphologique prévaut encore sur les divers objets qui lui sont affiliés.

Nous en revenons à nos distinguos initiaux : si *Prison Break* est effectivement un feuilleton inscrivant son intrigue dans une chronologie linéaire, il est aussi et tout autant une série, dans la mesure où il ne cesse de répéter la même formule plastique et dramatique au sein de sa chronologie. En d'autres termes, la cyclicité (ou la spiralité si l'on s'accorde sur le fait que le point zéro de notre *flashback* en représente le début, ce qui n'est qu'une hypothèse) ne cesse de s'introduire et de développer la pensée mythique comme une véritable structure englobante, rejoignant par là le principe même du genre. C'est la répétition dans la différence qui consacre un territoire mémoriel que Scofield ne peut quitter. Il le peut d'autant moins si, justement, personne n'a envie de l'oublier, cruelle nécessité économique de l'art où se déploient ses aventures, là où la tragédie s'arrête et le monde prosaïque reprend ses droits. Mais, pour l'heure, il y a fort à parier qu'il n'a pas fini de courir : il y a tellement encore de portes à ouvrir…

Philippe ORTOLI

REMEMBERING AND FORGETTING IN TELEVISION SERIES

The case of the first two seasons of *Downton Abbey*

INTRODUCTION

The ageless debate about the nature of memory took a particular turn in the 1920s when Maurice Halbwachs developed his theory of a 'collective memory'[1] in reply to Henri Bergson's own studies of subjective, individual memory[2]. In Julian Fellowes TV series *Downton Abbey*[3] (2010-2011), the choice of a specific estate – shot on the touristic site of Highclere Castle[4] – exemplifies this debate by the prominent role

1 Halbwachs, Maurice, *Les Cadres sociaux de la mémoire* [1925], Paris, Albin Michel, 1994, *La Mémoire collective* [1950] Paris, PUF, 1968.

2 Bergson Henri, *Matière et Mémoire* [1908] tr. N.M. Paul and W. Scott Palmer, *Matter and Memory*, London & New York, Macmillan, 1912.

3 *Downton Abbey*, a British Historical period drama television series. Creation: Julian Fellowes. Screenplay: Julian Fellowes, Shelagh Stephenson, Tina Pepler. Source: Edith Wharton, *The Buccaneers* and Henry James. Executive producer: Julian Fellowes. Production: Carnival Films & Masterpiece. First aired: ITV (UK) 26 sept. 2010, PBS (USA) 9 jan. 2011. Cast: Hugh Bonneville, Elizabeth McGovern, Maggie Smith, et al. Music: John Lunn. Length: 6 series or 'seasons' (52 Episodes). 06h 04min. DVD: Carnival & Masterpiece 2010 (n° 828 313 4.32). Shot at Highclere Castle, except kitchen and downstairs sequences, and servants' quarters upstairs ones, shot in a London studio. Music: Alastair King. Accents: both the extreme posh accent of the aristocrats and the 'local' (Yorkshire, Ireland etc.) low-class accents of the servants have been toned down to cater to modern usage. This article deals with Season One (Director: Brian Percival) and British land-owners society at Downton Abbey before 1914, and Season Two (Director: Ben Bolt), in which Downton Abbey becomes a hospital during the War.

4 Highclere Castle, Newbury, Berkshire, UK. Designed by Thomas Allen, the renovation late 18th c.-early 19th c. transformed the house into a grand mansion (60-80 bedrooms); the staircase sits in the tower designed by Charles Barry. It is in so-called 'High Elizabethan Style', while the grounds were designed by Capability Brown. It has been summed up as 'Jacobean', i.e., Classic in inspiration, Gothic in detailing, and carried out with scrupulous

given to place in this historical period drama. We witness the major changes which the inhabitants are confronted with between 1912-1914 (Season One, 7 Episodes) and 1914-1918 (Season Two, 6 Episodes). The opening Episode uses crosscutting to underscore the parallel between two temporalities, that of History – when the inhabitants of Downton Abbey discover in the morning newspapers of 16th April, 1912 the tragic shipwreck of the Titanic during the night – and 'his/her story', i.e., individual temporality. This is made clear as we follow John Bates (Brendan Coyle) travelling on a train towards the Downton Abbey estate, where he is to be the new valet to Robert Crawley, Earl of Grantham (Hugh Bonneville). If the discussion of collective memory in the series highlights the specificity of seriality as a narrative mode, when the characterization of the protagonists in the narrative is examined, it soon becomes clear that individual memory is even more relevant to the serialization of this historical period drama by the collusion between several individual sagas. For the audience, moreover, both the sense of place originating in collective memory, and the secret workings of individual passions caused by private memories, create a web of landmarks which can be analysed in terms of reception theory[5]: they call our attention to new developments of initial situations, address our memory of the previous scenes and our anticipation of the potential oncoming ones, while shifting our moods from relief to anguish, laughter to tears, and nostalgia. These points are discussed in the three parts of this paper, which cover a study of the period drama, a discussion of individual memory and its role in human relationships in this microsociety, and finally a study of memory images as the present representation of a lost past.

---

adherence to the Tudor period architecture. It was visited by Jane Austen, which shows it bears an important collective memory value for the British. https://janeaustenworld.wordpress.com/2012. Accessed 30 August 2016.

5 Esquenazi, Jean-Pierre, *Film, perception et mémoire*, Paris, l'Harmattan, 1994, p. 41-56.

THE ARCHITECTURAL WORLD OF THE PERIOD DRAMA *DOWNTON ABBEY*

The choice of a restricted localization for the action in the series can be discussed in the light of the debates about the nature of memory. Place actually occupies a central role in the modern debate on memory, in particular for Halbwachs's theory of collective memory:

> When we 're-member' a series of events which arouse our emotions either about ourselves or about others, mostly when we return to the places where these events occurred, and we believe we can see fragments from these scenes on the facades of buildings [...] or we notice that nothing is the same [...], sometimes the shock – caused to our psycho-physical organism by such resemblances, contrasts, along with reflections, desires, and regrets – creates the illusion of truly recovering our old emotions[6].

The author continues: "The implicit representation of a kind of map where the images following one another in our mind would be located" is the proof of the activity of our intelligence, of a virtual capacity for reflection that would pre-exist the said memories. Halbwachs's analysis is grounded on the superior role of language, unlike both Bergson and Freud's theses, which rely on the developments of experimental psychology which were conducted by Wundt[7]. Halbwachs questions the spontaneity and emotion which Bergson sees as a characteristic of language arousing individual memory. He writes:

> It is not spontaneously with the help of natural reactions aroused by hearing someone speaking, but it is by impersonal and artificial means that this 'sensori-motor schema' must be constructed, when one becomes capable of understanding the sentences and the words that had first been heard like some confused noise[8].

It is remarkable that this analysis of 'recollecting' the past uses an argument similar to the classical *Ars Memoriae* or 'artificial memory',

6 Halbwachs, Maurice, *op. cit.*, p. 45-48. Translation from the French mine.

7 In 1874, Wilhelm Maximilian Wundt (1832-1920) published a first *Treatise of physiological psychology* which was widely read and influential. See Nicolas, Serge, *La psychologie de W. Wundt*, Paris, L'Harmattan, 2003, p. 9.

8 Halbwachs, Maurice, *op. cit.*, p. 50. Translation from the French mine.

a recollection which is the fruit of a practice, as an exercise against forgetting. The *Ars Memoriae*[9] are grounded on place, and architecture in particular, since the practice of memory is along a route in which time – scenes, climactic moments and events which literally 'took place' – is registered in a mapped space with still frames of memory images. As Frances Yates reminds us, Robert Fludd insists that the first design should belong to a real place, rather than an imagined one[10]. Similarly, Halbwachs writes that the recollection of a scene is actualised by the return to the place where it happened.

In *Downton Abbey*, the camera-work and the editing of episodes select fragments from the place's architecture – staircases, rooms, objects in window cases – and thus invite the past to come to life in the present. The opening sequence (Season One, Episode 1[11]) makes the viewer visit Highclere Castle, as he/she follows the servants busily proceeding with their tasks from one floor to another. The camera focuses upon Daisy Mason (Sophie McShera) – a scullery maid normally only to be seen in the basement – hastening to clean the fireplace in the library, and then cuts to a long shot framing two neatly dressed hand-maids crossing the huge room, with an eye on tables, armchairs, and other details. Mrs Hughes (Phyllis Logan), the housekeeper, then steps inside the room and scolds Daisy for being too slow. The following sequences are shot in different staircases, which allows one to discover the castle, moving from the kitchen in the basement up the stairs which the servants must

9 Yates, Frances, *The Art of Memory*, London, Routledge & Kegan Paul, [1966] 1972, p. 1-3. Cicero, *De oratore*, II, lxxxvi, 351-4. "… the age long distinction, stemming from *Ad Herennium* and other classical sources between 'real' and 'fictitious' memory places. 'Real' places are real buildings of any kind used for forming places in the normal way in mnemotechnic. 'Fictitious' places are imaginary buildings or imaginary places of any kind which the author of *Ad Herennium* said might be invented if not enough real places were available. Fludd is very much against the use of 'fictitious' buildings in the square art. These confuse memory and add to its task. One must always use real places in real buildings." (Yates, Frances, *op. cit.* p. 328.)

10 The *Ad Herennium* tells the story of the poet Simonides who is expected to glorify a prince at a banquet, but incurs his displeasure by inserting a eulogy of Castor and Pollux. As he is being chastised, he is called outside to meet visitors. There is no one outside but during his absence the roof of the banqueting hall crashes down upon the guests. He is then asked to give their names and recollects them by the seats which they had occupied. The Elizabethan playhouses, the Globe in particular, are illustrated by Robert Fludd as such memory places. Yates, Frances, *op. cit.*, p. 1-3.

11 Hereafter S1, E1.

use to reach the dining room on the ground floor and the bedrooms above, to other much narrower steps spiralling vertically to their rooms in the attic. Last, Robert Crawley, Earl of Grantham (Hugh Bonneville) is discovered, leisurely stepping down to reach the dining room for his breakfast in a large Renaissance staircase which allows for pauses with short landings by its geometrical design. Its majestic architecture is also understood as an opportunity for the exhibition of numerous large family portraits.

This 'tour' introduces the viewer to the social hierarchy that governs the inhabitants' social life in the precincts of Downton Abbey. The basement and the attic are where the servants belong, the ground floor and the first floor are for their masters. The life of the male servants is ruled by the male butler, Mr. Charles Carson (Jim Carter), and the female servants are under the housekeeper Mrs Hughes' authority. These two characters occupy intermediary roles since they are expected to move quite freely from one world and its specific floors to another, unless their master or mistress dismiss them for matters of family secrecy, though gossip circulates news quite easily between both social groups. As we visit bedrooms, dressing rooms and bathrooms, it becomes clear that female and male social roles are also marked by the architecture, the women's rooms being separated from the men's rooms. In addition, some particular social roles are performed by servants with a special task, such as the cook Mrs. Patmore (Lesley Nicol), or hand-maids, such as Anna (Joanne Froggart) and Miss O'Brien (Siobhan Finneran) and valets, whose charge includes dressing or undressing the masters. Among the male servants, some are specialized in table service such as experienced Thomas Barrow (Rob James-Collier) – he was Lord Grantham's valet in replacement and has had to give up this position to John Bates – and young William Mason (Thomas Howes). That these places bear a strong social significance is regularly recalled by the row of bells which ring in the basement, when a particular servant is called by one of these to fill in a special duty in the corresponding room above. A visual emphasis upon the parallel, but quite 'water-tight', social worlds, is inserted within the film continuum when the crosscutting between the upper and lower dining rooms shows the servants having their meal and simultaneously the masters lingering around their dining table after their meal has been served in a later sequence. More dramatically effective is the arrival of Bates as Grantham's new valet, since he has a bad limp which makes rushing up and downstairs at his master's call a nearly impossible task, notwithstanding limping up the spiral staircases to his bedroom in the attic.

Social transgressions, when they occur, are also underlined by the architecture of the place. When a visitor such as the Duke of Crowborough (Charlie Cox) asks Lady Mary Crawley (Michelle Dockery), to show him the servants' rooms in the attic, (S1, E1, DVD 45:20) this deeply upsets her as a most unsuitable transgression of rules, and her envious younger sister Lady Edith Crawley (Laura Carmichael) is quick to mention this during dinner, thus creating some confusion among the guests. An explanation is given later when it is discovered that Crowborough had been recovering his compromising love letters to Thomas Barrow. Another transgression of architectural and social frontiers is screened when Kemal Pamuk (Theo James) is seen asking Thomas Barrow (who has been promoted as his valet) to lead him to Lady Crawley's bedroom: he intends to seduce her, thus compromising her reputation forever (S1, E3).

A full ritual of welcome reception is practiced in which the household must stand in good order in front the castle when a Duke comes to pay a visit to other members of the aristocracy (S1, E1, 42:25), or inside the house on the ground floor in a row to greet the new heir Matthew Crawley (Dan Stevens) and his mother Isobel Crawley (Penelope Wilton) (S1, E2, 06:14-9:00).

As these scenes show, the architecture of the place provides all its inhabitants within its walls with a map of the intricacies of social life, having itself been conceived for the preservation of these traditions[12]. Memory, both collective and individual in this case, is central to the everyday chores, and social usage, which concern both servants and masters as Bates's arrival shows when he must remember every room and even collection pieces – snuff boxes in a show case – in Lord Grantham's dressing room (15:06).

12 Bruno, Giuliana, « Histoires de corps et espace de fiction », in Arrouye, Jean et al., *Art(s) et fiction*, Vincennes, Presses Universitaires de Vincennes, 1997, p. 57-76. The author uses architecture in the general sense of cities, but her analysis concerns movement and space as common both to cinema and architecture, quoting Eisenstein's own views of editing, framing and lighting as commonly shared by the spectator and the *flâneur* whose ambulatory experience allows us to 'inhabit' space.

As a result, viewers of the series need to remember every previous episode in as many details as possible, since they become clues for further scenes in new episodes, and the different rooms provide visual landmarks. Such is the function of the short inspection of the snuff box showcase by Bates under Thomas Barrow's guidance: this apparently meaningless detail is pointed out when Bates is heard making a comment on their master's belongings, as objects which servants must live with without owning them. This moment springs to mind later when one of them is reported missing, and viewers understand that the snuffbox collection is being used by Thomas as a trap for Bates.

The architecture of the castle and grounds of the Downton Abbey – alias Highclere Castle – is exploited as an 'art of memory', an 'artificial memory' which is implanted by such mapping in our brains. We thus acquire habits and expectations that increase the enjoyment of new episodes by a feeling of 'being at home', of having already been there before, a comforting 'déjà vu'.

The dialogues are rife with such references to the setting and its rituals, and play a major role in the creation of a collective memory through language. Conversations between characters, mostly between members of the same class – land-owning aristocracy or servants – vary between detailed explanations or pieces of information and quick short words. Characterization depends on these intimate lengthy dialogues or abrupt talks, either in chance encounters or in more fully motivated situations. Moreover, dialogues also show how memory structures their individual perception of their present situation.

INDIVIDUAL MEMORY AND HUMAN RELATIONSHIPS IN THE MICROSOCIETY OF *DOWNTON ABBEY*: FIDELITY, RANCOUR, MANIPULATION AND OBSESSION

A major role in the active presence of memory in the microsociety of the series is Lady Dowager Violet Crawley (Maggie Smith): her elegant figure and noble bearing has a hieratic presence of formidable authority. In a critical situation involving Daisy who is engaged to

William but, as he is sent home badly injured (S2, E5, 1:38), is faced with the painful request to marry him on his deathbed, Lady Dowager Violet uses her still unquestioned authority to make the ceremony take place, winning not only Daisy but the church minister to her views. In an episode that underscores Lady Violet's role as keeper of memories, which are read as unbreakable traditions, the annual competition of roses always reaches its climax by her winning the contest and being awarded the prize. Fidelity to this tradition is a source of indignation for her new rival, Isobel Crawley, who now has risen to the important status of mother of the male heir, her son Matthew Crawley. But Lady Violet being also the president of the jury, she gallantly smooths out the crisis by awarding the prize to the villager who has been producing every year what should be the prize-winning flower. This episode (S1, E5) emblematises the collusion between memory and fidelity: in this case, fidelity is both the gardener's, in his observation of ritual over the years, and Lady Violet's, in her acknowledgement of his true value. The human tie of fidelity which is created by memory is also embodied in the first season when Bates is hired by Sir Hugh as his footman despite being a cripple, in memory of their companionship during the Boer war when Bates was Sir Hugh's batman. Fidelity is a trope which inscribes the characters' choices in a temporality with a moral dimension, altogether different from the repetition of plain traditions. In other words, fidelity is not an enemy of change, a notion which is implicit in the scenes representing the tensions caused by the war. It is the nature of memory when confronted with change which becomes more complex, as will be seen.

Interestingly, regarding the dichotomy of tradition versus change, the conflict between Lady Violet and Cora (Elizabeth McGovern), her American daughter-in-law, is an example of this constant tension in their everyday life. Lady Violet's authority suffers from the ambiguity of her status. She is both always at home in a place which she used to rule, and always insists that she is only visiting her family, keeping her hat and coat on in a rather offensive manner while she is sitting with them for tea in the library. This shows that she is well aware of the rivalry felt by Cora who has had the rightful authority over the castle's household by marriage. Their disagreement is visible whenever Cora expresses her modern, definitely a-historical, Republican views about society and the unique power of wealth, since it is her fortune that enables the Crawleys to run the estate. Cora's predicament, however, is due to her inability to produce a male heir in a society in which girls cannot inherit estates, as if memory of the past could only be transmitted by estates and their male heirs. Lady Violet's relationship with Cora becomes more difficult with the arrival of Isobel, whose son is the new heir. The latter is now a second, strongly determined rival in the ruling of Downton Abbey life. The conflict between tradition and necessary change becomes a family matter: each of the three women sticks to her convictions, but the War will bring the irrecoverable metamorphosis of living traditions into mere memories of the past. Thus, if fidelity is a personal moral law in the series, it is time's overwhelming and uncontrollable power which redefines the status of tradition, a theme found in several classical Hollywood films[13].

The characterization of the new heir, Matthew Crawley, acts as a kind of inverted mirror image of the masters of Downton Abbey's predicament in the face of historical change. He is a working solicitor, and was raised with middle class social codes, a feature that is emphasized from the first scene depicting him and his mother (S1, E2) (01:56 - 02:04). He flatly declares: "I won't let them change me". When he realizes he must comply at least with certain practices, he finds it difficult since there is no past which justifies such practices in his personal memories. Because he and his mother have moved into lodgings which are very close to the Abbey, he comes to realize that he must allow Joseph Moseley (Kevin Doyle), who has been hired as his footman, to help him dress or undress. More generally, he cannot adjust to Robert Crawley's expectations. He says plainly that he wishes to run the estate in a modern, business-like manner in which work is a job by an independent hired 'worker' with a salary, a notion which is quite foreign to the traditional 'master-devoted servant' relationship of the Establishment (S1, E2, 09:00). This view regarding the outmoded traditional social bond relying on personal ties, is echoed later by Robert Crawley's new driver, an Irishman called Tom Branson (Allen Leech), who sees himself as an employee with a job, working for wages paid by a boss (S1, E4).

13 Hildenbrand, Karine « Mémoire en je(ux) dans le cinéma de Mankiewicz », Saleh, Zeenat et Stokes, Melvyn, *Memory in/of English-speaking Cinema- Le cinéma comme vecteur de la mémoire dans le cinéma Anglophone*, Colloque SERCIA, Paris, Michel Houdiard Editeur, 2014, p. 169-179.

But memory is also a powerful psychological experience which fosters individual sources of empowerment by the use of language in conflicts. Among the upper class as well as among the servants, the dialogue emphasizes secret passions with a regular intercutting between rooms framing upper class dialogue and rooms 'ringing' below with lower class 'gossip'. Memory can breed pure hatred, as Bates' corrupt wife Vera Bates illustrates, refusing to divorce when Bates and Anna fall in love (S2, E1). In parallel with this plot in which memory becomes a nightmare that eventually leads Bates into prison, a secret knowledge of the past is also used by the same Vera Bates as a blackmail since she knows about Lady Mary's unhappy romance with the dashing young Pamuk and threatens to reveal it. The memory of this affair haunts Lady Mary's life to the point of nearly wrecking it, particularly when her jealous sister Edith denounces her to the Turkish ambassador. Moreover, because of the threatening scandal, Lady Mary actually also has to suffer the blackmail of an unscrupulous businessman and press magnate, Sir Richard Carlisle (Iain Glen). Gossip and blackmail are evil vehicles of shameful memory as opposed to the upper class traditional more or less legendary tales which are the vehicles of glorious memories of heroic deeds.

In a study of the psychological impact that individual memories exert upon us, and the way they prosper by language, Paul Ricœur distinguishes between three types of negative modes of re-membering.

> On a pathological-therapeutic level, the troubles are caused by a repressed memory; on a purely practical level, troubles appear when memory is manipulated; on the ethical-political level, troubles arise when commemoration rituals cause personal hallucinations. These multiple forms of an abusive mode of re-remembering show the fundamental vulnerability of memory, caused by the relation between the absence of the thing remembered and its presence as a representation. It is the emergence of a representation of the past which perverts our use of memories[14].

The above discussed traditions, which are inscribed within the architectural site of Downton Abbey in the series, are the source of troubles that seem to illustrate Ricœur's analysis. The personal identification of the servants' lives with their service at Downton Abbey is best illustrated by

14 Ricœur, Paul, *La Mémoire, l'Histoire, l'Oubli*, Paris, Seuil, (2000) 2003, p. 140. My translation.

Mr. Carson, the butler, (Jim Carter[15]), who actually calls the Crawleys his family when he learns of the death of the two Crawley passengers upon the Titanic. But Mr. Carson represses the memory of his past job as music-hall entertainer, and is cruelly compelled to confess this truth when his former partner blackmails him by introducing himself as his old friend (S1, E2, September 1912). His rigid identification with the Crawleys' traditions, which he actually teaches to young servants as well as to Bates himself, suddenly appears very artificial. There are actually degrees in this psychological empathy, ranging from fidelity to their duties, such as Anna's, Lady Mary's maid, or Mrs Hughes, the housekeeper, or the cook Mrs Patmore, to personal interests of a different nature caused by secret memories. These traditions can be replaced by distant mirages and utopic places, as when Sybil Crawley attends a political meeting, being under the influence of new political views on society. But this repression of memory by dreams of emancipation from the tradition are perverted into dreams of revenge, in the case of Thomas who hates Bates, and more tragically, by Cora's chambermaid O'Brien who causes her miscarriage and loss of a belated male heir (S1, E7, July-August 1914). Thomas and O'Brien are not, like Tom Branson and Sybil, dreaming of a social revolution, but rather, to them, traditions only cause them unbearable memories of individual frustrations. For example, O'Brien's constant frustration causes her to actually misinterpret Cora's words about finding a housemaid for Isobel as words meaning her own replacement. Private, more or less imaginary, memories of lack of recognition of their work by Thomas and O'Brien breed secret schemes which bring about disasters.

15 The butler Mr Carson actually spends some minutes in a ceremonious listing of all the staff members when he greets Bates upon the latter's 'unannounced 'entrance into the kitchen (S1, E1, 11:12—13:01).

MEMORY IMAGES AS PRESENT REPRESENTATIONS OF A LOST PAST

The foregrounding of a variety of modes in which memory influences the characters' lives is a characteristic of seriality owing to the interruptions between episodes, and the necessary return to previous episodes each time a new episode is screened. But more precisely, when onscreen memory images reveal to the audience a lost past which is on the characters' minds, it is actually the active reconstruction in the present of imagined images of a lost past. As Israel Rosenfield explains: "time is not an absolute quality in memory; it is an ordering of people, places, things and events. There are no calendars in the brain[16]". Rosenfield disagrees with Freud's reference to permanent memory-images that would be stored in our brain, but admits that the psychiatrist had already noted the necessity of accounting for their re-writing in times of crisis:

> Accurate memory traces would hardly help us survive in an ever-changing world. Freud attempted to account for how what he believed to be permanent memory traces could be altered in given circumstances. Yet, he often pinpointed the ways in which memories are new creations. Obsessional neurotics, for example, "redo" unpleasant experiences in a variety of obsessional rituals. Such rituals are memories *par excellence* – new creations, the past reworked[17].

For this reason, the transformation of Downton Abbey into a war hospital (Season 2) entails a parallel metamorphosis of the characters' relation to their past; there is no need to forget the past, but it has to be re-written in an utterly new context. What impels the characters' behaviour is not only their memories of the past but the positive value they give to it as a shrine for outmoded traditions. Edith learns how to drive a car and Sybil now wears a nurse's uniform, as they simply adapt their former skills to the situation. On the contrary, Lady Mary is a foil to her younger sisters' adaptation to the changing world around them, as she refuses to change. She is obsessed with her lifelong social

16 Rosenfield, Israel, *The Invention of Memory - A New View of the Brain* [1988], with a Foreword by Oliver Sacks, M.D., New York, Basic Books: 1989, p. 166.

17 *Ibid.*

position which having married her cousin has guaranteed her, and she keeps identifying herself with her past social status, which she means to pass on to their child.

New attitudes in the confrontation of the characters with the real are framed by such transformations of their habitat, in a manner which is not unlike social Darwinism. Adaptation is also performed by the above mentioned other more scheming characters. Where Thomas is concerned, he has foreseen the dangers of military conscription by volunteering as a hospital recruit and enjoys an honourable and safe position in this wartime society. But far more dramatic is the rather horrific case of an individual's adaptation to changing times with the fake return of the dead which gives the whole of Episode 6 its tempo.

In this episode of Season 2, the action takes place in November 1918, with the end of hostilities announced by Robert Crawley who enters the kitchen to invite everyone to a celebration; the episode ends with this celebration (46:10). With this event, WWI becomes the object of a construction of memories intended for a transmission to the future generations. But such a ritualization of memory is utterly foreign to the scenes of the supposed 'return' of Patrick Crawley, Patrick Gordon of his true name, in uniform and a bandaged head which only leaves one eye visible. In moments of encounter and great tension between the wounded soldier and Edith, the viewer is made to share the slow reconstruction of memories of a cousin she had loved despite the fact he was meant to marry Lady Mary (S1, E1, 23:00). He first introduces himself as a mysterious individual by calling attention to the sound of his voice: "I thought you'd recognize my voice". The camera zooms forward as Edith examines him more closely and says: "We've met before?" (S2, E6, 15:18). This is the first of seven moments of great emotional intimacy between him and Edith, which are opposed to moments when his identity is disdainfully rejected by the whole family. The second time Edith is faced with the wounded soldier's unrecognizable features, (15:25) he answers her question: "You're Patrick?" with "Yes I am". She attempts to resist the temptation of believing him by reasoning: "but Patrick is dead with the Titanic!". She then sits down, indicating that the magic of reminiscence is at work. The camera cuts to Bates on the phone, but soon cuts back to the arguments developed by Patrick: he invokes amnesia, and adds: "When I woke, it all came back. Suddenly I knew who I was …" (17:20). Edith's faith in him increases and she leaves him to go and tell her father, which leads to his cross-examination by Robert Crawley who concludes that he is lying (24:15 - 25:56). An enquiry is under way, but Edith's faith in him is now conquered. They go for a walk, and, while she pushes his wheelchair (32:04-33:01) they share memories of their childhood, as for example when they joke about a governess whom they both disliked. This incident recalls the above-mentioned analysis by Halbwachs who argues that memories must be commonly shared by the two parties, as a necessary step to their reconstruction in the present. The next time the camera cuts back to them, Patrick now appeals to her pity: "They've forgotten me. I am a stranger to them now" (38:37). By then, the viewer has become deeply involved in Edith's emotions, and cannot but share her sorrow as she empathises with his tragic destiny. More moving maybe is its historical authenticity, for viewers who are aware of the large quantity of unidentified men who were never given a proper burial in the WWI trench warfare.

In each sequence devoted to the screening of the mutual reconstruction of 'memory', the cross-cutting between the two faces, Edith's and the 'invisible' man's monstrous mask, shows the emotions which affect her deeply. His voice is heard, shifting from soft to loud, in his effort to assert his identity, and the reverse shots show her interest in him, growing into curiosity which is then clouded by doubt, and finally the emergence of empathy and belief[18]. A slow zooming-in focuses our own fascinated gaze upon his performance, though we cannot but fear Edith's naivety, since we know what she is really trying to recover is her earlier lost love for her cousin. The camera cuts to a long family meeting in which the results of the enquiry are exposed, but then the camera cuts back again to Edith and Patrick Crawley alias Peter Gordon sharing memories for the last time (43:13). On the next morning, as Edith is told that he has left, she is given a short message: "It was too difficult. I'm sorry. P. Gordon". The camera frames her sitting under the huge pillars of a triumphal arch looking away into the distant picturesque

18 See the study of the French 18th century « Carte du tendre » and the mapping of affects in cinema by Bruno, Giuliana, *Atlas of Emotion – Journeys in Art, Architecture, and Film*, New York, Verso, [2002] 2007.

Capability Brown garden of Downton Abbey park[19], as if the episode were including a war monument epitaph in order to achieve the necessary return to the present by mourning and commemoration.

The episode thus explores in detail the wide range of emotions which the confrontation with the past and the necessary reconstruction of long forgotten representations give birth to. Edith's nostalgia for her lost love is both a fear of having forgotten the past and the invention, so characteristic of post WWI memorials, of a ritual of commemoration.

CONCLUSION

The initial catastrophe of the sinking of the Titanic, an event which takes place as the first Season begins, now rings as an emblem of the irretrievable nature of the damage upon the Edwardian era of Downton Abbey caused by WWI. The onscreen image of Downton Abbey is a memory image: it is first the retrieval of the past which is constructed by the sense of place and its mapping of now long forgotten social codes, and then de-constructed in the present by the screening of catastrophes; it thus addresses our own memories, and the strong emotions they entail, all along the various episodes. Hence the very effective episode of Patrick Crawley's fake return from the dead in terms of memory as representation, i.e., a reconstruction in the present of a lost and necessarily forgotten experience. The first two seasons of the TV Series seem to explore the various range of narrative structures which the screening of memory allows.

By using memory as the central motif of the first two seasons, we are invited to define the very genre of TV series as capitalizing on individual as well as collective memory. It is not only an invitation to the viewer to collaborate in the reconstruction of the long-forgotten past, i.e., the British golden age of the Edwardian pre-WWI era, but it also dramatizes the complete transformation of British mores which

19 Capability Brown's landscape garden had initially been put into perspective when Cora and her husband were seen walking the grounds in 1912 while discussing the Titanic disaster (16:00-16:54).

took place in the life and culture of these years. Capitalizing on the enormous impact of memory in a period of such huge transformation, the initial episodes of the series define the place, Downton Abbey, as an encyclopaedic resource for further narrative developments.

Raphaëlle COSTA DE BEAUREGARD

TWIN PEAKS : THE RETURN OU L'IRRUPTION DU SOUVENIR D'UNE SÉRIE

Un quart de siècle après la diffusion de son dernier épisode sur la chaîne américaine ABC, la série culte *Twin Peaks* de Mark Frost et David Lynch (1990-1991) revient, sur *Showtime* cette fois, comme cela était annoncé par le personnage Laura Palmer (Sheryl Lee) à Dale Cooper (Kyle MacLachlan) à la fin de la deuxième saison : « *I'll see you again in 25 years. Meanwhile…* ». Le titre de ce troisième chapitre, *Twin Peaks : The Return*, évoque d'emblée l'idée du retour : le retour de Cooper, l'agent du FBI, bloqué dans la chambre rouge (la « Red Room » mythique), le retour de Laura du domaine des morts, le retour du souvenir d'un crime qui a affligé dans le passé la ville paisible de Twin Peaks. Pour mettre en œuvre un tel grand Retour, une esthétique particulière est investie dans ce nouveau chapitre qui tend à la fois à stimuler la mémoire du spectateur et éclairer les événements qui se sont supposément déroulés pendant la longue absence de la série. C'est la position et le point de vue de ce spectateur, intime des deux premières saisons de la série et impatient de découvrir la troisième, que cet article adopte, en tentant d'épouser au plus près les réminiscences mémorielles qui se lèvent en lui – d'où, peut-être, le sentiment d'une certaine abstraction pour les lecteurs moins familiers de la série, abstraction qu'on voudra bien accepter, comme un partage d'expérience.

Avant le lancement du générique, le pilote débute par la réitération de la dernière séquence entre Laura et Cooper dans la Black Lodge, l'inquiétant monde alternatif de *Twin Peaks*. Ensuite, apparaît Cooper, 25 ans plus tard, dans un décor en noir et blanc, assis devant le personnage nommé Fireman qui lui dit : « *Remember : 430. Richard and Linda. Two birds one stone* ». Ce à quoi Cooper répond : « *I understand* », une affirmation à laquelle le Géant ajoute : « *You are far away !* ». Cet échange inaugural fait donc très vite intervenir le verbe *se rappeler*, laissant supposer un éventuel oubli. Un oubli qui durera pendant les quatorze épisodes suivant le pilote pour déboucher sur la perte des repères d'identité de Cooper et l'anamnèse de Carrie/Laura.

LE SOUVENIR D'UNE SÉRIE ET LA MÉMOIRE SPECTATORIELLE

L'expression du retour, dont le titre de cette troisième saison marque d'autant plus l'importance avec le R majuscule de Return, évoque de prime abord l'idée de l'itération. Il s'agit pour le spectateur du retour de personnages connus et aimés et de leurs histoires, mais ce retour ne se manifeste pas tel que le veut son attente. La répétition sérielle de la fiction, après s'être si longtemps éloignée des écrans, apparaît comme une tentative de poser un regard sur la différence instaurée par le passage des années et par l'écoulement du temps.

Umberto Eco estimait que l'on croit, avec une série, « jouir de la nouveauté de l'histoire (qui est toujours la même) alors qu'en réalité, on apprécie la récurrence d'une trame narrative qui reste constante[1] ». Cette condition de la réception est perturbée dans cette saison. En effet, le contrat à accomplir par le héros, exposé dès son pilote par un récit qui épouse la structure narrative d'une « série de la quête », pour reprendre la terminologie de Stéphane Benassi[2], est évident pour le spectateur : il aboutira à la sortie du véritable Dale Cooper de la « Red room », son retour à Twin Peaks, ainsi qu'à l'extermination de Bob (Frank Silva) et au retour du *doppelgänger* (le double de Dale Cooper qui avait pris sa place dans le monde) au sein de la Black Lodge. Une forme de retour à l'ordre semble ainsi s'opérer. Pourtant, quelque chose reste irrémédiablement perdu, l'attente du spectateur n'est pas respectée, elle est même transgressée, si l'on peut dire : comme le note

1 Eco, Umberto, « Innovation et répétition : entre esthétique moderne et postmoderne », *Réseaux*, n° 68, Paris, 1994, p. 9-26.

2 Benassi, Stéphane, *Les émotions imaginaires. Une esthétique des séries télé*, Paris, Classiques Garnier, 2020, p. 169.

Pacôme Thiellement, l'espoir du spectateur de voir un autre récit, qui ressemblerait au bon vieux *Twin Peaks* et aux aventures du bon vieux Cooper, est insatisfait[3].

Cette attente est liée au souvenir d'une série qui a promis son retour, et s'accompagne dès lors de la nostalgie d'une époque révolue de la télévision. La mémoire de la fiction va être stimulée progressivement, mais cette stimulation débute dès la scène d'ouverture puisqu'elle n'est que la reprise de la séquence finale de la saison 2 (épisode 2. 22[4]). À l'évidence le récit reprend là où il s'est arrêté, comme une volonté apparente de suturer la béance des années et de rendre immédiatement justice au sentiment de nostalgie qui habite les spectateurs. L'apparition de Cooper ensuite devant Fireman ranime le souvenir du rêve annonciateur de la première saison où il se voyait vieillissant dans la « Red Room » (1.3), rêve qui était donc porteur d'un écart temporel marquant. Ainsi, ce qui se produit dans la Black Lodge après vingt-cinq ans semble être les bribes du souvenir d'un rêve qui se répète.

C'est Mike (Al Strobel) qui accueille Cooper dans cette chambre mystérieuse et lui pose une question avertissant le spectateur du brouillage des repères temporels qui s'annonce : « *Is it past, or is it future ?* ». La scène se répète à deux reprises, après le passage de Laura (3.1) et à la suite de l'échec de Cooper incapable de la sauver de son destin (3.17), mais il est à noter que Lynch ne fait ici que récupérer une séquence où apparaît le Nain (Michael J. Anderson), écartée du montage final du film prequel *Twin Peaks, Fire Walk with Me* (1995). Aussi, Laura et Cooper réitèrent-ils leur échange sur son identité, déjà vu il y a 25 ans, dans le premier rêve de la Black Lodge : « *Are you Laura Palmer ?* », « *I feel like I know her, but sometimes my arms bend back* ». Le Nain, lui, est reconnu à sa manière de se présenter à Cooper, similaire à sa première apparition (1.3). Il évoque, auprès de l'agent du FBI, le souvenir de son double maléfique, et c'est par un gros plan de Cooper que les réminiscences du rire hystérique du *doppelgänger*, puis son combat pour sortir de la Black Lodge, sont introduites. La pléthore de répétitions engage une existence cyclique dans cet endroit étrange et hors du temps « où

3 Thiellement, Pacôme, « Trouver JUDY », in Hatchuel, Sarah (dir.), *Twin Peaks : Mark Frost et David Lynch à l'intérieur du rêve*, Lormont, éd. Le Bord de l'eau, p. 135-153.

4 Nous adoptons à partir de là la numérotation classique des épisodes de *Twin Peaks*, le premier chiffre renvoyant à la saison, le second à l'épisode de ladite saison.

tout a déjà existé et existera jusqu'à ce que la boucle soit brisée[5] » : cette structure ouvre grand les possibilités narratives pour lier temporellement les événements passés et ceux qui font retour. Hormis le changement physique des acteurs, signe que le temps a tout de même fait son œuvre, tout dénote un arrêt durant 25 ans : la loge demeure à l'état statique, comme si l'image s'était figée, telle Laura à la fin de la saison 2.

La vie, cependant, a continué son cours à Twin Peaks, et faire retour dans la petite ville signifie aussi raviver le souvenir du meurtre de l'adolescente. Le passé est subtilement remémoré dans le discours des personnages, dès que l'ancienne affaire ressurgit, à l'annonce de l'énigme de Margaret (Catherine E. Coulson) à Hawk (Michael Horse) : « *Something is missing, and you have to find it, it has to do with the special agent Dale Cooper. The way you will find it has something to do with your heritage* » (3.1). C'est à travers l'ignorance des nouveaux personnages que l'analepse s'organise et ce, pour deux finalités : rappeler les faits antérieurs au spectateur, particulièrement de *Fire Walk with Me*, et dévoiler les événements clés qui se sont déroulés dans l'écart temporel entre la saison 2 et la saison 3.

Prenons l'exemple de Hawk trouvant les feuilles manquantes du journal intime de Laura Palmer (3.6), qui permettent de résoudre l'une des énigmes de la Femme à la Bûche[6], dont on sait qu'elle est douée de prescience. Il montre les trois pages au Sheriff Frank Truman (Robert Forster), le frère de Harry Truman : il lui explique qu'elles étaient arrachées au journal de Laura retrouvé chez son ami Harold Smith (Lenny Von Dohlen), et qu'il est possible que Leland Palmer (Ray Wise) les ait cachées lors de son interrogatoire. Tout ceci est important sur le plan narratif, mais le véritable enjeu, dans la perspective qui nous intéresse, n'est pas là. Le contenu de ce journal, disparu dans les premières saisons de la série, a de fait déjà été révélé dans *Fire Walk with Me*. Lynch semble donc faire de la troisième saison un espace de récupération des récits du film afin d'éclairer des zones restées dans l'ombre pour un spectateur qui ne l'aurait jamais visionné, ce qui est aussi un moyen habile de restituer l'importance d'un film mal-aimé et sans doute mal compris,

5 Hatchuel, Sarah, *Rêve et séries américaines : La fabrique d'autres mondes*, Aix-en-Provence, Rouge Profond, 2015, p. 259.

6 Margaret Lanterman est surnommée ainsi dans *Twin Peaks*, parce qu'elle porte constamment une bûche à la main, bûche qui lui parle et qui est douée de pouvoirs prémonitoires.

dont la réception a été assez négative à sa sortie. Un autre souvenir ressuscité du film est le récit de la section des affaires codifiées nommée *Blue Rose.* Dans l'épisode 11, les agents du FBI Gordon Cole (David Lynch) et Albert Rosenfield (Miguel Ferrer), qui tentent d'appréhender la mystérieuse réapparition de Dale Cooper dans une prison à Black Hills et de résoudre le meurtre d'un jeune couple à New York, comme celui de la bibliothécaire Ruth Davenport à Buckhorn dans le Dakota du Sud, proposent à l'agent Tamara Preston (Chrysta Bell) de rejoindre cette unité spéciale. Rosenfield lui explique alors le lien formé entre des agents disparus Chester Desmond (Chris Isaak), Philip Jeffries (David Bowie) – des personnages découverts dans le film – et Dale Cooper, tous membres de ce projet.

Mais les rappels issus de *Fire Walk with Me* tendent moins, en fait, à élucider quelque chose du passé qu'à susciter de nouveaux mystères, parce que « le plaisir peut avoir sa source dans l'exact contraire de la répétition : dans l'expérience de la nouveauté » et même « de l'inquiétant voire de l'effrayant » comme le note Jacques Aumont[7]. Le rêve avec Monica Bellucci dans un café à Paris, que raconte Gordon (interprété par David Lynch) à Rosenfield et Preston (3.13), rappelle la séquence de Cooper inquiet au sujet de son rêve étrange et le retour de Philip Jeffries au bureau du FBI. Pour mettre en scène le rêve de Gordon, Lynch prépare le spectateur à une plongée dans le mystère, en usant d'abord d'un moment de silence entre les personnages et de plans en champ/contre-champ pendant lesquels Gordon commence à évoquer son rêve : puis, à l'occasion d'un fondu en noir, nous basculons dans un autre monde en noir et blanc (le rêve) et une autre époque (le souvenir). Gordon peut alors dérouler le récit de son rêve, et l'énigme dont il est porteur, à travers une narration fragmentée, qui alterne les images de Gordon et les images-rêve, dont l'ambiance anxiogène, déjà induite par la tension inquiète avec laquelle Gordon transmet son récit, est accentuée par la bande-son. Ce rêve, très complexe, est aussi construit à partir de *flashbacks* tirés de *Fire Walk with Me*, dans lesquels fait retour Jeffries (interprété par David Bowie, à la mémoire duquel l'épisode est dédié), afin de rafraîchir la mémoire de Gordon (rôle narratif), mais aussi, par l'effet du recyclage, de produire une « inquiétante nouveauté » en éclairant

7 Aumont, Jacques, *De l'esthétique au présent*, Bruxelles, De Boeck Université, 1998, p. 103.

sous un angle inédit, et dans un contexte angoissant, des images passées et donc, pour certains spectateurs, déjà connues.

Plus globalement, les *flashbacks* dans cette saison dénotent un double fait de mémoire : une mémoire du rêve quand ils sont en lien avec la conscience du personnage – le vécu dans les mondes parallèles étant onirique – et une mémoire de la fiction s'ils répètent des séquences indépendamment du songe. De cette seconde sorte d'irruption du passé en image, nous retenons l'évolution vers un nouvel état (la scène d'ouverture dans le pilote qui lie le passé et le présent), mais plus encore, celle d'un changement radical, à l'instar de l'ultime rencontre entre Laura et James (James Marshall) dans *Fire Walk with Me*, à laquelle assiste Cooper, dans la troisième saison, en vue de prévenir la mort de la jeune fille (3.16) : elle est suivie de la disparition du cadavre de Laura sur la berge du lac, l'une des images les plus mythiques de la série et la base même de sa narration. Dès lors, l'acte qui efface l'origine du récit, n'est-il pas une tentative de modifier, voire d'abolir, une mémoire sérielle de 25 ans ?

L'idée de transformation, et donc en fait de rupture, est en tout cas au cœur de la structure interne de cette saison. Les créateurs de la série le déclarent probablement dans les mots de Cooper : « *Now, there are some things that will change, the past dictates the future.* » (3.16). Une série aussi légendaire et novatrice que *Twin Peaks* en son temps, qui tente son retour, est condamnée à la métamorphose, ne serait-ce que parce que le monde dans lequel on revient est toujours différent de celui qu'on a quitté. Prendre cette idée au sérieux, c'est s'éviter la répétition banale. Le doux univers sériel du *soap-opera* « fondé sur le plaisir de la reconnaissance[8] », mais mâtiné de crime et de mystère, qui faisait le monde si singulier de *Twin Peaks*, n'est plus : ne demeurent que les personnages et leurs souvenirs. Dès lors, les dispositifs mémoriels qui ponctuent chaque épisode, ne soulagent pas la nostalgie du spectateur. Lynch invite au contraire à percevoir les limites de cette nostalgie, en montrant l'illusion déceptive qu'il y a à raviver les souvenirs, par exemple à travers la danse emblématique d'Audrey Horne, exécutée dans le Roadhouse mais interrompue par une bagarre (3.15), et plus encore avec la sortie tant attendue de son amnésie par Dale Cooper, qui survient à la fin de la saison, mais pour mieux s'annuler dans la scène finale où il ne sait même plus dans quelle année il se trouve. L'oubli est une partie

8 Benassi, Stéphane, (2020), *op. cit.* p. 94.

de ce qui représente le mieux le changement dans la série, précisément parce qu'il vient au terme d'un glissement de l'état de mémoire à l'état d'oubli. L'inverse, à savoir la remémoration, la réminiscence, est lui aussi changement : c'est un mouvement progressif vers la connaissance ou régressif vers l'abîme.

AMNÉSIE/ANAMNÈSE : DE COOPER À LAURA

L'intrigue de l'œuvre de Frost et Lynch navigue entre amnésie, oubli et anamnèse (*anamnesis*), c'est-à-dire réminiscence et remémoration[9]. D'ailleurs de quoi *Twin Peaks* est-elle le récit ? C'est évidemment difficile à déterminer, mais sans doute du souvenir et de la mémoire d'une lycéenne qui hantent l'histoire des autres. Dès les premières séquences, c'est l'image de « Léthé vaincu[10] », de l'impossible effacement des contenus mnésiques, que reflète le corps de Laura Palmer charrié par le Black Lake, provoquant le profond deuil de la ville. Après 25 ans, dans la troisième saison, nous sommes les témoins de la même forme de tristesse avec l'agent Bobby Briggs (Dana Ashbrook) qui fond en larmes devant la photographie de Laura (3.3). Or l'importance du souvenir de la défunte semble être portée à son paroxysme avec Cooper qui ne l'a point connue de son vivant mais se la rappelle jusqu'à l'obsession. Son ultime quête était de la retrouver, quitte à se perdre lui-même.

Espace de dérèglement du temps[11], la Black Lodge installe un rapport complexe avec la mémoire. Cooper y rencontre Laura qui lui souffle un mot dans l'oreille, mais à son réveil il peine à s'en souvenir, persuadé qu'il s'agissait du nom de l'assassin (1.3). Lors de sa seconde visite, Cooper est retenu 25 ans suite à la sortie de son *doppelgänger*, c'est-à-dire de son

9 Paul Ricœur distingue *anamnesis*, le rappel comme recherche active, de *mnémé*, le simple souvenir qui survient à la manière d'une affection. *Cf.* Ricœur, Paul, *La mémoire, l'histoire, l'oubli*, Paris, Seuil, 2000, p. 22.

10 Astic, Guy, *Twin Peaks. Les laboratoires de David Lynch*, Aix-en-Provence, Rouge Profond, 2005, p. 94.

11 Roche, David, « L'esthétique du temps dans *Twin Peaks* », in Hatchuel, Sarah (dir.), *op. cit.* p. 17-35.

double. Nous apprenons dans *Twin Peaks : The Return* qu'il porte en lui le souvenir ancien de la loge. À ce stade, il est encore Cooper. Mais réapparaissant à Las Vegas, où il remplace son *tulpa* Doogie (tulpa étant le terme qui sert à désigner les personnages dupliqués dans *Twin Peaks*), il est devenu un autre, un Cooper sans souvenir de son passé, alors même que son *doppelgänger* avait acquis, avant de sortir de la loge, sa mémoire.

Or Frost et Lynch tendent à expliciter une conception particulière de l'ensemble mémoire/identité dans cette saison. Notons que l'amnésie, liée à la double identité élucide le mystère de l'assassinat de Laura Palmer : le spectateur a découvert dans la série et le film, derrière le visage de Leland Palmer, le père de Laura, la figure du mal incarnée par Bob. Cette duplicité induit, à travers les deux *Moi*, la coexistence de deux mémoires, nécessitant en même temps une amnésie temporaire (une mémoire s'oublie pour céder place à la seconde) et la non-reconnaissance de sa culpabilité. Quand Leland apprend, dans le pilote de la première saison, la mort de sa fille, il paraît un père anéanti sous le poids de la nouvelle inattendue. Mais dès que le moi diabolique prend le dessus, s'apprêtant à perpétrer à nouveau un crime (2.7), une seconde mémoire s'incruste effaçant celle qui définit le père qu'il est. Il en va de même dans la troisième saison, puisqu'une curieuse variation autour de l'oubli est liée à l'énigme jamais résolue du meurtre de Ruth Davenport. William Hasting (Matthew Lillard), arrêté pour le meurtre de Ruth avec qui il menait une quête sur les univers parallèles, avoue à sa femme qu'il s'est vu dans l'appartement de la bibliothécaire, mais ça ne pouvait être qu'un rêve puisqu'il s'est réveillé chez lui. Ici encore il y a une sorte de culpabilité oubliée, enterrée, et c'est le songe qui en justifie l'amnésie.

Dans le cas de figure du double de Cooper habité par Bob, le *doppelgänger*, son identité ne laisse point de doute, malgré son attitude étrange, puisqu'il détient la mémoire de Cooper. Pourtant, la différence inquiète Gordon et Rosenfield qui le rencontrent en prison dans le Dakota du Sud (3.3) et décident de ramener auprès de lui celle qui l'a connu mieux que tous, son ancienne assistante Diane (Laura Dern). Cette dernière, convaincue que ce n'est pas le même Cooper, affirme à Gordon qu'au-delà du temps et du changement quelque chose d'intérieur reste perdu. Il se peut que le sentiment intérieur de reconnaissance dont parle Diane renvoie aussi à la bonté interne de Cooper, qui manque à son double. Il y a donc lieu d'ajouter une autre dimension liée à la mémoire : elle est au fondement de l'identité personnelle dans *Twin Peaks*, une identité qu'on ne peut cerner par la simple perception, mais qui s'appréhende à travers une autre forme de ressenti, capable de saisir ce qui modèle l'intériorité, au premier chef les souvenirs… Quant au vrai Cooper, transporté d'un monde à l'autre sous l'effet d'une décharge électrique (il met les doigts dans une prise), il est accablé d'un état amnésique extrême, doublé d'une catatonie, une perte totale de la mémoire qui atteint l'aphasie. Sous l'effet de l'électricité, l'amnésie du protagoniste est provoquée par un choc, dont la puissance emporte presque tout. Cooper ne conserve qu'une vague reconnaissance de détails de ce qu'il était : son goût immodéré pour le café (3.3), son amour pour la tarte aux cerises de Twin Peaks (3.12) : de la sorte, il incarne l'innocence de l'enfant qui découvre le monde.

Il convient de noter aussi que le retour de la Black Lodge, signifiant souvent la fin d'un rêve, serait déclencheur de l'abolition du souvenir, et donc provocateur d'amnésie. L'idée s'installe dès la première saison où Cooper, le lendemain de son rêve, déclare à Harry Truman qu'il ne parvient pas à se rappeler le nom du tueur que Laura lui a murmuré à l'oreille. En y étant coincé 25 ans, son amnésie correspond à une perte des souvenirs due à la séparation d'avec le monde auquel il appartient car, comme l'indique Maurice Halbwachs, « oublier une période de sa vie, c'est perdre contact avec ceux qui nous entouraient alors[12] ». Cooper n'est plus lui-même, jusqu'à ce qu'il recouvre sa mémoire ; il est Dougie Jones, détenant une autre histoire, qui lui est propre : il est l'époux de Janey-E (Noami Watts), père de Sonny Jim, agent d'assurance dans Lucky 7 Insurance à Las Vegas. Cooper s'approprie donc à son insu cette identité, mais c'est pour mieux changer le destin de Dougie. Il est mené, à travers sa pureté absolue, à atteindre un état de grâce.

Cooper retrouve donc la mémoire en recevant une décharge électrique. Il sombre alors dans le coma, sommeil transitoire qui aboutit au réveil définitif. Mike lui dit : « *Now you're awake* » insinuant qu'il n'était pas éveillé auparavant, y compris dans la loge. Ainsi, le séjour dans la Black Lodge n'est probablement *in fine* qu'un profond sommeil dont le souvenir est fragmentaire dès que l'on bascule dans la « réalité ». Laura, qui se refuse à la mort, apprend à Cooper qu'elle vit encore : « *I am death, yet I live* » (3.1). Son souvenir hante le village 25 ans après sa

12 Halbwachs, Maurice, *La mémoire collective*, Paris, PUF, 1968, p. 9.

disparition, et « l'ubiquité est son lot[13] », puisqu'elle est dans un espace et dans un autre : elle se dédouble et se multiplie, car sa mort dans un monde crée le récit et sa vie dans un autre le fait revivre. Or, entre la mort et la vie, la mémoire de Laura est la quête ultime de *Twin Peaks*. « *I feel like I know her* » répète-t-elle à l'agent du FBI qui lui demande si elle est Laura Palmer (1.3, 3.1). À l'instar de Cooper qui doit se libérer de la Black Lodge puis de l'amnésie, « Laura doit être libérée d'Odessa, mais elle doit surtout se libérer elle-même de l'amnésie, pour être enfin en mesure de combattre Judy[14] », Judy qu'il est bien difficile de définir, mais qu'on peut considérer être la force négative qui gît au cœur de chaque être humain. En somme, *Twin Peaks : The Return* livre un récit d'amnésie et d'anamnèse. C'est au dernier épisode, qui devait couronner l'aboutissement de la quête acharnée de Cooper de ramener Laura chez elle, que le spectateur vit le malaise d'une fin sombre : Cooper perd ses repères affrontant son échec à reconduire Carrie/Laura chez Sarah Palmer, et Carrie recouvre sa mémoire pour devenir Laura. Le cri de Laura provoquant le noir est manifestement la prise de conscience de l'existence même de Judy, qu'on a pu aussi définir comme « notre aveuglement sur les conditions matérielles que nous considérons comme notre bonheur[15] ».

MÉMOIRE COLLECTIVE ET HÉRITAGE FACE À L'OUBLI

Mais la réflexion que livre la série sur la mémoire en tant que vecteur essentiel de l'identité se prolonge à la mémoire collective et l'héritage qui définissent l'identité du groupe social. L'épisode 7 de la saison 3 est particulièrement déstabilisant en nous plongeant dans le cœur pyrotechnique d'une explosion nucléaire. La séquence débute par l'inscription sur un écran quasi noir, derrière lequel on devine un paysage, des mentions

13 Astic, Guy, *op. cit.* p. 99.
14 Thiellement, Pacôme, *op. cit.*
15 Cornillon, Claire, « Métamorphose de *Twin Peaks* : Structure et narration », in Hatchuel, Sarah (dir.), *op. cit.* p. 155-170.

d'une date, « July 16, 1945 », d'un lieu, « White Sands, New Mexico », et d'une heure, « 5 : 29 AM ». Cette séquence fait irruption dans le récit sans le moindre raccord et, une fois qu'a eu lieu l'explosion nucléaire, avec son champignon atomique caractéristique, la caméra se rapproche du nuage de particules, jusqu'à nous faire entrer en lui. Le spectateur est alors invité à plonger dans une dimension expérimentale vertigineuse, tout son être semble devoir être stimulé par l'exposition silencieuse des images de l'essai nucléaire *Trinity* qui, le 16 juillet 1945, a précédé de peu les bombardements atomiques d'Hiroshima et de Nagasaki, les 6 et 9 août 1945. Sans surprise, c'est sur le rythme du *Thrène à la mémoire des victimes d'Hiroshima* de Krzysztof Penderecki que nous assistons à ce qui est une représentation saisissante et métaphorique de l'expansion des forces du mal dans le monde. À travers un trip contre-initiatique[16], qui semble inverser celui de *2001, Space Odyssey* (Stanley Kubrick, 1968), c'est en quelque sorte l'image universelle du mal qui fait effraction dans la série, comme les figures de Bob et de la forme fantomatique qu'est Judy font effraction dans le monde, le sabotent et le détériorent.

Le fait que la date, le lieu et l'heure de l'explosion soient mentionnés en ouverture de la séquence n'a rien d'anodin dans la perspective mémorielle qui nous intéresse. Bien sûr, tous les spectateurs, loin de là, ne connaissent pas l'existence de cet essai nucléaire, qui a rendu possible ensuite les millions de morts au Japon. Mais les mentions écrites, en permettant de le situer, historicisent l'événement, et contribuent donc à faire de la série un « lieu de mémoire », qui prend en charge un passé traumatique. Une fois de plus, il est bien affaire de mémoire dans cette saison 3, mémoire qui apparaît comme une source possible du mal (comme ici) et du bien (la sortie de Cooper de la Black Lodge). Le feu d'artifice visuel que nous font vivre ces images a, en tout cas, quelque chose d'inouï en régime télévisuel. Il s'agit bien d'images comme la télévision semble n'en avoir jamais exhibées, après celles oniriques de l'espace surréaliste de la « Red Room » il y a un quart de siècle. Le régime cristallin qui prédomine dans cette saison, et dont participe éminemment cette séquence, semble inciter le spectateur à interroger le statut des images qu'il regarde. Ici, le combat que se livrent, dans la représentation d'une explosion, les forces du bien et du mal, de la

16 *Ibid.*

Lumière et des Ténèbres, qui fondent la nature de notre monde, invitent à engager l'interprétation de ce que représentent Laura et Judy.

L'image qui renvoie à un événement passé, non pas image d'archive, mais image informée par une archive, est aussi « épitaphe des événements d'autrefois », selon la belle expression de Maurice Halbwachs. Ce recours à l'explosion du 16 juillet 1945 qu'effectue Lynch évoque aussi toute une mémoire collective de l'Amérique des années 1950, et même du monde dans son ensemble, qui s'aveuglent devant les ravages qu'ils ont provoqué autant que devant l'ère obscure dans laquelle les premiers essais de l'arme de destruction massive les ont fait entrer. En outre, il y a une énigme fondamentale dans *Twin Peaks*, l'énigme de Margaret qui dissimule moins la recherche du secret de la disparition de Cooper qu'un message invitant à la quête de remémoration du grand héritage, en grande partie occulté, que porte en elle l'Amérique du Nord : celui des habitants autochtones de ce pays, les Indiens. Hawk, Andy et Lucy se mettent à défricher toutes les preuves et les documents classés de l'affaire Laura Palmer (3.1) afin de déceler ce qui est perdu, alors que la seule piste valable est celle de l'héritage de Hawk. Il semble que le cheminement qu'établit cette recherche implique le souvenir personnel pour aboutir à l'Histoire. Inversement, le souvenir collectif vient déteindre sur les souvenirs personnels[17]. Quel est alors le manque fondamental qu'il s'agit de retrouver à travers cet héritage ? Peut-être, comme l'avance Pacôme Thiellement, la dette impayée de l'Amérique envers les Indiens exterminés. Ou, peut-être encore, la mémoire traumatique qui participe à la construction de l'identité de ce pays, puisque finalement, ce qui guide Hawk à la solution de l'énigme, c'est le simple logo d'une fabrique, mais qui symbolise le visage d'un chef des Nez-Percés, gravé sur une pièce en métal.

17 Halbwachs, Maurice, *op. cit.* p. 46.

CONCLUSION

The Return est l'émergence d'une nostalgie insaisissable ; nul n'est plus comme avant, mais demeure la mémoire des deux premières saisons, mémoire sérielle, dont est dépositaire cette troisième saison. Cette mémoire doit être préservée de l'ensevelissement dans l'abîme de l'oubli. Toute la saison semble méditer sur la nécessité de ne pas abolir le souvenir : chaque protagoniste a évolué à sa manière pourtant ils sont tous encore et toujours reliés au souvenir de la tragédie de Laura, au même titre que le spectateur dont l'attente a duré aussi longtemps. Ce dernier se réjouit avec cette suite d'accueillir sur son écran les réminiscences d'une époque antérieure, tout en voyant bien, simultanément, qu'elle donne à voir la fatalité du changement, dictée par l'écoulement du temps. Revisiter *Twin Peaks « for the last time »*, comme le répète la chanson *Shadow* à la fin du pilote, n'engage pas le retour au paradis perdu qui était celui de l'ancien Twin Peaks. Au contraire, cela signifie découvrir la version du même univers dans le monde moderne. Lynch met alors en œuvre une esthétique qui réinvente le temps de trois manières : le glissement du présent vers le passé, qui privilégie l'onirisme du souvenir, la narration ultérieure et la reproduction de séquences anciennes. Les personnages incarnent l'expérience de l'amnésie comme mort et celle de l'anamnèse comme renaissance. Parallèlement, la mise en exergue des thèmes de la mémoire collective et de l'héritage évoque la menace de l'oubli et rappelle la nécessité de prendre en charge le souvenir et la mémoire, pour préserver l'identité du groupe social à laquelle chacun contribue par sa propre histoire.

Faika SACI

MONDES PALIMPSESTIQUES ET PERSONNAGES-VESTIGES

Comment (ne pas) faire table rase dans les séries télévisées

Dans un vignoble quelque part dans la France du XXIVe siècle, l'ex-amiral Jean-Luc Picard se prépare à une interview. Son domestique, Zhaban, lui en rappelle le cadre, avant de lui donner un dernier conseil : « *Be the captain they remember.* »

Le conseil pourrait n'avoir de valeur qu'au sein du monde fictionnel, si la série *Star Trek : Picard* (Amazon, 2020-présent) n'était pas la directe continuation de la série culte *Star Trek : The Next Generation* (Syndication, 1987-1994), qui mettait en scène les aventures du vaisseau interstellaire Enterprise-D, avec à sa tête le capitaine Picard déjà incarné par l'acteur Sir Patrick Stewart. L'ellipse temporelle qui sépare les deux séries est à peu près équivalente dans le monde réel (26 ans) et le monde fictionnel (29 ans), justifiant l'âge avancé de Picard (et de Stewart).

La remarque de Zhaban prend alors des atours réflexifs. À une époque où les *revivals* sont devenus une valeur sûre, le retour sur les écrans de séries et de personnages cultes souligne combien la mémoire à long terme des publics est aujourd'hui plus que jamais mobilisée à la télévision, qu'il s'agisse de la mémoire d'un fandom ou de toute une génération de sériephiles. Quinze ans après leurs dernières enquêtes, dans un monde qui a fatalement évolué, les agents Mulder et Scully se retrouvent dépassés en contexte de « post-vérité », dans les saisons 10 et 11 de *The X-Files* (Fox, 2016-2018) ; l'agent Cooper quitte enfin la Loge Noire après 25 ans dans *Twin Peaks : The Return* (Showtime, 2017) ; Rory se retrouve dans une situation similaire à celle de sa mère dans *Gilmore Girls : A Year in the Life* (Netflix, 2016). Il est évident que ces retours ne se font pas sans heurts, à la fois pour les personnages et leurs scénaristes, qui doivent s'adapter à un monde nouveau et montrer comment des êtres de fiction peuvent aussi porter les marques du temps qui passe, tout en se plaçant dans la continuité de l'œuvre d'origine.

Le cas de *Star Trek : Picard* est encore plus particulier, car il découle aussi d'une autre tendance : la montée en complexité narrative des séries télévisées depuis les années 1990 a poussé dans leurs retranchements les possibilités d'écriture et les défis narratifs imposés au public. Plus spécifiquement, la richesse des mondes proposés, la non-linéarité des intrigues, les énigmes et quêtes mobilisent la mémoire des publics de manière active et participative[1] : *Picard* nous demande explicitement de nous souvenir des événements de *The Next Generation*, non seulement parce qu'elle lui adresse de nombreux clins d'œil intertextuels, mais aussi parce que la maîtrise de son encyclopédie fictionnelle[2] est vitale pour saisir les subtilités de l'intrigue. Les séries des genres de l'imaginaire peuvent être vues comme les parangons de cette complexité car elles mettent en scène des événements qui outrepassent la logique et réinterrogent même les conventions narratives les plus stables[3].

L'une des conventions dont nous comptons tirer le fil rouge de cette contribution est l'illusion référentielle, qui veut qu'un personnage désigné par le même nom dans plusieurs scènes, plusieurs épisodes, voire plusieurs extensions transmédiatiques, soit considéré comme « le même personnage », comme ayant sa propre continuité. L'évolution du personnage de série contemporaine, feuilletonnante, est aujourd'hui avérée, mais toujours objet de débats quant à la définition de cette évolution[4].

---

1 Mittell, Jason, « Previously on : Prime time serials and the mechanics of memory », *in* Grishakova, Marina (dir.), Ryan, Marie-Laure (dir.), *Intermediality and storytelling*, Berlin, Walter de Gruyter, 2010, p. 78-98.

2 Doležel, Lubomír, *Heterocosmica : Fiction and Possible Worlds*, Baltimore, Londres, John Hopkins University Press, 1998, p. 177 et Eco, Umberto, *Lector in fabula : Le rôle du lecteur*, Paris, Grasset, 1985 [dixième édition, 2012], p. 95 et suivantes.

3 Favard, Florent, *Écrire une série TV : La Promesse d'un dénouement*, Tours, Presses Universitaires François Rabelais, 2019.

4 Nous retiendrons notamment les critères de Pearson, Roberta, « Anatomising Gilbert Grissom : The Structure and Function of the Televisual Character », *in* Allen, Michael, *Reading CIS : Crime TV Under the Microscope*, Londres, I.B. Tauris, 2007. Voir aussi Mittell, Jason, *Complex TV : The Poetics of Contemporary Television Storytelling*, New York, Londres, New York University Press, 2015 ; Booth, Paul, « The Television social network : exploring TV characters », *Communication Studies*, Vol. 63, n° 3, juillet-août 2012, p. 309-327 et la question des réseaux ; Maroun, Natalie, *Continuité narrative et jeux des possibles dans l'écriture scénaristique des séries télévisuelles*, thèse de doctorat, dir. Marc Escola, Charif Majdalani, Université Paris VIII, 2009 et le rapport à l'écriture des possibles ; Maillos, Marie, *Créateurs et créatures de séries télévisées : une poïétique du personnage*, thèse de doctorat,

La plupart des travaux sur la question tendent à voir l'évolution du personnage au sein d'une série comme généralement linéaire (maturation, changement de moralité, ...), voire tenant du sur-place, même dans les séries feuilletonnantes. Or cette évolution ou cette stabilité peuvent être mises en péril par des cas de substitution que Jason Mittell nomme « *character overhaul* », et définit comme des moments où le personnage change radicalement et durablement d'identité, tout en étant incarné par le même acteur ou la même actrice, comme c'est le cas dans *Angel* (The WB, 1999-2004) pour le personnage de Fred, dont l'âme est dévorée par le démon Illyria qui prend possession de son corps, et sa place au sein du groupe de protagonistes, tout en étant toujours jouée par Amy Acker[5]. La substitution « donne l'opportunité de jouer avec la reconnaissance [du personnage], poussant le public et les autres personnages à se demander à quelle version du personnage ils ont affaire[6] ». Ces cas de substitution peuvent prendre des formes variées, que nous avons eu l'occasion de détailler, en les définissant comme une « substitution défamiliarisante et durable » du personnage[7] : jeux de doubles, réécritures partielles, substitutions complètes, cas inversé du remplacement du corps (et donc d'interprète) en gardant la même identité ; autant de situations qui, pour certaines, peuvent concerner des séries qui se veulent naturalistes, mais déploient tout leur potentiel dans les séries des genres de l'imaginaire, et notamment dans la science-fiction.

Au fil de cette contribution, nous partons du constat suivant : quand bien même les mondes fictionnels ne sont pas, d'un point de vue narratologique, des personnages à part entière, ils sont eux aussi soumis à une évolution qui peut être discrète ou flagrante, lente ou rapide, mais généralement linéaire au sens où elle est le fruit d'une succession de causes et d'effets ; or, et c'est notre hypothèse, certains mondes fictionnels des séries des genres de l'imaginaire mettent en avant, notamment ces dernières années, une très grande fluidité et des réécritures radicales, qui là encore jouent avec la mémoire du public. En somme, quand la plupart des mondes évoluent, grandissent, vieillissent, certains semblent subitement

dir. Paul Lacoste, Université Toulouse Jean-Jaurès, 2019 et l'écriture à plusieurs mains du personnage de série.

5 Mittell, Jason, *Complex TV*, *op. cit.*, p. 138-140.

6 *Ibid.*, p. 136 (Nous traduisons).

7 Favard, Florent, « Milles visages, milles identités : typologies des métamorphoses du personnage de série », *Télévision*, n° 9, 2018, p. 53.

réécrits, défamiliarisés, dépossédés de leurs caractéristiques fondamentales, victimes d'un *overhaul*, tout en conservant comme en écho la trace parfois infime de leurs états antérieurs – en somme, ils deviennent des *mondes fictionnels palimpsestiques*. Pour étayer cette hypothèse, nous avons choisi des séries qui ont pour point commun de chercher à faire table rase de leur passé tout en respectant leur continuité, mettant le public face à un défi mémoriel similaire à la substitution de personnage décrite par Mittell : elles interrogent la version du monde fictionnel qu'elles présentent, et se servent cette fois-ci du personnage comme d'un point stable qui porte la mémoire des états du monde palimpsestique : le *personnage-vestige*.

Au fil de cet article, nous souhaitons proposer une typologie focalisée sur trois types de mondes palimpsestiques à la télévision, en nous appuyant sur le rapport au temps de la production et à la mémoire des publics, pour montrer combien ces catégories, poreuses et potentiellement cumulables, pourraient avoir une valeur heuristique dans la description des mondes fictionnels télévisuels, et notamment ceux des genres de l'imaginaire, à l'heure où les grandes franchises télévisuelles et transmédiatiques valorisent cette fluidité, d'un point de vue économique comme esthétique.

Nous commencerons par les *revivals*, le retour sur les écrans après de nombreuses années, dans un contexte de réception différent qui peut justifier un *overhaul* ; nous aborderons ensuite les séries où la continuité justifie parfois une réécriture radicale ; enfin, nous terminerons par des séries qui, dans leurs prémisses mêmes, font preuve d'une hyperfluidité qui irait potentiellement à l'encontre des mécanismes de mémorisation et d'identification.

MONDES RESSUSCITÉS : S'ADAPTER À L'ÈRE DU TEMPS

Il nous faut commencer ici par distinguer les *revivals* des *reboots*, pour mieux saisir leurs points communs. Tous deux se présentent comme des transfictions, qui, revenons-en à Saint-Gelais, sont « le phénomène par lequel au moins deux textes, du même auteur ou non, se rapportent conjointement à une même fiction, que ce soit par reprise de personnages, prolongement d'une intrigue préalable ou partage d'univers fictionnel[8] ». Mais les *reboots* procèdent par une remise à zéro devenue commune dans les univers transmédiatiques de la culture populaire[9], qu'ils soient *hard* – le reboot de *Lost in Space* (CBS, 1965-1968), qui fait table rase pour créer un nouveau monde fictionnel sur le même concept dans *Lost in Space* (Netflix, 2018-présent) – ou *soft*, souvent justifié intradiégétiquement – *Terminator : The Sarah Connor Chronicles* (Fox, 2008-2009), qui emploie le voyage dans le temps pour appuyer son lien direct avec la série de films tout en créant sa propre séquence d'événements. Le *revival* se présente quant à lui comme une continuation, ou comme une « résurrection » dans le contexte des séries télévisées[10], durant laquelle une série annulée est remise en production, généralement après plusieurs années pour mériter le titre de *revival* et ne pas être simplement un « sauvetage », le passage d'une série d'une chaîne à une autre, de plus en plus courant de nos jours.

Notons bien que si les termes *revival* et *reboot*, dans leur acception la plus littérale, désignent deux procédés différents (continuation et remise à zéro), la notion de *soft reboot* se veut plus transversale. En excluant les *hard reboots* télévisuels, les réécritures manifestes qui peuvent conserver un lien hypertextuel avec l'œuvre d'origine mais présentent explicitement une nouvelle diégèse (par exemple, la « réimagination » de *Battlestar Galactica*, Sci-Fi, 2003-2009), l'on se rend vite compte en effet que certains *revivals* se comportent comme des *soft reboots*.

En un sens, c'est le cas de *Picard*, plus au niveau de l'esprit que de la lettre. Son monde fictionnel et la franchise à laquelle elle appartient en font un cas à part de la plupart des autres continuations des dernières années, où l'évolution du monde fictionnel tient d'abord dans la prise en compte de l'évolution conjointe du monde réel. La franchise *Star Trek*, qui compte aujourd'hui neuf séries et treize films produits depuis 1966 – sans compter une myriade de contenus transmédiatiques, romans, comics et jeux vidéo – place son monde fictionnel dans un futur lointain que l'on peut situer entre le XXIIIe et le XXIVe siècle. La question de la synchronicité

8 Saint-Gelais, Richard, *Fictions transfuges : La Transfictionnalité et ses enjeux*, Paris, Éditions du Seuil, coll. « Poétique », 2011, p. 7.

9 Johnson, Derek, « Battleworlds », *in* Boni, Marta (dir.), *World Building : Transmedia, Fans, Industries*, Amsterdam, Amsterdam University Press, 2017.

10 Mittell, Jason, *op. cit.*, p. 321.

entre le monde réel et le monde fictionnel est alors caduque : quand *The X-Files* doit confronter Mulder et Scully à un monde nouveau où les conspirations sont devenues virales et les smartphones omniprésents, dans le but de conserver sa proximité avec le monde réel, la logique à laquelle *Star Trek* doit d'abord rester fidèle est celle du monde fictionnel lui-même, qui doit présenter une évolution historique plus ou moins contingente avec les événements déjà établis par les séries précédentes. En un mot : la franchise *Star Trek* a le choix du cadre temporel, du moment qu'elle trouve un sujet capable de parler à son époque.

Or c'est ici que la question de la substitution d'un monde fictionnel par un autre se pose. La quasi-intégralité des séries de la franchise, majoritairement produites lors de deux périodes majeures que sont les années 1960-1970 puis le quart de siècle 1987-2005, respectent le travail de *worldbuilding* initié par Gene Roddenberry, le créateur de la série d'origine, *Star Trek* (NBC, 1966-1969) : à savoir un monde utopique, où la Fédération des Planètes Unies a laissé derrière elle discrimination et inégalités, tout particulièrement à l'époque éclairée du XXIVe siècle où prennent place, notamment, *The Next Generation* et *Picard*. Or les séries *Star Trek* de l'actuelle « troisième vague », diffusées sur des services de SVoD, nommément *Discovery* (CBS All Access, 2017-présent) et *Picard*, opèrent un virage à 180° : derrière le vernis de la Fédération se cachent des intrigues politiques en nuances de gris où plus aucun personnage n'est blanc comme neige. À l'aube de la décennie 2020, l'heure n'est plus à la science-fiction utopiste mais à une forme plus sombre qui se veut le pendant science-fictionnel de la *grimdark fantasy*, qu'incarne sur le petit écran *Game of Thrones* (HBO, 2011-2019). Cela est d'autant plus flagrant que si *Picard*, dans le monde fictionnel, se situe à l'extrémité la plus « contemporaine » de la chronologie, *Discovery* retourne une dizaine d'années avant la série d'origine : la franchise et son monde fictionnel sont transformés « par les deux bouts », présent et passé étant à réévaluer à l'aune de ces deux nouvelles productions.

Se pose alors, dans *Star Trek*, le problème de la reconnaissance du monde fictionnel, notamment de ses modalités déontiques et axiologiques, soit l'ordre de la loi et des valeurs[11]. L'on conseille à Picard d'être « le capitaine dont le public se souvient », mais la tâche va se révéler presque impossible pour le personnage : Jean-Luc Picard ne peut plus être le personnage qu'il

11 Doležel, Lubomír, *op. cit.*, p. 114 et suivantes.

était dans *The Next Generation*, car lui-même ne reconnaît pas le monde de *Picard* dans lequel il évolue. Si l'on se base sur la typologie proposée par Roberta Pearson, le personnage de Jean-Luc Picard conserve, dans la série homonyme, son comportement, ses caractéristiques physiques (même s'il a vieilli), sa voix, sa biographie ; mais deux critères manquent à l'appel, l'environnement typique et les interactions[12]. Le premier est explicité dès les premiers épisodes : Picard a quitté Starfleet, l'organisation d'exploration et de défense spatiale de la Fédération, et lorsqu'il y retourne, c'est en qualité de « visiteur », comme l'indique le badge que lui tend, à l'accueil, le jeune cadet qui ne le reconnaît même pas (S01E02). Le second nécessite une solide connaissance du personnage pour être compris : Picard est devenu un vieillard obtus, retranché dans son vignoble, et s'avère malhabile dans ses relations sociales, lui qui autrefois était explicitement défini comme un fin psychologue et un grand diplomate, capable de résoudre même les plus graves crises interstellaires en un épisode. L'effet de défamiliarisation semble donc contaminer le personnage, mais trouve son origine dans le monde qui l'entoure, et notamment dans la société dont il a souhaité s'écarter, et qui le lui a rendu au centuple : Picard va lentement retrouver le chemin de celui qu'il était, sinon pour « redevenir le capitaine », au moins pour porter son héritage, au sein d'une narration désormais feuilletonnante qui ne laisse plus droit à l'erreur.

La série d'Amazon, il faut bien l'avouer, se construit autour d'un point focal tout à fait contingent et logique avec ce que la franchise a présenté par le passé, puisqu'elle confirme le caractère canonique d'un événement mentionné dans le film de 2009, *Star Trek* (J. J. Abrams), à savoir la destruction de la planète Romulus suite à l'explosion de son étoile. Attardons-nous un peu dans ce monde fictionnel en abordant un point de vue interne pour mieux comprendre les tenants et les aboutissants de cet événement.

L'ironie du sort veut que la destruction de Romulus a servi à l'époque de prétexte à Abrams pour réécrire l'histoire du monde fictionnel tout en jouant avec la mémoire des fans de la franchise transmédiatique. Spock, le Vulcain emblématique qui traverse un siècle entier du monde fictionnel, de sa collaboration avec le capitaine Kirk dans *Star Trek : The Original Series*, jusqu'à sa rencontre avec Picard dans *Star Trek : The Next Generation*, tente en vain d'empêcher l'explosion de l'étoile, pour se retrouver happé dans

12 Pearson, Roberta, *op. cit.*, p. 43.

un trou de ver avec un vaisseau romulien. Projetés dans le passé, Spock et les derniers romuliens vont altérer la course du temps, et notamment la biographie du capitaine Kirk et les événements racontés dans la série d'origine : c'est sur cet univers alternatif, qui consiste en un *soft reboot* justifié intradiégétiquement, que reposent les trois derniers films de la franchise, de *Star Trek* (2009) à *Star Trek Beyond* (Justin Lin, 2016).

La franchise transmédiatique laisse ainsi coexister son univers principal et un univers alternatif, réduit principalement à ces trois films et quelques romans, *comics* et jeux vidéo ; mais l'univers principal reste le terrain de jeu exclusif des séries télévisées : ainsi, lors du retour sur le petit écran d'une nouvelle série *Star Trek : Discovery*, les critiques ont rapidement noté que l'œuvre, dont les événements se déroulent une dizaine d'années avant ceux de la série d'origine, évite d'abord soigneusement de préciser dans quel univers elle se déroule – le point de divergence entre les deux univers ayant eu lieu, pour sa part, une vingtaine d'années avant la série d'origine, à la naissance du capitaine Kirk. Ce n'est qu'au fil des épisodes que l'on comprend qu'elle se situe dans l'univers principal et ne prend pas en compte la divergence montrée dans les derniers films. *Picard*, en un sens, est plus claire, puisqu'elle fait directement suite à *The Next Generation*, et affiche donc son appartenance à l'univers principal, tout en s'appuyant précisément sur l'événement qui a scindé la franchise en deux : la destruction de Romulus.

Il y a donc un paradoxe à l'origine de *Picard* : dans le *soft reboot* cinématographique, la destruction de Romulus n'est que la première étape menant vers l'incident déclencheur, le voyage dans le temps et la modification des événements de la série d'origine mettant en scène Kirk ; dans *Picard*, la destruction de Romulus devient elle-même, non un point de divergence temporelle, mais un point de divergence politique changeant radicalement le visage d'une Fédération autrefois considérée comme porte-étendard d'un humanisme universel, bienveillant, manichéen. Il est étonnant de voir combien *Picard* se veut proche de l'actualité du monde réel, à l'heure où les catastrophes climatiques s'ajoutent aux guerres pour renforcer les flux migratoires forcés : la Fédération refuse d'apporter son aide aux Romuliens avec qui elle a toujours été en état de guerre froide, un refus justifié par l'attaque des chantiers spatiaux de Mars par des intelligences artificielles, attaque dont le timing semble trop parfait. Picard lui-même, de manière symbolique, choisit de démissionner de Starfleet après le désastre de la destruction de Romulus. Quatorze ans plus tard, au moment où débute *Picard*, le personnage, âgé, retiré dans son vignoble, est donc l'ombre de lui-même, en même temps qu'il se présente, lors de l'interview qu'il donne dans le S01E01, comme le dernier vestige d'un certain idéal de Starfleet.

C'est là toute la complexité du personnage-vestige de Jean-Luc Picard : il porte avec lui les valeurs d'un monde fictionnel à jamais réécrit, non par un voyage temporel (puisque la série reste dans l'univers principal) mais par un désastre. Dans le même temps, de manière réflexive, il maintient aussi vibrant le souvenir d'une narration plus épisodique, celle des séries *Star Trek* des années 1980-1990, tout en assurant la transition vers une nouvelle ère pour la franchise.

MONDES RÉÉCRITS : FLUIDITÉ TEMPORELLE ET CONTINUITÉ DE LA BIOGRAPHIE

Un autre cas fascinant de personnage-vestige au sein d'un monde palimpsestique concerne les séries qui accumulent un grand nombre de saisons, sans le recours au *revival*. Le phénomène pourrait concerner des séries naturalistes, à l'image de *Grey's Anatomy* (ABC, 2005-présent), où Meredith Grey est désormais la dernière représentante de l'équipe de jeunes internes présentés dans les premières saisons. Au fil de « My Shot » (S16E08), le 350e épisode de la série, nous sont donnés à voir plusieurs *flashbacks* qui ponctuent l'audition disciplinaire de celle qui est désormais une chirurgienne renommée. Le plus frappant d'entre eux est peut-être celui intervenant à la 17e minute, lorsque son collègue Alex Karev, qui témoigne en sa faveur, évoque leur rivalité dans les premiers moments de leur collaboration. L'analepse nous renvoie alors à l'épisode pilote de la série : les interprètes, Ellen Pompeo et Justin Chambers (dont le S16E08 constitue la dernière apparition dans la série), ont 15 ans de moins, de même que leurs personnages. Au-delà de leur apparence physique – le temps a bien sûr laissé son empreinte sur leurs corps – ce sont aussi de jeunes internes qui nous sont montrés, fraîchement débarqués dans un hôpital qui ne porte pas encore le nom de Grey Sloane ; la seconde d'après, de retour dans le présent, ce sont des personnages chargés de 15 ans d'intrigues complexes qui se retrouvent face à face. Rares sont aujourd'hui les séries étasuniennes en prises de vues réelles à pouvoir évoquer ce sentiment de la *longue durée* appliqué à une vie humaine. *Grey's Anatomy* appartient au groupe restreint des derniers « fossiles vivants » des années 2000, aux côtés de *Criminal Minds* (CBS, 2005-2020), *Supernatural* (The CW, 2005-2020), *NCIS* (CBS, 2003-présent), *Law & Order : SVU* (NBC, 1999-présent) ; des séries de prime-time qui elles-mêmes font pâle figure face aux vétérans que sont les *soap operas* comme *General Hospital* (ABC, 1963-présent) ou *Days of Our Lives* (NBC, 1965-présent). En un sens, Meredith Grey est un personnage-vestige dans *Grey's Anatomy* ; mais elle reste le vestige d'un monde qui a évolué de manière certes parfois abrupte, mais linéaire, justifié en cela par les opportunités de carrière et les drames qui permettent de renouveler le casting dans un grand hôpital de Seattle. Il ne semble pas y avoir de rature explicite sur tout ou partie du monde fictionnel qui en ferait, à notre sens, un monde palimpsestique.

Le cas du Docteur, dans la série *Doctor Who*, reste autrement plus complexe d'un point de vue narratologique. Extraterrestre à l'apparence humaine voyageant dans le temps et l'espace, elle est capable, au seuil de la mort, de se « régénérer » en changeant d'apparence, mais en conservant la mémoire de sa biographie : cette astuce narrative a permis à la série classique (BBC, 1963-1989) et sa continuation (BBC1, 2005-présent) d'enchaîner plus d'une douzaine d'acteurs et d'actrices dans le rôle-titre. Aujourd'hui incarnée par Jodie Whittaker, elle est un exemple typique de ce que nous voyons comme un cas de substitution inversée, où l'illusion référentielle survit au changement d'interprète.

Mais à la substitution inversée – et répétée – du personnage s'ajoute une réécriture récurrente du monde fictionnel provoquée par les paradoxes temporels dont la série fait son fonds de commerce. Cette réécriture participe d'une volonté plus ou moins affichée des scénaristes de mettre en retrait une continuité devenue pesante au fil des décennies, et s'apparente au phénomène de la continuité rétroactive, soit l'action de réviser un élément du canon *a posteriori* lorsqu'il pose problème pour le développement de la narration – un procédé commun dans les formes progressives durables telles que les *comics*. Ainsi le retour sur les écrans de *Doctor Who* en 2005 se démarque-t-il de la continuité de la série classique en détruisant Gallifrey, la planète du Docteur, se débarrassant d'intrigues politiques complexes accumulées sur plusieurs décennies pour se recentrer sur le personnage éponyme, qui devient le personnage-vestige portant sur ses épaules la mémoire de toute l'œuvre tout en l'ouvrant à un nouveau public. Ce *soft reboot* lié spécifiquement à la décennie qui sépare la série classique de sa continuation reste dans la lignée de ce que nous avons analysé précédemment avec *Picard*. Mais les choses se compliquent à l'échelle de la seule continuation, indépendamment de son statut de *revival*. *Doctor Who* est une habituée des révisions et changements de cap : à chaque incarnation du Docteur est généralement associée une équipe de production particulière qui va imprimer sa signature [« *production signature* »][13] sur la série, isolant ainsi des ères spécifiques, comme c'était déjà le cas de manière répétée dans la série classique[14].

En 2005, le *head writer* (*showrunner*) Russell T. Davies choisit le plus soft des *soft reboots*, en faisant de la disparition de Gallifrey la conséquence logique du conflit éternel contre les Daleks, qui rythme la série classique : il respecte ainsi le canon et la mémoire du fandom. Cinq ans plus tard, Steven Moffat, qui prend sa place, propose une intrigue feuilletonnante beaucoup plus complexe et réflexive : l'intégralité de la saison 5 se focalise sur une désintégration progressive de l'espace et du temps qui « avale » des événements historiques, les effaçant de la mémoire des personnages qui ne se souviennent même plus des multiples invasions de la Terre par des extraterrestres. Le Docteur, personnage-vestige alors incarné par l'acteur Matt Smith, doit lui-même être effacé de l'existence pour, selon ses propres mots, « *reboot the universe* ». C'est parce que les protagonistes qui l'entourent parviennent à se souvenir de lui qu'il revient d'entre les morts, et avec lui, un univers presque remis à zéro où Moffat peut imprimer sa marque sans se placer explicitement dans le sillage de Davies. Les ambitions révisionnistes de Moffat iront plus loin puisqu'il ressuscite ensuite la planète Gallifrey grâce à un paradoxe temporel, réécrivant l'événement qui fondait le retour de la série sur les écrans en 2005, dans « The Time of the Doctor » (S07E15). Le Douzième Docteur, incarné par Peter Capaldi, est alors un « vestige » à plusieurs titres : déjà, sans mauvais jeu de mots, parce qu'il est l'acteur le plus âgé dans

13 Tulloch, John et Jenkins, Henry, *Science Fiction Audiences : Watching Doctor Who and Star Trek*, Londres, New York, Routledge, 1995.

14 Chapman, James, *Inside the TARDIS : The Worlds of Doctor Who*, Londres, New York, IB Tauris, 2013 (édition révisée).

le rôle-titre au sein de la continuation, renvoyant aux interprètes de la série classique ; ensuite, parce qu'il ramène avec lui une dynamique du monde fictionnel jamais vue dans la continuation, doublement palimpsestique : le retour aux intrigues politiques de Gallifrey.

Un phénomène similaire accompagne la prise de poste de Chris Chibnall, nouveau *head writer* depuis 2018 ; cette fois-ci, le statut de personnage-vestige du Docteur est lui-même mis en péril, non pas seulement par le choix révolutionnaire – et attendu – d'une femme dans le rôle-titre, mais surtout parce qu'elle se retrouve confrontée non seulement à l'amnésie de ses compagnons qui semblent encore avoir oublié les multiples invasions de la Terre (comme durant l'ère Moffat), mais également à ses propres souvenirs conflictuels. Tournant d'une saison 12 complexe, qui démarre sur la seconde (!) destruction de Gallifrey, l'épisode « Fugitive of the Judoon » confronte le Docteur à une autre version d'elle-même, ainsi qu'à des Gallifreyens qui semblent n'avoir aucun souvenir de la (seconde) destruction de leur planète. Si cette phrase semble complexe, c'est parce que l'effet l'est, nous le supposons, sur le public : non seulement la série rature encore une fois un élément fondamental du monde fictionnel, mais elle nous fait ensuite douter de la validité de cette rature et de la capacité du personnage-vestige du Docteur à faire sens des événements contrefactuels auxquels elle assiste.

Ces réécritures sont fascinantes en ce qu'elles dépassent l'aspect économique du *soft reboot* (adapter l'œuvre à un nouveau public, alléger le texte) pour proposer un usage réflexif de la continuité rétroactive qui s'approche d'une « dénarration » radicale[15], devenue commune dans les séries de science-fiction. Avant les dernières saisons de *Doctor Who*, d'autres séries ont mobilisé le voyage dans le temps pour renier le nœud narratif de l'intrigue à long terme, à l'image de *Lost* (ABC, 2004-2010) dans sa dernière saison, mais surtout, pour produire des personnages-vestiges qui n'ont aucune maîtrise sur leurs mondes palimpsestiques. Peter Bishop, effacé de l'existence au terme de la saison 3 de *Fringe* (Fox, 2008-2013), revient en saison 4 dans un monde où il n'est jamais né et où aucun des autres protagonistes ne le reconnaît ; dans *Continuum* (Showcase, 2012-2015), Kiera Cameron voyage dans le passé et efface ainsi son propre avenir, avant de voir les objectifs à long terme de tous les personnages

---

15 Richardson, Brian, « Denarration in Fiction : Erasing the Story in Beckett and Others », *Narrative*, vol. 9, n° 2, mai 2001, p. 168-175.

réduits à néant par la fluidité du temps ; plus récemment, dans les séries de super-héros du « Arrowverse » sur The CW, des mondes fictionnels autrefois considérés comme des réalités alternatives fusionnent en un seul et même monde, révisant les réseaux de personnages de toutes les séries, et laissant les protagonistes seuls détenteurs, avec le public, des souvenirs des saisons précédentes. Loin d'être anecdotiques, ces cas nous semblent représentatifs d'une tendance aux mondes de plus en plus fluides dans les séries des genres de l'imaginaire.

MONDES HYPERFLUIDES : QUAND LA DIÉGÈSE N'EST PLUS UN CADRE FIXE

The Good Place (NBC, 2016-2020) est, à ce titre, l'une des séries les plus intrigantes des dernières années. Après leur mort, quatre personnages, Eleanor, Chidi, Tahani et Jason, se retrouvent au paradis – ou du moins le pensent-ils, jusqu'à ce que le plan du maître des lieux, Michael, ne soit révélé : ils ne sont pas dans le Bon Endroit mais dans le Mauvais Endroit, destinés à se torturer psychologiquement les uns les autres pour l'éternité.

Dans ce cas précis, ce sont d'abord les modalités aléthiques du monde fictionnel, ses lois naturelles, qui sont floues et ouvrent la diégèse à des possibilités inattendues. Les personnages ne peuvent plus mourir : le pire qu'il puisse leur arriver est d'être torturés pendant l'éternité. La topographie du monde fictionnel est mystérieuse et potentiellement infinie : le véritable Bon Endroit reste ineffable, élusif, jusqu'aux derniers épisodes, tandis que les frontières entre le Mauvais Endroit et les lieux liminaux (l'Endroit Moyen, le bureau de la Juge, la voie ferrée qui relie les différentes sections du Mauvais Endroit, etc.) sont poreuses ou indéterminées. À cela s'ajoute la dimension comique de la série qui se retrouve autant dans l'usage cocasse de la magie (des coccinelles géantes côtoient des cocktails à base d'étoiles à neutrons) que dans le nom des lieux (le Portail Interdimensionnel des Pancakes). Dans ce monde où tout est possible, même les expériences les plus illogiques (manger des mots, goûter des émotions), les personnages deviennent très vite le seul point d'ancrage à même de permettre au public de produire des inférences sur la suite du récit : Eleanor est confrontée à un dilemme commun, puisqu'elle pense avoir été choisie par erreur et ne pas mériter d'être au Bon Endroit, avant de comprendre qu'elle a été manipulée.

Cette révélation, qui intervient à la fin de la première saison, entraîne l'usage d'un mécanisme narratif aliénant : le *reboot* des personnages. Michael, déterminé à réussir son expérience et à trouver de nouvelles façons de torturer les humains, efface la mémoire des quatre protagonistes. La saison 2 commence ainsi comme la saison 1, par l'introduction d'une Eleanor fraîchement débarquée (pense-t-elle) au Bon Endroit. Les premiers épisodes de la seconde saison voient ensuite Michael procéder à plus de 800 *reboots* du groupe de protagonistes, qui parviennent toujours à deviner qu'ils ne sont pas au Bon Endroit en à peine quelques mois. Après que le groupe rallie Michael à sa cause, les humains sont renvoyés sur Terre en saison 3 et se voient offrir une nouvelle chance en échappant à leur mort programmée – mais au prix, là encore, de leur mémoire. Le système de points assignant les humains au Bon ou au Mauvais Endroit se révélant faussé, la saison 4 voit les protagonistes proposer au Juge une expérience visant à prouver que les humains peuvent s'améliorer dans l'après-vie. Eleanor, Tahani et Jason conservent leurs souvenirs, mais Chidi, connaissant l'une des humaines sur laquelle le test sera mené, doit être *rebooté* une nouvelle fois : il ne retrouvera la mémoire que dans les ultimes épisodes de la série, Michael s'inquiétant d'ailleurs de l'effet que cela aura sur lui :

> MICHAEL. – Il a d'abord vécu toute une vie, 802 vies dans l'au-delà, une deuxième vie, une deuxième vie dans l'au-delà, une troisième première vie dans l'au-delà… Sa psyché est un saladier géant de chili à la guimauve et aux M&M's[16].

C'est ici que *The Good Place* révèle toute sa complexité. Si les personnages eux-mêmes ne conservent plus en mémoire la continuité de leur biographie, comment s'identifier à eux et suivre leurs évolutions ? Le succès critique de la série et son fandom actif montrent bien évidemment que cela est possible, notamment parce que l'absence apparente de personnage-vestige est justement problématisée dans la série, même si ce n'est pas son objectif principal. Focalisée sur l'éthique et se présentant comme une des

---

16 Sous-titres français de Netflix. En version originale : « *He lived a whole life and then 802 afterlives, and a second life, then a second afterlife, and then a third "first" afterlife. His psyche is like a giant bowl of M&M Peep chili* ».

rares séries à appartenir au genre des fictions philosophiques, *The Good Place* interroge la capacité des humains à faire évoluer leur comportement et à vivre ensemble. Michael ne parvient pas à duper les humains non seulement parce que son faux Bon Endroit n'est pas assez convaincant, mais aussi parce qu'il semble penser que leurs défauts participent de leur essence, des caractéristiques de base de leurs personnages, oubliant que le vivre-ensemble et le contrat social peuvent influer sur ces comportements, et que les personnages portent aussi en eux un désir de changer une fois confrontés à la vacuité de leur existence, vue de l'au-delà – en somme, il oublie deux des six critères fondamentaux pour Pearson, les interactions et l'environnement du personnage.

The Good Place semble manifester l'impossibilité pour un personnage de série contemporaine, feuilletonnante, de revenir à zéro comme le faisaient la plupart de ceux des séries épisodiques des années 1960 à 1980, personnages aussi « immobiles » que les œuvres dans lesquels ils figurent[17] ; elle profite en cela d'un format assez court, comportant quatre saisons d'épisodes de 22 minutes. Michael a beau opérer de multiples *reboots* (ici, *soft* car justifiés intradiégétiquement), les protagonistes lui résistent précisément par cette envie d'évoluer. C'est notamment le cas de la romance entre Eleanor et Chidi, qui se développe malgré la remise à zéro constante de la mémoire des personnages – il faut toutefois noter qu'une vidéo de leur couple filmée par Mindy St. Claire, l'occupante de l'Endroit Moyen, fournit une « preuve » qui survit à l'effacement répété de leur mémoire. La vidéo, visionnée sur un petit écran, devient alors métaphore de l'écran sur lequel le public regarde la série : si les personnages de *The Good Place* parviennent à évoluer, si la série peut devenir feuilletonnante et construire une continuité malgré les multiples *reboots*, c'est parce que le public, lui, se souvient.

CONCLUSION

Le monde palimpsestique consiste en un mécanisme similaire au *character overhaul* proposé par Jason Mittell : au lieu du personnage, c'est

17 Esquenazi, Jean-Pierre, *Les Séries télévisées : L'Avenir du cinéma ?*, Paris, Armand Colin, 2010, p. 102.

ici le monde qui est subitement et durablement réécrit, défamiliarisé. Si la diégèse est fluide, le personnage-vestige offre alors un point d'ancrage au public : il conserve avec lui la mémoire des épisodes précédents et des états antérieurs du monde fictionnel.

Dans le *revival*, on l'a vu, le personnage-vestige peut être investi d'un sous-texte politique, notamment si le contexte de diffusion n'autorise plus une présentation de la diégèse similaire à celle de la série d'origine – c'est le cas dans Picard. Nous n'aurons, à ce titre, pas eu la place d'interroger plus avant le lien entre le format plutôt épisodique de *The Next Generation* et le format feuilletonnant de *Picard*, qui peut offrir une clé de lecture complémentaire.

Dans les séries de longue durée, aucune ellipse ne vient perturber l'évolution d'un personnage que l'on voit devenir vestige épisode après épisode, au sein de mondes plus ou moins palimpsestiques. *Doctor Who* pousse le procédé dans ses retranchements en questionnant la mémoire de son unique personnage-vestige : si le Docteur ne peut plus faire sens de la continuité, comme le public le pourrait-il ?

Enfin, des séries plus courtes, contemporaines, peuvent pousser la dimension palimpsestique de leurs mondes à son paroxysme : les scénaristes de *The Good Place* semblent parfaitement conscients du rôle joué par les personnages dans la construction de l'identification et de la continuité, et profitent d'un format somme toute assez court pour proposer un défi mémoriel au public comme aux protagonistes.

La typologie proposée ici n'est bien entendu qu'une tentative de faire sens des mondes fictionnels complexes contemporains, notamment ceux des genres de l'imaginaire. Elle demande à être étendue et confrontée aux séries contemporaines, de plus en plus courtes notamment sur les services de SVoD : de même que les personnages et leurs mondes fictionnels, les séries ne cessent d'évoluer, amenant avec elles la question de l'influence du format à même de porter ces histoires potentiellement palimpsestiques.

Florent FAVARD

TISSER LES (TROUS DE) MÉMOIRES DANS LE RÉCIT DE LA SÉRIE TÉLÉVISÉE BELGE *LA TRÊVE*

Diffusé à partir de 2016 sur La Une (chaîne du groupe RTBF) puis sur France 2, constitué de deux saisons, le feuilleton policier wallon *La Trêve*[1] s'est distingué dans le paysage sériel francophone de ces dernières années[2]. Son ajout au catalogue Netflix lui a permis de toucher un public au-delà de ses diffusions en *prime time* et lui a attiré un succès d'estime reposant notamment sur son ambiance, comparée tantôt à celle des séries noires nordiques, tantôt à des opus étatsuniens tels que *True Detective*, voire *Twin Peaks*.

Quoique *La Trêve* soit imprégnée d'une identité ardennaise qui fait sa singularité, elle rappelle effectivement les productions US des dernières décennies en cela qu'elle met en place un univers riche à mesure que se déploie sa narration complexe. Chaque saison s'articule autour d'un arc narratif principal qui court sur dix épisodes : une enquête pour élucider le mystère du meurtre d'un jeune immigré togolais, Driss Assani (interprété par Jérémie Zagba, saison 1) puis celui d'une riche baronne, Astrid du Tilleul (Valérie Bauchau, saison 2). Dans l'un et l'autre cas, les investigations sont dirigées par l'inspecteur Yoann Peeters (Yoann Blanc), revenu s'installer dans la région de son adolescence après une carrière bruxelloise. Chaque saison a pour cadre un village *a priori* sans histoires, Heiderfeld dans le premier cas, Musso dans le second. À mesure que l'une et l'autre enquêtes avancent, indices et pistes s'accumulent tandis que les sombres secrets des différents protagonistes sont révélés. Peeters constitue le foyer narratif[3] et sa focalisation prime

1 Créé par Stéphane Bergmans, Benjamin d'Aoust et Matthieu Donck, ce dernier en étant également le réalisateur.

2 Auréolée du prix de la meilleure série francophone du festival Séries Mania en 2016.

3 À ce sujet, voir Lise Dumasy-Queffélec, « Du roman-feuilleton au feuilleton télévisé : mythe et fiction », in Migozzi, Jacques (dir.), *De l'écrit à l'écran*, Limoges, PULIM, 2000,

dans le récit. *La Trêve*, toutefois, est une série chorale dotée d'un « héros collectif indirect[4] ». Les lignes d'intrigues « secondaires » qui se développent entre les personnages, si elles peuvent sembler plus anodines, s'entrecroisent et finissent pour la plupart par recouper l'arc principal consacré à la recherche des criminels. De fait, cette œuvre adhère en tout point à la définition des « séries tissées[5] ». Jusqu'à présent, les outils analytiques du tissage narratif n'avaient jamais été mis à profit pour étudier la fiction policière. Ils s'y prêtent pourtant pleinement lorsque les sous-intrigues se multiplient pour étoffer, allonger et faire bifurquer l'arc principal de sa trajectoire : la multiplicité des pistes ainsi offertes alimente le suspense et repousse sans cesse l'arrivée au dénouement promis. *A fortiori*, lorsqu'une série policière comme *La Trêve* recourt à une déconstruction de la temporalité des événements et à des jeux de *flashbacks/flashforwards*, l'analyse de son écriture peut combiner les deux approches narratologiques distinguées par Gérard Genette : la « narratologie modale » qui prend en compte la dimension formelle des agencements du récit et la « narratologie thématique » fondée sur « l'analyse des histoires », des relations entre personnages, etc.[6] L'étude de son « tissage » s'en trouve enrichie.

Parce qu'elle s'attache à reconstituer progressivement le passé des victimes pour mieux comprendre les circonstances de leur mort, convoquant en chemin les souvenirs de leur entourage, mais aussi parce qu'elle accorde une place prépondérante aux absences et réminiscences de Peeters, *La Trêve* est imprégnée par les thématiques de la mémoire et de l'oubli. À travers elles, ce sont des enjeux identitaires, psychologiques et relationnels qui se révèlent peu à peu. Cet article réinvestira les concepts théorisés dans les recherches antérieures sur le tissage narratif et les mettra au service d'une analyse de la première saison de l'œuvre[7] en tant que (re-)-

---

p. 844 ; Breda, Hélène, *Le tissage narratif et ses enjeux socioculturels dans les séries télévisées américaines contemporaines*, thèse de doctorat soutenue à l'Université Paris 3 – Sorbonne Nouvelle, 2015, p. 36.

4 Colonna, Vincent, *L'Art des séries télévisées, ou comment surpasser les Américains*, Paris, Payot, 2010, p. 161.

5 Breda, Hélène, *op. cit.*

6 Genette, Gérard, *Nouveau discours du récit*, Paris, Seuil, 1983, p. 12.

7 Nous avons fait le choix de circonscrire l'analyse à une saison unique, non seulement parce que celle-ci offre une unité narrative « bouclée » en 10 épisodes, suffisamment riche pour illustrer notre propos, mais en outre parce qu'elle met en place un dispositif narratif structuré par l'amnésie de Peeters qui n'est pas reconduit dans la saison 2.

construction mémorielle individuelle et collective. Nous aborderons la question des souvenirs de Driss ayant une valeur de témoignage dans le cadre de l'enquête policière, avant de nous intéresser à l'importance des (trous de) mémoires dans le développement narratif de la psychologie de l'inspecteur Peeters.

TISSER LES SOUVENIRS POUR FAIRE AVANCER L'ENQUÊTE

Qui a tué Driss Assani ? C'est la question à laquelle vont tenter de répondre les policiers d'Heiderfeld, à commencer par Yoann Peeters, inspecteur bruxellois tout juste muté dans le village. Dans les premières minutes du pilote, le corps du jeune immigré togolais, connu des habitants pour son appartenance à l'équipe de football locale, est repêché dans la Semois. Quoique les agents pensent dans un premier temps à un suicide, la gravité de ses blessures les réoriente rapidement vers l'hypothèse d'un assassinat. Sur toute une saison, l'enjeu du récit sera de reconstituer les événements survenus la nuit où Driss a trouvé la mort ainsi que les semaines ou mois précédents. L'histoire, cependant, ne saurait se limiter à une accumulation factuelle d'éléments menant à la révélation finale. La construction de ces dix épisodes repose sur une architecture complexe, faisant de *La Trêve* une série feuilletée où les souvenirs des événements occupent une place centrale. Comme souvent dans les fictions policières, comprendre qui était Driss de son vivant devient indissociable de la résolution du meurtre.

L'arc narratif centré sur Driss est constitué de différents niveaux de temporalité et de réalité. Le plus important d'entre eux, en termes de place accordée dans la narration, est le « temps de l'enquête » : il commence au moment de la découverte du cadavre pour s'achever, dans l'ultime scène de la saison, par la révélation de l'identité et du mobile du coupable[8]. L'expression même de « temps de l'enquête » fait écho aux écrits de Tzvetan Todorov sur le roman à énigme dans sa « Typologie du

8 Avec, nous le verrons *infra*, un hiatus de plusieurs mois correspondant à l'internement de l'enquêteur principal en hôpital psychiatrique.

roman policier[9] ». Tout roman de ce type, explique-t-il, « ne contient pas une, mais deux histoires : l'histoire du crime et l'histoire de l'enquête[10] ». Dans les opus littéraires classiques du genre, chez Agatha Christie par exemple, l'histoire du crime est absente du récit, terminée avant qu'il ne commence : ce qui nous est narré, c'est la manière dont les personnages apprennent ce qu'il s'est passé en menant leur enquête, eux-mêmes n'étant pas directement dans l'action. Comme le note Florent Favard, cependant, cette répartition duelle des histoires est devenue « un postulat moins valable aujourd'hui, surtout pour les fictions progressives. Impossible de tenir un public en haleine pendant des années en lui montrant seulement le dévoilement progressif du même 'crime'[11] ». *La Trêve* traduit bien ces évolutions[12] contemporaines du récit policier adapté au médium télévisuel à l'ère des séries tissées. Driss, en tant qu'actant, est censé en être absent pour la simple et bonne raison qu'il est décédé ; néanmoins, certains procédés permettent d'enchâsser dans le récit de l'enquête d'autres temporalités qui donnent corps à la ligne d'action du jeune homme, sa propre trajectoire narrative. Or, la majorité de ces techniques ne reposent pas sur des *flashbacks* « neutres », présentés d'un point de vue objectif, mais sont autant de moments de réactivation des souvenirs de celles et ceux qui ont côtoyé la victime de son vivant. L'un des intérêts de cette fiction réside justement dans les hypothèses que peut émettre son public quant à la focalisation de ces passages, leur réalité et leur degré de fiabilité. Les différents régimes narratifs permettant de faire intervenir le personnage de Driss dans le récit connaissent ainsi une gradation, du plus objectif au plus subjectif, du plus concret au plus trouble.

Les traces les plus pragmatiques de l'existence passée de Driss sont intégrées dans le récit sous forme de courtes séquences vidéo, filmées par lui-même de son vivant. Face à son téléphone, dans une pratique qui s'apparente au *selfie*, le jeune homme s'adresse à sa famille restée au Togo pour lui raconter sa nouvelle vie en Belgique. Au total, la saison

9 Todorov, Tzvetan, « Typologie du roman policier », in *Poétique de la prose*, Paris, Seuil, [1971] 1980, p. 9 à 19.

10 *Ibid.*, p. 11.

11 Favard, Florent, *La promesse d'un dénouement. Énigmes, quêtes et voyages dans le temps dans les séries télévisées de science-fiction contemporaines*, thèse de doctorat soutenue à l'Université Bordeaux Montaigne, 2015, p. 282.

12 Évolutions dont on peut retracer la genèse à partir des années 1940 et de l'émergence d'autres formes de fictions policières comme le roman noir.

compte quatre séquences de ce type, respectivement dans les épisodes 1, 2, 5 et 8. Les modalités de ces enregistrements sont incertaines : bien qu'aucune voix *off* ne vienne donner la réplique à Driss lorsqu'il présente son appartement ou promet d'envoyer de l'argent, il est possible qu'il s'agisse en réalité de fragments d'appels par Skype. Au début de son enquête, Peeters découvre en effet que la victime avait recours à ce logiciel pour rester en contact avec ses parents, et l'utilisera d'ailleurs lui-même pour leur annoncer la mort de leur fils. Ces vidéos de Driss s'insèrent dans le récit sans sutures avec les scènes relevant du temps de l'enquête. Lorsqu'elles sont placées au détour de certains épisodes par l'instance narrative, cela n'est pas justifié par un élément diégétique ni une focalisation interne de l'un des protagonistes : il ne s'agit pas, par exemple, d'enregistrements trouvés par les enquêteurs sur le téléphone du jeune homme et visionnés par eux. D'un point de vue formel, nous sommes plutôt ici du côté du tressage narratif[13], bien que l'approche narratologique thématique permette de renouer avec la notion de tissage.

De fait, rien n'indique que ces séquences vidéo aient de quelque manière un statut de « souvenir » intradiégétique. Si elles constituent dans le récit des traces du passé de Driss, c'est dans l'esprit du public uniquement. En revanche, une cinquième piste enregistrée, d'abord présentée sous le même régime que les précédentes, va s'articuler plus directement au reste de la diégèse. Scène d'ouverture de l'épisode 9, elle met en scène Driss qui se filme en compagnie de sa petite-amie Zoé (Sophie Maréchal) dans le chalet où, plus tard, il sera assassiné. Contrairement aux vidéos précédentes, celle-ci, enregistrée sur un second téléphone du jeune homme découvert tardivement par la police, sera vue par certains des protagonistes au cours de l'enquête en même temps que des photos intimes du couple. Tout en ravivant douloureusement la mémoire de Zoé, qui cachait sa relation avec Driss dont elle est désormais enceinte, cette vidéo devient pour les enquêteurs un indice supplémentaire dans la reconstitution de la vie passée de la victime.

Quoiqu'intéressantes, les vidéos dont Driss est l'auteur et le sujet principal restent assez marginales dans l'économie du récit de cette saison 1. D'autres procédés narratifs plus courants viendront compléter et

13 Breda, Hélène, *op. cit.*, p. 34. Dans un récit « tressé », différentes intrigues alternent dans la narration sans se recouper, tandis qu'un récit « tissé » voit les lignes d'intrigues se croiser, s'intriquer et s'influencer mutuellement.

enrichir le temps de l'enquête en renvoyant directement les événements du « présent » des protagonistes au passé de Driss – et au leur. La série déploie ainsi au fil des épisodes tout une gamme de *flashbacks* qui n'ont pas toujours le même degré de fiabilité. Pour certains, parfois limités à de brefs inserts, il est impossible de comprendre de prime abord qu'ils sont liés à la trajectoire de Driss. Ainsi, au sein d'une ligne d'intrigue en apparence parallèle et secondaire par rapport à l'arc consacré à l'enquête, interviennent de manière récurrente des plans analeptiques représentant une grange en flammes. Au fil des épisodes, il s'avère que l'incendie de la « grange de Philippart » appartient à l'une des sous-intrigues feuilletonnesques de la saison, centrée sur un projet de barrage dans la vallée d'Heiderfeld qui met en péril les fermes de certains agriculteurs des environs. Ici encore, un apparent tressage narratif se mue en tissage lorsque l'on découvre, dans l'épisode 7, que c'est Driss qui avait mis le feu à la bâtisse pour toucher un peu d'argent de la part du promoteur du barrage : le jeune homme apparaît désormais dans les *flashbacks* de la grange qui brûle.

Le genre policier auquel appartient *La Trêve* justifie en outre le recours régulier à des *flashbacks* dans le cadre direct de l'enquête, avec une valeur de témoignage. Il s'agit alors plus clairement de fragments mémoriels subjectifs, avec tout ce que cela peut comporter d'omissions, de déformations, voire de mensonges. Inexistants au tout début de la série, ces souvenirs impliquant Driss interviennent dans la narration à partir de l'épisode 3, à la faveur du dispositif d'interrogatoires propre à l'enquête. Tandis qu'une suspecte, Ghislaine Malausa (Aylin Yay), est interrogée par Peeters au commissariat, son récit est mis en images, porté par sa voix devenue *off* : elle et son frère Robert (Thierry Jansen), agriculteurs du village, aiment organiser des soirées BD/SM dans leur grange. Le soir de la mort de Driss, ce dernier avait été invité à y participer contre rémunération mais, réticent, il s'était enfui avec l'argent. Robert lui avait alors tiré dessus à la carabine. Le procédé émaillera la suite de la saison, d'abord ponctuellement, puis avec une accélération de la fréquence des occurrences lorsque la reconstitution de la soirée devient plus précise. Dans l'épisode 8, le récit d'un autre suspect, Markus (Jean-Benoit Ugueux), génère en montage alterné des *flashbacks*-souvenirs correspondant tantôt à la nuit où Driss est mort[14], tantôt à des moments antérieurs qui permettent de

14 Markus et son ami Kévin l'ont renversé en voiture alors qu'il fuyait la ferme des Malausa, sans toutefois que ce soit cet accident qui l'ait achevé.

relier la ligne d'action de Driss à une autre intrigue secondaire, consacrée à une affaire de matches truqués dans leur club de foot. Les temporalités s'entrechoquent, la multiplication des souvenirs et les connexions établies entre eux viennent étoffer la narration tissée de la série.

Si ces exemples se caractérisent par leur apparente neutralité et ne sont pas remis en question dans l'histoire, d'autres *flashbacks* découlant d'un témoignage se révéleront bien moins fiables, et pour cause : le récit qui les porte est celui de la meurtrière, à un moment où ni Peeters ni le public ne sont enclins à remettre sa parole en question. Dans l'épisode 5, Inès, l'amour d'adolescence de l'inspecteur, raconte innocemment sa relation passée avec Driss. Enseignante, elle lui apprenait à écrire et l'avait pris sous son aile. Ils s'entendaient bien, jusqu'à ce que le jeune homme tombe amoureux d'elle et lui fasse des avances qu'elle avait repoussées avec tact. Les plans analeptiques accompagnés de sa voix *off* présentent des souvenirs à l'avenant, illustrant leur complicité sans toutefois que la tentative de baiser ne soit montrée. En revanche, dans l'épisode 10, la saison se conclut par une sinistre découverte de Peeters : c'est Inès qui a tué Driss par jalousie et dépit. Le témoignage de l'épisode 5, dont la voix *off* est partiellement reprise, se superpose à un *flashback* de la version réelle des événements et entre en dissonance avec elle. Les propos d'Inès, « Il a essayé de m'embrasser, j'ai été surprise et je l'ai repoussé » accompagne cette fois-ci un plan où c'est elle qui entreprend un rapprochement envers Driss. Cette mise en miroir des deux passages permet d'interroger le statut narratif des *flashbacks* censés avoir une fonction mémorielle, lesquels peuvent transformer ou escamoter une partie des faits.

La Trêve exploite encore davantage le brouillage des frontières entre passé réel et scènes imaginées, reconstituées ou fantasmées, à travers un *gimmick* narratif qui ouvre la majorité de ses épisodes. Des scènes qui se donnent d'abord à voir comme des *flashbacks* objectifs montrent un moment du passé où Driss interagit avec des protagonistes habitant Heiderfeld : les Malausa (épisode 2), Rudy (Jean-Henri Compère) le chef de corps (épisode 3), Zoé (épisode 4), etc. Au total, sept épisodes sur dix s'ouvrent de manière similaire. Or, dans chacun des cas, une tension dramatique vient perturber ces fragments en apparence anecdotiques du passé de Driss, qu'elle fait basculer dans une distorsion cauchemardesque avant que le ou la protagoniste mis(e) en scène ne se réveille en sursaut. L'épisode 5, par exemple, s'ouvre sur une conversation entre Driss et son entraineur de foot, Ronald. Ce dernier, soucieux de voir gagner son équipe, offre des chaussures à crampons au jeune homme. Lorsqu'ils s'aperçoivent que la paire est beaucoup trop petite, Ronald sort un opinel de sa poche et annonce « On va couper ton pied » (point de bascule). Driss s'exécute sous les « encouragements » du *coach*, qui éructe : « Voilà ! Allez, vas-y, coupe ! ». Le sang coule sur la pelouse du stade. L'instant suivant, le Ronald du « temps de l'enquête », qui dormait dans sa voiture, est brusquement tiré de ce rêve horrifique par sa fille. Ces séquences d'ouvertures sont très ambivalentes : bien qu'elles aient *in fine* un statut de cauchemar irréaliste qui met en exergue les angoisses des villageois, il est très plausible qu'elles soient malgré tout enracinées dans des souvenirs réels des personnages et que leurs prémices aient effectivement eu lieu. Si l'on reprend nos outils analytiques issus du vocabulaire textile, *La Trêve* développe ici un nouveau niveau de « tissage » entre réalité factuelle, souvenirs reconstitués et imagination des actants.

La série déploie ainsi dans sa première saison un éventail de procédés narratifs qui mettent les traces et souvenirs du passé de Driss au cœur de la construction de l'enquête au sujet de sa mort : enquête diégétique des policiers, mais aussi extradiégétique du public qui doit assembler les « pièces du puzzle » et démêler le vrai du faux pour cheminer vers le dénouement. D'épisode en épisode, des fils supplémentaires de différentes natures s'ajoutent à la trame du récit. Les plus factuels (les pistes vidéo) ne sont pas mis à la disposition des investigateurs, qui doivent élucider les mystères autour de la vie et de la disparition de Driss en fonction de ses relations passées avec les habitants du village et des souvenirs plus ou moins fiables qui en découlent. La ligne d'action du jeune homme se révèle peu à peu intégrée à toutes les lignes d'intrigues, principales et secondaires, qui structurent les rapports entre les villageois. Une approche narratologique que l'on peut qualifier de « connexionniste » permet alors d'identifier Driss comme un « foyer en creux » de la narration[15], autour duquel gravitait la majorité des personnages avant sa disparition et qui continue de les hanter après son décès. Or, nous avons vu en préambule que *La Trêve* est dotée par ailleurs d'un autre foyer narratif plus évident à identifier, l'inspecteur Peeters. Ce dernier, arrivé à Heiderfeld précisément le week-end où Driss est mort, est le seul protagoniste à ne pas l'avoir connu. Pour autant, nous allons le voir à présent, le tissage

15 Breda, Hélène, *op. cit.*, p. 209.

complexe de la série va articuler les souvenirs de Driss et la progression de l'enquête avec la (re)construction psychologique du policier.

(TROUS DE) MÉMOIRE ET (RE)CONSTRUCTION PSYCHOLOGIQUE DE PEETERS

Ce second volet de l'analyse s'intéressera à la manière dont la construction narrative complexe de *La Trêve* est mise au service, conjointement à la progression de l'enquête, à un développement psychologique fouillé de son personnage principal Yoann Peeters. Ici encore, les questions de mémoire et d'oublis sont centrales à plus d'un titre. D'une part, parce que les souvenirs de la vie passée de Driss vont peu à peu s'instiller dans l'esprit d'un homme qui ne l'a jamais fréquenté, devenir des constructions mentales si puissantes qu'elles prendront presque une matérialité tangible pour le policier. D'autre part, parce que les agencements narratifs de la série mettent au jour l'existence d'un second crime qui va se dessiner en négatif de la première investigation, dissimulé par l'amnésie de Peeters tardivement révélée. Tous ces éléments concourent à faire de *La Trêve* une œuvre autant, voire davantage consacrée au personnage de Peeters qu'à Driss et à l'intrigue policière « classique ».

Nous avons vu précédemment l'importance des *flashbacks* dans la série, selon des modalités variées qui interrogent leur degré de véracité. Tandis que certains correspondent aux souvenirs intérieurs des villageois (parfois mués en cauchemars), d'autres sont portés par des paroles directes, notamment dans le cadre des interrogatoires. Or, le dispositif narratif issu des scènes de témoignages permet de retravailler la thématique du souvenir en dissociant les récits oraux de certains personnages des images mentales que ceux-ci génèrent. En plusieurs occurrences, tandis qu'un protagoniste livre des informations quant au passé de Driss, des plans illustratifs viennent soutenir son propos sans que l'on sache avec certitude s'il s'agit de *flashbacks* objectifs, de ses souvenirs ou d'une reconstitution mentale de Peeters, qui tente de se représenter le passé du jeune homme qu'il n'a lui-même pas connu. Quoique tous les *flashbacks*-témoignages puisse rétrospectivement être considérés comme de potentielles représentations psychiques de l'inspecteur, certaines séquences sèment davantage le doute que les autres sur ce point. Ainsi, dans l'épisode 4, Peeters et Drummer interrogent Moussa (Ilou Barma), un Malien qui a connu Driss lors de sa venue en Belgique. Tandis que le suspect explique les difficultés rencontrées par les jeunes sans-papiers africains livrés à eux-mêmes au moment de leur arrivée en Europe, interviennent des plans de Driss débarqué d'un camion par un passeur, puis errant dans une grande ville belge, à la rue, sans ressources, fouillant les poubelles et dormant sous les ponts. Ce montage peut tout à fait correspondre à la réalité objective du passé de Driss. Néanmoins, les gros plans du visage de Peeters qui le ponctuent (dans l'appartement de Moussa mais aussi, bien plus tard, en thérapie, puisque la séquence entretisse trois temporalités distinctes) donnent à penser que c'est dans son esprit que cette représentation a jailli et perdure bien au-delà de la rencontre avec Moussa. Une remarque de sa psychiatre, le docteur Orban, corrobore cette hypothèse : « Quand vous parlez de lui, on dirait que vous parlez de quelqu'un que vous connaissez », dit-elle à son patient juste après l'enchaînement *Scène chez Moussa > Passé de Driss > Thérapie de Peeters*. L'inspecteur ne s'est donc pas contenté d'imaginer le passé du jeune Togolais au moment de son échange avec Moussa : des mois plus tard, la thérapie réactive ces images mentales qu'il oralise face à la médecin.

En policier dévoué, Peeters s'efforce de se représenter Driss le plus fidèlement possible, voire de se mettre à sa place afin d'élucider le mystère de son assassinat. Il semble presque se nourrir des souvenirs du jeune homme livrés par des tiers, au point de se les approprier comme s'il s'agissait de son propre vécu. Or une certaine fragilité psychologique de l'inspecteur, ancrée dans son passé traumatique, le conduit à pousser à l'excès son investissement dans l'affaire, qui vire à l'obsession. Petit à petit, ses représentations mentales du jeune homme deviennent de véritables visions qui vont envahir son espace quotidien, à partir de deux déclencheurs : la psychothérapie et la consommation exagérée de médicaments. La première occurrence narrative de ce phénomène intervient en début d'épisode 5, dans le cadre de la thérapie de Peeters, soit plusieurs mois après le meurtre, à un moment où le « temps de l'enquête » est suspendu. Cette séquence est un autre exemple d'empilement et de compression non seulement de temporalités distinctes, mais de différents niveaux de réalité du récit. La mise en scène du passage opère le basculement à l'intérieur même du champ, en quelques plans agencés de la manière suivante :

- Champ : Plan rapproché de Peeters en thérapie + épaule et tête du Dr Orban en amorce, face à lui, à droite du champ.
- Contre-champ : Tête et épaule de Peeters en amorce à gauche du champ ; face à lui, ce n'est pas Orban qui est montrée mais Driss, en pied, debout sur la pelouse du stade de foot d'Heiderfeld dont le vert remplit tout le reste du plan. Ici, deux espaces géographiques distincts mais aussi deux niveaux de réalité (le monde réel de Peeters / la reconstitution mentale du passé de Driss) cohabitent au sein d'une même image.
- Champ bis : Retour sur Peeters, filmé à la même échelle et sous le même angle que dans le plan chez la thérapeute, avec un raccord-regard qui assure la continuité de la séquence. Il n'est cependant plus dans le bureau d'Orban : ses vêtements ont changé et derrière lui, le décor intérieur a fait place à l'espace extérieur adjacent au stade.

En trois plans juxtaposés, la séquence opère ainsi le basculement de Peeters du lieu réel qu'est l'hôpital psychiatrique vers une immersion totale dans un « souvenir artificiel », une reconstruction du passé de Driss dont il n'a pas été réellement témoin.

S'il s'agit de la première manifestation d'un tel phénomène dans la chronologie de la narration, il faut cependant noter que pour Peeters, les visions de Driss sont apparues plusieurs mois auparavant. Elles n'ont pas été activées par la thérapie, puisqu'il a eu antérieurement au moins une hallucination de ce type due à son abus de psychotropes. En effet, angoissé et insomniaque depuis la mort de sa femme (dont il est responsable), Peeters use et abuse de somnifères, d'anxiolytiques et d'autres médicaments qui troublent sa perception de la réalité. Plus l'enquête s'enlise, plus il en consomme, au point de voir Driss apparaître dans son environnement : le jeune homme surgit ainsi à ses côtés dans les toilettes du commissariat (épisode 9). Durant le temps passé en hôpital psychiatrique l'été suivant, Peeters continuera d'avoir de telles hallucinations, y compris en dehors des consultations avec Orban. Dans l'épisode 10, alors qu'il ressasse les éléments de l'enquête dont il a été dessaisi, l'inspecteur voit Driss lui proposer une cigarette. Une fois rentré chez lui, toujours sous l'effet de médicaments, des sortes de rêves éveillés font défiler dans son esprit des images disparates qui sont autant d'échos à l'enquête qu'il a menée, y compris des flashs où il pense voir le jeune homme face à lui.

L'un des ressorts narratifs principaux de la série repose ainsi sur l'intégration par Peeters de représentations mentales et de souvenirs artificiels de Driss, comme obtenus par procuration après avoir entendu des témoignages, vu des photos, etc. Il en tire le sentiment intime de le connaître alors même qu'il est arrivé à Heiderfeld au moment de sa mort. En unissant dans sa trame narrative et jusqu'à l'intérieur de certains plans les lignes d'action de deux personnages qui n'ont jamais coexisté dans le village, *La Trêve* s'empare du thème de la mémoire pour mettre au jour sa malléabilité, sa subjectivité, ses dimensions collective et circulatoire. Si Peeters affirme à Orban qu'il se représente Driss et s'identifie à lui uniquement pour les besoins de l'investigation, la psychiatre pense au contraire qu'il fait des liens entre eux deux pour résoudre des problèmes de son propre passé[16].

Alors que *La Trêve* se donne à voir au départ comme un feuilleton policier classiquement centré sur un meurtre mystérieux à élucider, sa progression entraîne le public dans des chemins de traverse pour faire apparaître peu à peu une autre énigme au sein de laquelle la précédente est enchâssée. Dès les premières minutes du pilote de cette série-gigogne, des indices sont égrenés sans que l'on sache de prime abord qu'ils en sont. L'autre grand arc narratif de la saison, centré sur Peeters, prend corps progressivement. Cet arc constitue un récit policier inversé, retourné comme un gant, dans lequel les informations précèdent la connaissance (pour le public comme pour l'inspecteur lui-même, bien que la perspective cognitive de ce dernier dépasse ici celle des spectateurs) de l'existence d'un autre crime dont il serait, cette fois, le coupable.

Dans les analyses menées jusqu'ici, le « temps de l'enquête » au cours duquel Peeters et ses collègues investiguaient à Heiderfeld pour comprendre qui a tué Driss constituait le segment temporel principal du récit, le présent de la narration. Ce que nous avons identifié comme *flashbacks* correspondait uniquement aux scènes du passé se rapportant à l'époque où Driss était vivant. L'évolution des épisodes entraîne cependant un décalage de cette perspective, en donnant une importance de plus en plus cruciale à un autre niveau de temporalité

16 Il est impossible de développer ce point dans cet article, mais bien qu'il n'occasionne aucun *flashback*, le passé de l'inspecteur occupe une place importante dans la construction du personnage et de ses relations avec d'autres protagonistes, notamment son coéquipier Drummer (Guillaume Kerbusch), qui découvre que Peeters porte la responsabilité d'un fiasco policier au cours duquel sa femme a été tuée.

déjà évoqué : après le « temps de l'enquête », le « temps de la thérapie ». Plusieurs mois après le déroulement des événements, Peeters échange avec le docteur Orban dans des scènes qui ne correspondent pas à de simples consultations en cabinet. À mesure que des séquences de thérapie sont égrenées dans le récit, relativement peu nombreuses mais récurrentes dans chaque épisode[17], l'on comprend que l'inspecteur est interné en hôpital psychiatrique pour une raison qu'il semble lui-même ignorer. Sous cet éclairage, le temps de l'enquête devient à son tour un agglomérat de *flashbacks*, du moins en ce qui concerne les scènes où Peeters est présent et où sa focalisation est première. Alors que la narration entremêle les temporalités, les dialogues patient/médecin font le lien entre elles. Dans l'épisode 1 par exemple, la scène où Peeters appelle la famille de Driss sur Skype est immédiatement suivie d'un court passage à l'hôpital où Orban demande à son patient pourquoi c'est lui qui s'est chargé de leur annoncer la mort du jeune homme. Partant, le « temps de l'enquête » n'est plus forcément un récit objectif mais la version des faits livrée par le policier, subjective et assujettie à sa mémoire. Or, cette mémoire lui fait défaut : dès l'épisode 2, les scènes de thérapie révèlent qu'il a des oublis. Anecdotiques de prime abord, ces absences forment en réalité un trou dans le tissu de la narration, percé à la fin du temps de l'enquête et nécessaire à la compréhension du temps de la thérapie.

Dès le commencement de la série, juxtaposés à la première séance de consultation qui nous est livrée (où Orban demande à son patient de lui parler de la raison pour laquelle il « est ici »), des plans brefs montrent Peeters dans un bois, hébété, couvert de sang et une arme à la main. Cette scène de Peeters en forêt est un *flashback* à part dans les agencements narratifs de la saison. D'autres bribes du même moment apparaissent ponctuellement par la suite dans les épisodes 5 et 6, toujours sans connexion apparente avec le reste des événements. Il est difficile de déterminer sa position dans la ligne temporelle, mais aussi de deviner s'il s'agit de réminiscences de Peeters ou d'indices externes qui combleraient un peu des lacunes laissées dans l'histoire par son amnésie.

Un élément de réponse crucial à ces interrogations est apporté en guise de *cliffhanger* de l'épisode 8, dans une scène de thérapie où Peeters

---

17 Les épisodes 1 à 9 en comptent chacun entre une et quatre occurrences, qui ne sont pas présentées dans leur ordre chronologique. L'épisode 10 correspond à la fin de la thérapie, qui permet d'innocenter Peeters, et à la résolution ultérieure de l'enquête sur la mort de Driss.

questionne Orban sur les raisons de son internement et s'entend dire qu'il a tué son coéquipier, Sébastian Drummer. Mais ce n'est qu'à la charnière des épisodes 9 et 10 que les fils disparates du récit (temps de l'enquête, séquence isolée dans la forêt et temps de la thérapie) sont rassemblés, noués les uns aux autres. Le montage alterné permet au dialogue patient/thérapeute, dont les voix sont tantôt *in* tantôt *off*, de guider le récit de la phase où « tout est devenu noir » pour Peeters à un moment-pivot du temps de l'enquête. À mesure que la mémoire lui revient, les événements qu'il décrit sont montrés en *flashbacks*, ainsi que quelques inserts de passages antérieurs correspondant aux souvenirs que le policier se remémorait au moment de l'action, justifiant son état d'esprit. À ce point de l'enquête, il en était en effet arrivé à la conclusion que Drummer était le meurtrier de Driss et, tandis qu'il s'apprêtait à le rejoindre pour le confondre, les réminiscences de sa bonne relation passée avec son jeune collègue aiguillonnaient son sentiment de trahison. L'emboitement de *flashbacks* souligne ainsi que Peeters se « souvient s'être souvenu ».

Si Orban tente de le faire se rappeler et avouer qu'il a tué Drummer, la séquence en *flashback* laisse cet acte dans un angle mort. Le montage juxtapose l'arrivée de Peeters au chalet où il devait retrouver Drummer, le face-à-face du policier et de la doctoresse qui affirme « vous avez tué un innocent » en révélant des photos du cadavre, et l'errance du protagoniste couvert de sang sur la route de forêt. Ce trou dans le récit sera expliqué au début de l'épisode suivant : libéré de son amnésie, Peeters comprend qu'il n'a pas pu tuer son équipier puisqu'il s'était souvenu en chemin que le jeune homme avait un alibi pour la nuit du meurtre de Driss. La chute de la saison confirmera qu'Inès est en fait la meurtrière des deux personnages.

CONCLUSION

Cette étude de la série *La Trêve* avait pour ambition d'analyser son traitement des thèmes de la mémoire et de l'oubli sous un angle narratologique, à l'aide des outils théorisés à partir de la notion de « tissage narratif ». La métaphore textile se prête bien à l'approche structurelle d'un récit à la temporalité éclatée, où plusieurs époques sont montrées en alternance et liées entre elles dans un savant agencement de *flashbacks*-gigognes. Le temps du vivant de Driss est emboité dans le temps de l'enquête sur sa mort, lui-même enchâssé dans le temps de la thérapie où l'inspecteur Peeters revient, cinq mois plus tard, sur cette période d'investigation. Ce qui assure les connexions entre ces époques disjointes, ce sont précisément les souvenirs qui en subsistent et ressurgissent. Bon nombre de ces *flashbacks* sont justifiés par des situations au sein de la diégèse et des focalisations internes, qui se traduisent formellement par des dialogues, des récits en voix *off*, des raccords-regard. Notre recherche a ainsi permis de mettre en lumière les procédés narratifs utilisés pour exploiter ces questions mémorielles, nourris par deux configurations dominantes : celle du témoignage (dans le temps de l'enquête) et celle de la thérapie ultérieurement. Notre cheminement a montré que *La Trêve* s'adossait à ces deux piliers pour traiter conjointement et de manière étroitement liée l'intrigue relative à la résolution du meurtre et la (re)-construction identitaire et psychologique de Peeters.

Il ressort de notre analyse que la mémoire est ici envisagée comme quelque chose de collectif et de co-construit, entre les protagonistes mais aussi entre les personnages et le public de la série (qui dispose de quelques « pièces de puzzle » supplémentaires : les vidéos de Driss, les plans isolées de Peeters en forêt). À travers les témoignages, les souvenirs se transmettent, deviennent des reconstitutions mentales forcément altérées. Leur dimension subjective est appuyée par le brouillage des frontières de la réalité : il faut alors distinguer le souvenir « factuel » du mensonge, du cauchemar, de l'hallucination. Ce parti pris contribue à faire de *La Trêve* une œuvre singulière, qui a repris certains de ces dispositifs dans sa seconde saison sans parvenir à les exploiter de nouveau à plein.

Hélène Breda

TROISIÈME PARTIE

MÉMOIRE ET HISTOIRE, MÉMOIRE ET VÉRITÉ

ROME, UN RETOUR AUX SOURCES

INTRODUCTION

« Tout le monde se méprend à mon sujet[1] ». C'est par cette phrase, toute programmatique, de Marc Antoine, que pourrait se résumer le projet de *Rome*. La série entend redonner une image, un imaginaire et une représentation aux derniers moments de la République romaine. Le projet est des plus ardus : la série passe après de très nombreuses représentations de l'Antiquité, qui ont construit une mémoire collective, un imaginaire social[2] et créé des horizons d'attente pour les représentations de l'Antiquité. Deux œuvres, les pièces de Shakespeare, *The Tragedy of Julius Caesar* (1601) et *Antony and Cleopatra* (1607), ont énormément contribué à l'établissement des représentations de l'Antiquité, surtout de cette période. Elles ont ainsi établi la scénographie, les évènements, sélectionné les personnages et forgé leurs personnalités pour la fin de la République romaine. Aussi, lorsque les *showrunners* décident que les deux personnages principaux de l'intrigue sont des inconnus, ils renversent les perspectives de la représentation classique. Ces deux soldats de l'armée de César, Lucius Vorenus et Titus Pullo, leur permettent de présenter deux points de vue sur les évènements : celui des grandes

1 Marc Antoine, Saison 1, Épisode 8 (les saisons et les épisodes seront indiqués ainsi : S1 E8)

2 Je reprends ici la définition que propose Dominique Kalifa : « Dans le sillage des travaux d'anthropologie historique [on le définira] comme un système cohérent, dynamique, de représentations du monde social, une sorte de répertoire des figures et des identités collectives dont se dote chaque société à des moments donnés de son histoire. Les imaginaires sociaux décrivant la façon dont les sociétés perçoivent leurs composants – groupes, classes, catégories –, hiérarchisent leurs divisions, élaborent leur avenir. Ils produisent et instituent le social plus qu'ils ne le reflètent. Mais ils ont besoin pour cela de s'incarner dans des intrigues, de raconter des histoires, de les donner à lire ou à voir. » Kalifa, Dominique, *Les bas-fonds : histoire d'un imaginaire*, Paris, Éditions du Seuil, 2013, p. 20-21.

figures romaines (César, Pompée, Cicéron et Marc Antoine, etc.) et celui des deux hommes du peuple. Cette posture énonciative préfigure à la perfection le fonctionnement de la série qui tient à distance les conventions du théâtre shakespearien, pour mieux renouer avec le tissu historique. Les deux soldats sont en effet directement tirés de la *Guerre des Gaules* de César[3], et ce sont d'ailleurs les deux seuls soldats cités dans toute l'œuvre. Dans le texte, les deux sont centurions et rivalisent de bravoure. Seul ce dernier point est gardé, Pullo devenant un simple légionnaire dans la série, ce qui correspond au projet de *Rome* : l'écart de rang entre les deux personnages permet de représenter deux univers sociaux, celui du simple légionnaire et celui du gradé. Surtout, les représentations classiques se concentrent sur les grandes figures, les sénateurs, les *imperatores* et plus généralement l'aristocratie sénatoriale, alors que dans la série ces personnages sont davantage en retrait, au profit des deux soldats, ce qui permet une réécriture et une nouvelle vision des évènements.

Rome est diffusée entre 2005 et 2007 sur HBO et la BBC Two, les deux chaînes coproductrices. Elle comporte 2 saisons, sur les 5 initialement prévues. Une première saison de 12 épisodes, une seconde de 10. Après une première saison qui prenait son temps, qui développait ses personnages et le contexte, l'abandon de la série est annoncé au milieu du tournage de la seconde. Le récit s'accélère alors et les *showrunners* tentent de clôturer l'histoire en une poignée d'épisodes[4]. La série est portée par quatre personnes, William J. Macdonald et John Milius qui écrivent le scénario à la fin des années 1990 ; Bruno Heller qui, après plusieurs années de *standby* du projet et face aux succès de plusieurs films épiques, est associé en tant que *showrunner* ; enfin, Jonathan Stamp, à l'époque chef du service documentaire de la BBC, devient conseiller historique du *show*, et même coproducteur pour la seconde saison. L'influence de ce dernier est perceptible tout au long du scénario, et on peut sentir la trace de son travail et surtout de sa formation au gré des épisodes. Ce n'est d'ailleurs pas anodin qu'il soit, avec Bruno Heller, sur tous les commentaires audios des épisodes, faisant de la

3 César, *Guerre des Gaules*, Livre V, XLIV. trad. Constans, Léopold-Albert, Paris, Les Belles Lettres, 1947.

4 À titre d'exemple la saison 3 dans son ensemble devait présenter Marc Antoine en Égypte, finalement cela occupe 3 épisodes de la fin de la saison 2.

série un cas d'école par la pleine intégration au travail de création de son conseiller historique[5].

Rome fait figure d'anomalie dans la production de séries historiques, notamment en raison de son budget : celui de la première saison dépasse les 100 millions de dollars. Avec les différents contretemps qui ont ponctué la réalisation du projet, on estime même le budget total à 120 millions de dollars, soit près de 10 millions par épisode. C'est ce qui en fait à l'époque la série la plus chère jamais mise en production, et elle reste encore actuellement une des séries les plus onéreuses de l'histoire. Il faut ainsi attendre *The Pacific* (Spielberg et Hanks, 2010), la suite de *Band of Brothers* (Spielberg et Hanks, 2001), pour égaler son budget[6]. Ce coût faramineux s'explique par l'ambition considérable portée par la série en matière de reconstitution. En effet, *Rome* s'impose par la taille de ses décors. Ces derniers restent à ce jour les plus grands de l'histoire. Ils reproduisent plusieurs bâtiments de la Rome du Ier siècle av. J.-C., avec un souci appuyé du détail. Le Forum par exemple est reproduit à 60 % de sa taille initiale. On peut même spécifier que c'est la première série anglophone réalisée exclusivement dans un pays non anglophone, les deux chaînes ayant décidé de tourner sur place à Rome, dans les studios Cinecittà. Ce n'est pas là qu'affaire d'anecdote : c'est le signe d'une véritable démarche d'authenticité. Les producteurs pensaient même que prendre des figurants romains ajouterait un surcroît de vérité au *show* ; selon eux, la démarche de ces derniers et leur corps étaient plus proches de ceux de l'Antiquité.

La série s'inscrit par ailleurs dans une longue tradition cinématographique : les péplums sont en effet présents dès les débuts du cinéma[7] et leur âge d'or accompagne la volonté de tenter de contrecarrer la concurrence des productions télévisuelles. Le grand spectacle et le gigantisme des décors permettent la promotion d'une esthétique spectaculaire

5 Très loin des expériences relatées dans l'ouvrage de Priska Morrissey qui dépeignent des situations bien plus tendues entre les historiens et les productions. *Cf.* Morrissey, Priska, *Historiens et cinéastes : rencontre de deux écritures*, Paris, L'Harmattan, 2004.

6 *The Pacific* est d'ailleurs également une co-production HBO/BBC. Derrière la grandeur de ces chiffres, il convient de faire deux mises en perspective : *Gladiator*, en 2000, a un budget de 100 millions de dollars, et il faut attendre la saison 6 de *Game of Thrones* pour s'approcher des 10 millions de dollars par épisode. Et je ne prends pas ici en compte l'inflation, il faudrait en réalité 13 millions de dollars par épisode en 2018 pour égaler les 10 millions de *Rome* en 2005.

7 Notamment dès 1897 avec *Néron essayant des poisons sur des esclaves* de Georges Hatot.

qui s'oppose à l'esthétique du quotidien de la série télévisée[8]. Dès lors, la conception d'une série péplum peut sembler surprenante, presqu'antinaturelle sur le plan médiatique autant que générique. Elle s'explique néanmoins par l'existence d'une série antérieure : une des inspirations majeures des *showrunners* est *I, Claudius* (Herbert Wise, BBC Two, 1976), qui retranscrivait la vie de l'empereur Claude à travers la rédaction de ses mémoires. Outre cette inspiration, la série s'inscrit plus largement dans un renouveau des productions historiques, et justement de péplums avec la résurrection, incarnée par *Gladiator* (Ridley Scott, 2000), du genre. Le film est le premier péplum américain depuis les années 1960 et le désastre qu'avait entraîné la production de *Cleopatra* (Joseph Mankiewicz, 1963). Entre l'explosion du budget qui aboutit à une quasi-faillite de la Twentieth Century Fox[9] et les différents scandales qui entourèrent le tournage, l'adaptation de la pièce de Shakespeare avait sonné l'arrêt des productions épiques antiques pendant près de 40 ans. Dans ce contexte de renouveau des productions historiques et antiquisantes, les producteurs de la série mettent en exergue le budget et la taille des décors en contexte télévisuel, comme des gages de qualité[10].

Tout comme pour le genre du roman historique, les séries télévisées, qui relatent un pan d'histoire, s'inscrivent dans une tradition vivante et supposent une familiarité avec les temps de l'intrigue, notamment à travers un ensemble d'informations transmises de génération en génération[11]. Les *showrunners* de *Rome* ont bien compris cette nécessité. Aussi, à travers quelques scènes marquantes de la série, l'étude qui suit entend mettre en évidence la mémoire des productions passées et l'imaginaire culturel qui imprègnent *Rome*. Tous les grands évènements

8 Bessières, Vivien, *Le péplum, et après ? : l'Antiquité gréco-romaine dans les récits contemporains*, Paris, Classiques Garnier, 2016, p. 103.

9 Patterson, John, « *Cleopatra*, the film that killed off big-budget epics », *The Guardian*, 15/07/2013 : https://www.theguardian.com/film/2013/jul/15/cleopatra-killed-big-budget-epics (consulté le 10/12/20). Voir aussi ce qu'en dit Hervé Dumont dans sa magistrale encyclopédie *L'antiquité au cinéma : vérités, légendes et manipulations*, Paris, Nouveau Monde Éd., 2009, p. 340-346.

10 Ils vont jusqu'à se vanter d'avoir des décors plus grands que ceux de *Troie* (Wolfgang, Petersen, 2004), un autre film du début des années 2000, comme Stan Wlodkowski, un des producteurs exécutifs de la série, l'explique à Kristina Milnor. Cité dans « What I Learned as an Historical Consultant for Rome », *in* Cyrino, Monica Silveira (dir.), *Rome, season one : history makes television*, Malden, Blackwell, 2008, p. 44.

11 Castorio, Jean-Noël, *Rome réinventée : l'Antiquité dans l'imaginaire occidental, de Titien à Fellini*, Paris, Vendémiaire, 2019, p. 75.

de la fin de la République romaine se trouvent au cœur de la série. Je m'attarderai sur trois d'entre eux, centrés autour du personnage de César : la reddition de Vercingétorix, la traversée du Rubicon, et enfin la mort du « tyran ». Pour représenter et narrer ces évènements, *Rome* opère une synthèse entre les scénographies antérieures et l'imaginaire qu'elles ont construit, une relecture des sources antiques et différents travaux historiques. Tout cela se traduit par une réécriture télévisuelle de la période et un changement d'horizon d'attente[12].

GUERRE DES GAULES
ET REDDITION DE VERCINGÉTORIX

Dès les débuts de sa première saison, *Rome* s'illustre dans la représentation d'un des moments clefs de la Guerre des Gaules : la reddition de Vercingétorix. La scène oscille entre une mémoire picturale, qu'elle va réactiver, et un travail de réécriture qui convoque, pour mieux le compléter, l'imaginaire classique.

La reddition de Vercingétorix prend place après deux scènes : un incipit posant le contexte formé par le « premier triumvirat », la Guerre des Gaules et les tensions entre César et Pompée ; et une seconde qui plonge les spectatrices et les spectateurs au cœur d'une scène relevant de l'« inconnu générique[13] ». Par ce concept, j'entends un évènement

12 Défini comme « Le système de références objectivement formulable qui, pour chaque œuvre au moment de l'histoire où elle apparaît, résulte de trois facteurs principaux : l'expérience préalable que le public a du genre dont elle relève, la forme et la thématique d'œuvres antérieures dont elle présuppose la connaissance, et l'opposition en langage poétique et langage pratique, monde imaginaire et réalité quotidienne. » Jauss, Hans Robert, *Pour une esthétique de la réception*, trad. Maillard, Claude, Paris, Gallimard, [1978] 2005, « Tel », p. 54. Il convient de rappeler ici le passé de Hans Robert Jauss et sa participation active au régime nazi et aux crimes de guerre en Europe de l'Est en tant que complice fonctionnel. Néanmoins, le projet pour la philologie, formulé par Ottmar Ette, de s'éloigner du paradigme du nom de Jauss n'a pas encore été effectué. Ette, Ottmar, *L'affaire Jauss les chemins de la compréhension vers l'avenir de la philologie*, trad. fr. Kahn, Robert, Rouen, Presses universitaires de Rouen et du Havre, 2019.

13 Je développe cette idée à partir du terme de « moment générique » de Robert Rosenstone. Un moment historique générique est un moment réaliste pour ses dynamiques, pour les questions qu'il pose aux spectatrices et spectateurs, mais qui ne reprend aucun élément

qui adapte les horizons d'attente traditionnels. Il s'agit d'un évènement inconnu du public, ici une escarmouche, mais qui fait référence à d'autres codes de narration ou de réalisation, emprunte leur rhétorique et en reprend leurs formes. Cela permet de ménager un terrain connu pour le public. La scène mélange ainsi certains thèmes des péplums et des rappels explicites à d'autres œuvres, celui de la bataille rangée contre des « barbares » par exemple, tout en réactivant les codes cinématographiques d'autres réalisations et d'autres genres, au premier rang desquels ceux des films et des séquences du débarquement. Cette première scène de bataille mélange ainsi la représentation classique des « Gaulois » et plus généralement des « barbares », figurés comme des individus hirsutes et vociférants, chargeants de fond sans équipement ni aucune organisation militaire, tout en ajoutant des éléments issus des derniers travaux historiographiques sur la stratégie militaire romaine. La scène s'éloigne de la bataille rangée, maintes fois vue, des péplums précédents au profit d'un simple accrochage, certes musclé et sanglant, entre une centaine d'individus. *Rome* rompt ici dès les premières minutes avec les séquences, chères à beaucoup d'autres péplums, de milliers de soldats engagés dans des batailles gigantesques. D'ailleurs, le combat ne débute pas sous les yeux des spectatrices et des spectateurs, et on est plongé *in medias res* au cœur de la mêlée, les ordres restant incompréhensibles et le vacarme assourdissant. Il faut ajouter à cela le caractère particulièrement cru, naturaliste, de la scène. Dépourvue de musique, sa bande-son est uniquement constituée du bruit des combats, du choc des épées et des cris des soldats. La scène tranche donc radicalement avec ce que l'on s'attend à voir d'un conflit antique, autant formé que déformé par une tradition de représentation classique, et si l'on prend comme point de comparaison la première scène de combat de *Gladiator*, les différences sont criantes. La superproduction de Ridley Scott fait la part belle aux explosions pyrotechniques de boulets enflammés, aux pluies de flèches, à la charge des fantassins et à une cavalerie de Romains imposante et très importante chargeant dans les bois, tandis que *Rome* privilégie le

---

précis et documenté du passé : il retranscrit le vrai, rend l'histoire intelligible, tout en reposant sur des faits inventés. Rosenstone, Robert A., *History on Film/Film on History*, 3e ed (2006), Londres, Routledge, 2018, p. 99-100. Marc Ferro formule une idée tout à fait semblable lorsqu'il parle du « paradoxe du Cuirassée Potemkine », *Cinéma et histoire*, nouvelle éd. [1977], Paris, Gallimard, 1993, p. 211-216.

cadre « intimiste d'une rencontre dans une clairière », si l'on peut dire pour bien marquer la différence, et la proximité des corps-à-corps, des face-à-face et des coups de glaives.

Mais plus qu'un changement d'échelle, *Rome* introduit un paradigme de mise en scène qui rompt lui aussi avec la réalisation habituelle de ces batailles monumentales en lorgnant explicitement du côté des films récents sur la Seconde Guerre mondiale, tout particulièrement *Saving Private Ryan* (Steven Spielberg, 1998). La réalisation adopte une caméra à l'épaule, des plans resserrés, et suit la mêlée au plus près de l'action. Coincée au milieu des rangs romains, elle fait ressentir le choc de la bataille encaissé par les premières lignes. Elle permet également de représenter au plus près l'organisation militaire romaine avec le roulement des soldats qui montent à l'avant aux coups de sifflet. Les immenses formations de rangées de soldats, classiquement montrées depuis un angle rasant, cèdent ici la place aux conditions du combat vécu de l'intérieur de la mêlée, les spectatrices et les spectateurs étant embarqués avec les soldats qui montent au contact. L'utilisation de la caméra à l'épaule pour suivre les protagonistes favorise également l'immersion, contrairement à la représentation conventionnelle, impersonnelle, des légionnaires, sans identification possible.

La mise en scène fait aussi le choix de représenter la boue, le sang et la crasse sur le corps et les armures des soldats romains. Cela rompt une nouvelle fois avec l'esthétique convenue d'une Rome immaculée, avec ses armures rutilantes, avec ses rues et ses bâtiments en marbre blanc qui occupent l'écran de bon nombre de productions antérieures. Cette rupture se traduit également par une représentation viscérale de la Ville : il faut jouer des coudes pour se frayer un chemin à travers les rues bondées. La ville paraît bien plus grouillante, cosmopolite, et organique que dans n'importe quelle représentation précédant la série. Elle est d'ailleurs mise en scène de façon à faire ressentir, la (sur) population d'un million d'habitants. Rien à voir avec la ville impersonnelle de *Gladiator*, figurée avec démesure, à échelle inhumaine[14] : la ville est somptueuse, gigantesque, les rues sont pavées, la foule peut s'amasser de chaque côté de la chaussée et tout de même laisser passer un contingent de soldats avec chevaux et chars. *Rome* adopte, elle, une

14 Ridley Scott s'inspire d'ailleurs des représentations de l'urbain et de la ville dans les films fascistes de la Seconde Guerre mondiale.

représentation bien plus proche de certaines mégalopoles actuelles[15] et s'inscrit, de fait, en rupture avec les conventions vernaculaires du genre péplum.

La reddition de Vercingétorix est un moment charnière de la Guerre des Gaules, et le roman national français en fait une étape clef de la construction du territoire et de la communauté de l'hexagone. L'enseignement historique de la troisième République faisait de l'évènement un point incontournable des programmes scolaires. De plus, l'évènement occupe une place importante dans la tradition picturale classique. Deux tableaux de peintres français imposent une construction des codes de représentation de l'évènement : *Vercingétorix se rend à César* (Henri Paul Motte, 1886) et *Vercingétorix jette ses armes aux pieds de César* (Lionel Royer, 1899)[16]. *Rome* reprend très exactement des schèmes des deux compositions dès les premières minutes et élabore la scène de la reddition de Vercingétorix en référence à ces représentations. On retrouve ainsi la longue allée, les rangs de légionnaires, les fortifications du camp et le casque à corne de la toile Royer ; figurent aussi le tribunal de César, sa toge rouge, la mise à genoux ainsi que la nudité du tableau de Motte. Nous sommes à l'orée du premier épisode, quelques minutes à peine après le début de la série, moment stratégique où il faut fidéliser le public et le faire entrer dans la fiction à partir d'images des Gaulois et de la Guerre des Gaules qui, s'il n'a sans doute pas les références exactes en tête, s'inscrivent dans un imaginaire culturel largement partagé que ces références ont contribué à forger. La série s'illustre ainsi sur la question de l'horizon d'attente.

Cependant il convient d'ajouter que cette première représentation stéréotypée est très rapidement complétée par des connaissances historiques. Ainsi, on peut voir dans cette scène César acclamé *imperator* par ses troupes. De plus, la scène est suivie de la vente des prisonniers à des marchands d'esclaves, rappelant le bilan humain de la Guerre des Gaules : un million de morts et la réduction en esclavage d'un million d'individus selon Plutarque[17] et bien que les chiffres soient certainement

15 Bruno Heller et Jonathan Stamp revendiquent d'ailleurs une inspiration des villes comme Bombay ou Calcutta.

16 L'évènement est par ailleurs présent dans le récit de César, et il est alors difficile de savoir si les *showrunners* se sont d'abord inspirés des tableaux, ou si c'est la relecture des sources qui les a poussés vers cette composition. César, *Guerre des Gaules*, Livre VII, LXXXIX, traduit par Constans, Léopold-Albert, Paris, Les Belles Lettres, 1947.

17 Plutarque, *Vie de César*, 13, trad. Flacelière, Robert, Paris, Les Belles Lettres, 1977.

bien inférieurs ils démontrent de l'importance du conflit. Le personnage de Posca est central, c'est lui qui permet aux spectatrices et spectateurs, lorsque la caméra s'arrête sur lui et sa réaction, de comprendre le sort réservé aux Gaulois. C'est aussi lui qui négocie avec le marchand d'esclaves et fixe les prix dans la scène suivante. Quelques séquences après ces évènements, des soldats de César font des cadeaux à la foule, ce qui permet de développer un autre point : César s'est, en effet, endetté pour faire des « présents » à la plèbe ou à ses soldats. Grâce à cela, il s'assure un immense soutien populaire. Lorsque César est en guerre en Gaule, le butin des combats et les pillages lui permettent de ne plus avoir besoin des banquiers et il amasse une immense fortune qu'il peut alors utiliser politiquement[18]. La série redonne donc toute sa portée à la reddition de Vercingétorix, elle reprend l'imaginaire classique, mais loin de se contenter d'un mimétisme et d'une reproduction picturale, elle complète, prolonge et développe le propos, pour se rapprocher bien davantage d'un récit historique qu'historicisant.

LA TRAVERSÉE DU RUBICON

De la même manière que la reddition de Vercingétorix, la traversée du Rubicon intervient très rapidement dans la première saison de *Rome*. La représentation se pose ici en franche rupture avec une tradition artistique, qui ne conserve que la formule qui accompagne l'évènement, au détriment de l'évènement en lui-même. La traversée se produit ici au terme d'une longue séquence qui lui redonne sa pleine et complexe signification et toute sa portée politique.

Alea Jacta Est, « le sort en est jeté », ou « les dés sont jetés ». Rares sont ceux qui n'ont pas croisé la célèbre locution latine que César aurait prononcée au moment de franchir le Rubicon, le cours d'eau séparant la Gaule cisalpine de l'Italie, en 49 av. J.-C. Cet évènement

18 Il augmente par exemple la solde de ses soldats, Suétone parle d'une somme doublée. Les historiens relativisent l'augmentation tout en parlant tout de même d'une hausse significative de la solde militaire. Voir par exemple Cosme, Pierre, *L'armée romaine ; VIIIe s. av. J.-C. – Ve s. ap. J.-C.*, 2eme ed., Paris, Armand Colin, 2012, p. 61-62.

signe le début de la guerre civile romaine et, dès le Ier siècle, les différents historiens romains amplifient le récit, allant jusqu'à parler de miracle[19]. L'évènement n'a pourtant, paradoxalement, que peu de représentations. L'acte et sa symbolique sont souvent délaissés au profit d'images beaucoup plus explicites, comme la mort de César dans la curie au pied de la statue de Pompée *cosmocrator*, ou tout simplement abandonnés pour faire de l'adage un trait caractéristique du personnage de César (à l'image de la bande dessinée *Astérix* d'Uderzo et Goscinny dans laquelle César prononce très régulièrement la formule, cette fois-ci pour ses différentes tactiques militaires visant à soumettre le village gaulois). Le téléfilm *Jules César – Veni Vedi Vici* (Uli Edel, 2002) ménageait bien une place à la formule, mais César la prononçait seulement devant ses troupes ; le Rubicon ainsi que son franchissement étaient une nouvelle fois absents.

Rome fait un choix opposé et se saisit de l'occasion pour (r)établir l'œuvre politique de César : elle représente l'épisode, mais supprime la formule. La traversée, bien que théâtralisée, redonne du sens à l'évènement en restaurant sa dimension humaine et historique. Le Rubicon retourne à sa taille réelle : c'est un simple cours d'eau au nord de l'Italie et le gué est constitué d'une simple pente de boue, menant à cette petite rivière, que César franchit en quelques foulées de cheval, suivi de son armée. Un jeune pêcheur assiste à la scène, la caméra adopte son point de vue, et la série décide de faire à ce moment-là un clin d'œil aux spectatrices et spectateurs – il faut entendre l'expression dans son sens le plus littéral puisque le personnage de Marc Antoine cligne de l'œil en regardant l'adolescent –, comme pour mieux lui signifier que la traversée s'intègre dans un imaginaire collectif et vient à la suite d'une succession de productions, tout en proposant une nouvelle représentation de l'évènement.

Plus qu'une nouvelle mise en scène, *Rome* propose surtout une recontextualisation complète de la situation. La scène s'intègre, en effet, dans une séquence beaucoup plus longue, de près d'une dizaine de minutes, qui explique les raisons politiques, les significations juridiques, et l'impact humain de la décision. On peut fixer le début de cette longue séquence à la séance du Sénat durant laquelle Marc Antoine tente d'empêcher le vote du retrait de la magistrature de César, ce qui aurait alors permis de

19 Suétone, *Vies des douze Césars. César – Auguste*, trad. Ailloud, Henri, Paris, Les Belles Lettres, 2013, p. 32.

lui intenter plusieurs procès. Le lendemain, alors qu'une émeute entre sénateurs avait forcé le report de la séance précédente, Marc Antoine se rend au Sénat, accompagné de légionnaires pour assurer sa protection. Il est attendu sur le Forum par une bande armée répondant aux ordres de Pompée. Le chef de cette bande explique à ses hommes de main, armés de bâton, qu'ils doivent faire usage de la force, mais ne pas faire couler le sang : ils doivent montrer qui contrôle le Forum, mais ne pas attenter à la vie du tribun.

Ici, la série s'inspire très largement des affrontements entre bandes armées, notamment sous les ordres de Clodius et Milon, deux hommes politiques du milieu du premier siècle. Le premier représente le parti des *populares*, le second celui des *optimates*, à l'image de César et Pompée, qui appartiennent chacun à ces bords politiques. Dans les années 50 av. J.-C., Clodius rétablit le droit d'association et organise ses bandes armées grâce aux collèges, des associations de professions et de quartiers préexistantes. Il est tué lors d'une rixe contre la bande de Milon en -52 av. J.-C. Bien que la série ne mentionne ni Clodius ni Milon, et que la présentation de la société romaine lors de son carton d'introduction passe sous silence l'existence de ces collèges et de ces bandes armées, ce sont des éléments qui nourrissent la série, et infusent en elle tout au long de ses épisodes, d'autant plus que la deuxième saison est presque exclusivement centrée sur la gestion du collège de l'Aventin et de ses rivalités avec d'autres bandes.

Sur cette base historique, la série emprunte énormément aux films sur les mafias ou groupes criminels américains, jusqu'à en reprendre les codes et l'esthétique. *Gangs of New York* (Martin Scorsese, 2002) est maintes fois référencé, jusqu'à reprendre la composition de sa scène d'ouverture pour un affrontement entre plusieurs bandes armées (S2 E8)[20]. Ici on retrouve l'influence centrale de Jonathan Stamp et de sa formation historique, qui puise dans les lectures de son cursus pour nourrir la série. Cet affrontement sur le Forum reprend ainsi certains développements du livre fondateur de Lily Ross-Taylor, *Party Politics in the Age of Caesar*[21], dans lequel elle s'attarde sur l'analyse de ces groupes

20 Une partie des décors du film de Scorsese sont d'ailleurs à Cinecittà, ce qui a sûrement influencé les réalisateurs de *Rome*.

21 Ross-Taylor, Lily, *La politique et les partis à Rome au temps de César*, trad. Morin, Élisabeth et Morin, Jean-Claude, Paris, F. Maspero, 1977 [1949].

et leur soutien aux *imperatores*, l'appui sur leurs légions et sur les vétérans pour constituer ces bandes armées et contrôler le Forum et les élections par des démonstrations de force régulières. C'est ce qui est pleinement représenté dans *Rome* : la série s'attarde ainsi sur des éléments historiques pour redonner du sens politique aux évènements, plutôt que de reproduire le récit théâtralisé et codifié traditionnel. Cela se retrouve lorsque, après la rixe, Marc Antoine s'enfuit et rejoint César à Ravenne. La série puise ici dans les *Guerres Civiles* d'Appien, historien grec du deuxième siècle, qui fait le récit de la fuite de Marc-Antoine, initialement accompagné de Curion et Cassius, après des menaces d'autres sénateurs[22]. Dans le récit transmis par l'histoire, les trois hommes portent des tenues d'esclaves pour cacher leur fuite et César utilise cette fuite contrainte pour galvaniser ses troupes face à la violence du Sénat. Dans la série, Marc Antoine est couvert de sang, et César va l'utiliser pour motiver ses troupes. Il récompense ensuite Pullo, le premier homme à avoir fait couler le sang de leurs ennemis. La série montre ici la reprise du récit de César lui-même en citant presque exactement le César historique lors de son discours face à la XIIIe légion[23].

Afin de saisir toute l'ampleur de l'adaptation de *Rome*, il convient de revenir sur la scène précédente et de s'attarder sur les dialogues et surtout leur prononciation. Il faut préciser que le chef de la bande pompéienne parle avec un accent *cockney* lorsqu'il explique le plan à ses hommes, ce qui permet d'évoquer une autre mémoire des péplums dans laquelle *Rome* s'inscrit. Il est en effet de tradition, dans les films de ce genre, de jouer avec les accents britanniques. D'ordinaire dans ceux présentant César, lui et Marc Antoine ont un accent américain, tandis que les césaricides ont un accent britannique très marqué, à la diction oxfordienne. De même, dans les péplums tous les membres du gouvernement et tous les oppresseurs du héros ont un accent britannique, tandis que le héros qui

---

22 Appien, *Guerres civiles* II, V, 33, trad. Combes-Dounous, Jean-Isaac, Paris, Les Belles Lettres, 2004.

23 « Il [César] exhorte ses soldats, qui, sous sa conduite, ont, pendant neuf années, mené pour la patrie des campagnes particulièrement heureuses, gagné tant de batailles, pacifié toute la Gaule et la Germanie, à défendre contre ses adversaires la réputation et l'honneur de leur chef. Des cris unanimes s'élèvent de la XIIIème légion, qui était là (César l'avait appelée dès le début des troubles ; les autres n'avaient pas encore rejoint), attestant que les troupes sont prêtes à venger les injures faites à leur général et aux tribuns de la plèbe. » César, *Guerre civile*, Livre I, VII. trad. Constans, Léopold-Albert, Paris, Les Belles Lettres, 1947.

renverse l'ordre politique ou meurt en essayant avec ses compagnons a un accent américain[24]. *Gladiator* avait déjà entamé une inversion de ce code : Maximus, le héros, est surnommé « l'Espagnol », et pour exprimer cette origine étrangère Russel Crowe a travaillé un accent aux intonations britanniques caricaturales. *Rome* poursuit dans cette voie, et choisit lui aussi de bousculer les codes. Ainsi, c'est Ciarán Hinds, l'acteur incarnant César, qui arbore un accent oxfordien. De leur côté Kevin McKidd et Ray Stevenson, qui incarnent respectivement Vorenus et Pullo, et représentent la plèbe à l'écran, viennent tous deux du nord de l'Angleterre : ils font montre d'un accent traditionnellement associé aux couches populaires dans les fictions contemporaines. Une conception très britannique de l'opposition entre aristocratie et classes laborieuses se retrouve donc dans les accents contribuant à la caractérisation des personnages. De plus, *Rome* favorise les transpositions métaphoriques des partis politiques, *populares* et *optimates* peuvent aisément se convertir en conservateurs et travaillistes, ou en *whig* et *tory*, justement par l'importance prise par ce jeu d'accents, ce qui pourrait donner une clef de lecture expliquant en partie son succès au Royaume-Uni.

La mise à disposition de clefs de lecture par la série est également sensible lors de la traversée du Rubicon en elle-même. La fiction va expliquer très concrètement ce que signifie l'acte de César. C'est Vorenus, blessé et alité dans un chariot suivant l'armée de César, qui se charge du rôle pédagogique : « C'est une rivière. Laquelle ? … C'est le Rubicon. C'est une rébellion, une trahison ! Je ne suis pas un traître ! ». Le dialogue entre Vorenus et Pullo permet de formuler explicitement le sens de l'action, et de montrer l'impact que les décisions des *imperatores* romains pouvaient avoir sur leurs troupes. Franchir ce ruisseau signifie entrer en Italie, et César y entre en armes avec ses légions, sans *imperium*, c'est-à-dire sans le droit de commander les armées. La série utilise ses personnages pour les intégrer à des dispositifs quasi documentaires, permettant, par leurs explications, de mieux saisir la période et le contexte dans lesquels elle prend place[25]. Par ailleurs, cette scène de dialogue est immédiatement suivie de celle d'un homme courant et criant dans les rues de Rome pour informer de l'arrivée de César en Italie, ce qui signifie *de facto* la

24 Cyrino, Monica Silveira, *Big screen Rome*, Malden, Blackwell, 2005, p. 233.

25 Octave, représenté comme un fin stratège politique dès son adolescence, occupe régulièrement cette fonction didactique.

guerre civile avec le Sénat. À la représentation sont jointes l'explication puis la démonstration en actes des effets de cette décision, lourde de conséquences, consistant à franchir le Rubicon. *Rome* redonne ainsi toute sa dimension symbolique et politique à l'évènement en adaptant la représentation traditionnelle, au profit d'une vision la plus complète possible, à la fois plus ample et plus complexe.

TU QUOQUE MI FILI

L'assassinat de César intervient pour sa part à la fin de la première saison, et fait office de transition scénaristique vers la seconde. L'évènement en lui-même est au cœur d'une immense tradition, tant picturale que scénaristique, et *Rome* s'illustre une nouvelle fois par sa capacité de réécriture.

Pour incarner César, les *showrunners* ont choisi Ciarán Hinds, acteur envisagé dès l'écriture du scénario. Ce dernier propose un César fin stratège, un monstre de charisme et de politique, tout en ajoutant un aspect malicieux à son incarnation. Plusieurs fois, sous couvert d'humour ou de pragmatisme, le personnage laisse entrevoir aux spectatrices et spectateurs ses réelles intentions en jouant avec la connaissance commune de la période et de l'histoire. On peut ainsi l'entendre dire : « Si je dois me ruiner pour un trône, je le ferai » (S1 E5). Et, alors que Posca réagit, César, avec un petit sourire ironique, ajoute qu'il s'agit uniquement « d'une licence poétique ». Ce jeu constant avec les évènements attendus est un des plus gros ressorts scénaristiques de la série et se retrouve à travers tous les personnages, par exemple lorsque Marc Antoine menace Cicéron et parle de la douceur des mains de ce dernier[26]. Ce choix d'incarnation de la part des *showrunners* va avec leur volonté de réécrire l'histoire de la fin de la République romaine, de lui redonner son sens et les dynamiques à l'œuvre. Une fois le Rubicon franchit, et alors que César dirige la Ville, la série s'attarde sur plusieurs des lois et réformes qu'il met en place. Ainsi l'œuvre de César est en grande partie représentée, que ce soit ses campagnes militaires avec la guerre

26 Lors du triumvirat avec Lépide et Auguste, Marc Antoine inscrira Cicéron sur les listes de proscription, en demandant à ce que ses mains soient clouées sur les portes du sénat.

des Gaules, son œuvre urbanistique avec le projet de détournement du Tibre et la construction du temple de Vénus, ou encore sa gigantesque œuvre politique et les différentes réformes législatives qu'il met en place. On se trouve, avec ces différents éléments, très proche d'un travail historique, notamment celui mené par Zvi Yavetz sur les modalités du charisme en politique dans *Julius Caesar and his public image*[27], et la série reprend une grande partie de l'œuvre césarienne analysée dans ce livre. Plutôt que se concentrer uniquement sur les grands évènements de sa vie, *Rome* permet de mettre en lumière les dynamiques qui structurent la carrière de César et de comprendre le climat politique de la période, ainsi que les raisons de son assassinat. La question de l'*hubris* est par exemple évoquée lorsque, pendant une discussion à propos de la politique menée en Égypte, Marc Antoine remet en question César et son orgueil, et que ce dernier répond « *It's only hubris if I fail* » (« Ce n'est de l'*hubris* que si j'échoue », S1 E8). On retrouve à plusieurs reprises ce crime d'orgueil dans les représentations que propose la série, par exemple lorsque César évoque ses projets de travaux gigantesques tout en se tenant sur une carte de la Ville.

L'assassinat de César lors des Ides de Mars en 44 av. J.-C. est probablement l'évènement qui ne manque jamais d'être représenté, que ce soit dans les films sur César, sur Cléopâtre, ou encore sur Antoine. La mort de l'*imperator* semble incontournable : de fait, c'est un des assassinats les plus célèbres de l'histoire[28]. Il ne cesse de faire débat, et pose la question, constamment d'actualité, de la violence politique face à un pouvoir jugé arbitraire[29]. Cependant, ce passage presque obligatoire est également un espace de liberté pour le réalisateur qui peut en orienter la signification[30]. *Rome* ne fait pas exception et la scène s'inscrit dans une très grande tradition de représentations ; mais si la pièce de Shakespeare avait très largement fixé les termes de la représentation de la conjuration, *Rome* prend le contrepied de ces codes traditionnels, pour mieux s'en démarquer. Dans la série le déroulement de l'assassinat de César mélange

27 Yavetz, Zvi, *César et son image, Des limites du charisme en politique*, trad. Barnavi, Elie, Paris, Les Belles Lettres, 1990 [1983].

28 Strauss, Barry S., *La mort de César*, trad. Meyer, Clotilde, Paris, Albin Michel, 2018.

29 Castorio, Jean-Noël, *op. cit.*, p. 167.

30 Lhomme, Marie-Karine, « Jules César, modèle de l'homme d'action », dans Barnier, Martin et Fontanel, Rémi (dir.), *Les biopics du pouvoir politique de l'antiquité au XIX*e *siècle, hommes et femmes de pouvoir à l'écran*, Paris, Atlas Cinéma, 2010, p. 48.

plusieurs sources[31], captant les aspects les plus intéressants de chacun sur le plan narratif, s'appuyant sur les relations établies et supprimant des personnages ; tout cela dans un seul but : redonner son importance, sa symbolique et son sens à l'évènement.

Alors qu'il rentre dans la curie, Cimber – dont le nom n'est jamais indiqué – intercède auprès de César pour son frère en exil. Pendant ce temps, les autres conjurés se tiennent autour de César et Cimber. Ce dernier n'a pas le temps de s'asseoir, après leur avoir signifié de s'éloigner et de le laisser tranquille, que Cimber se saisit de sa toge et qu'une lutte entre les deux hommes commence. César en sort vainqueur en arrachant sa toge des mains de son assaillant, laissant Cimber seul et apeuré face à lui. C'est Casca le premier qui, après l'appel de Cimber, tente de frapper César en criant. Tout comme chez Plutarque, le coup échoue et, sans le frapper, César se saisit directement du glaive, avant qu'un autre conjuré ne se jette sur lui : la danse macabre commence alors, les Conjurés l'encerclant et le frappant de toute part dans une mare de sang. *Rome* s'inspire ici très largement du récit de Plutarque[32] (tout comme le faisait Shakespeare) et reprend une grande partie des éléments de son récit, mais elle choisit aussi de procéder à plusieurs inflexions.

La série supprime ainsi la célèbre phrase « *Tu quoque mi fili* », « Toi aussi mon fils », au profit d'une mise en scène intimiste, un simple regard et soupir de César. Dans le *Jules César* de Joseph Mankiewicz, puisque le film est pratiquement du théâtre filmé, la réplique est gardée. Mais dans son *Cléopâtre*, en revanche, Mankiewicz revisite la scène : elle est « vue » par Cléopâtre, via une séance de pyromancie et, alors que Brutus donne le coup de grâce à César, c'est elle qui hurle « Mon fils », en faisant bien entendu référence à son propre fils, Césarion. Le réalisateur peut infléchir le jeu des significations et Mankiewicz accentue ici la romance entre ses personnages, tout en respectant la tradition de la formule qui fait légende et de la mention du fils lors de la mort de César. *Rome* propose de son côté un moment muet d'une minute, pendant lequel César, agonisant, regarde Brutus en pleurs, avant que ce dernier

---

31 Principalement le récit de Plutarque dans *Vie d'Antoine* et dans *Vie de César*, et celui Appien dans *Guerres civiles II*. Mais également certaines réflexions de Nicolas de Damas dans *La mort de jules César*.

32 Notamment Plutarque, *Vie d'Antoine*, 13, 4 et *Vie de César*, 66, 5 – 8, trad. Flacelière, Robert, Paris, Les Belles Lettres, 1975 et 1977.

ne donne le coup de grâce. C'est la relation individuelle d'un homme avec celui qui a été son mentor, à qui il doit en partie sa carrière politique, qui domine la scène. À cela s'ajoute la résignation face à une humiliation ainsi que l'impossibilité de reculer et d'arrêter les évènements. Enfin, et très vite, la question des remords intervient.

On passe de l'assassinat ritualisé à l'émotion individuelle de l'aristocratie sénatoriale. Cela permet de se réapproprier les Ides de mars, de leur redonner une signification politique, de les réintégrer dans un processus de captation du pouvoir et d'affaiblissement des élites qui, à terme, finissent par se résigner à la violence politique. En ce sens la série est très proche des sources antiques, à tel point qu'elle supprime toute musique, et montre immédiatement la réaction de deux hommes, celle d'Antoine parvenant finalement à rentrer dans la curie et fixant sa haine sur Brutus et Cassius, et celle de Brutus regrettant presque immédiatement son geste. Le dispositif narratif de la série, développant son histoire et ses personnages sur le temps long, parvient à condenser une dizaine d'années en douze épisodes. Au-delà des raccourcis nécessaires, cela lui permet de s'éloigner des représentations antérieures et de dérouler un processus et une évolution qui culminent en ce climax de fin de saison. Ce dernier ne paraît pas pour autant arbitraire ou conventionnel : on comprend la réaction de l'aristocratie romaine, puisqu'on a vu pendant de nombreux épisodes les relations avec César se détériorer, menant à cette conclusion.

La réécriture de l'évènement proposée par *Rome* passe aussi par la place déterminante accordée au rôle féminin dans la conjuration : historiquement, aucune femme n'a joué un rôle dans le complot visant à l'élimination du « tyran », seule Porcia, la femme de Brutus, était au courant, mais sans y prendre part. Dans la série, pourtant, c'est Servilia, la mère de Brutus et ancienne amante de César, qui fomente et dirige le complot. Elle signe des pamphlets anti-César du nom de son fils, et elle explique à ce dernier qu'elle se sert de son nom – la gens Junia étant célébrée comme celle ayant mis fin au règne de Tarquin le superbe, le dernier roi de Rome – pour la cause de son choix. La série présente ainsi l'indispensabilité de Brutus dans le complot, montré comme un prince républicain[33], son concours était primordial pour s'assurer le soutien populaire. Soutien populaire qui est lui aussi représenté, même si c'est

33 Strauss, Barry, *op. cit.*, p. 100-101.

pour montrer qu'il est du côté de César. Bien loin des conventions des représentations théâtrales, la série rend visible la garde rapprochée de César, notamment composée de Vorenus, qui incarne ces vétérans qui protégeaient l'*imperator*. La présence de Pullo dans la ville permet également de rappeler la composition urbaine au moment de mars 44, avec de nombreux soldats en services ou démobilisés.

Enfin, la série fait un dernier ajout, en présentant les conséquences immédiates de la mort de César. *Rome* met en exergue la signification politique de l'assassinat pour les deux héritiers de César, Marc Antoine et Octave (futur Auguste). Marc Antoine entre dans la curie quelques secondes après le dernier souffle de César. Alors qu'il n'hésite pas à crier ou faire des démonstrations de violences à la moindre contrariété, ici, calme et stoïque, il prend la mesure de la situation. Une scène muette composée de simples regards, bien plus lourds de sens que le poing vengeur de l'incarnation de Marlon Brando dans le *Jules César* de Mankiewicz. Outre les pleurs de Brutus qui regrette son geste, deux autres personnages versent des larmes après l'acte fatal : Posca, son esclave, dans la curie, et Vorenus dans son *insula* parce qu'il vient de perdre sa femme[34]. Et c'est sur l'image des hommes du peuple que se finit vraiment la première saison. Un moyen de faire véritablement place à l'histoire populaire de cette période et de ne pas se contenter des évènements indétrônables et importants qui l'ont marquée.

CONCLUSION

Les possibilités d'analyse autour de la série *Rome* sont immenses, mais toutes paraissent devoir entrer en rapport avec la capacité de la série à réécrire l'histoire de l'Antiquité romaine pour en faire à la fois un produit de divertissement et une série d'une extrême richesse narrative et historique. Les quelques développements qui précèdent et qui se concentrent sur les évènements cruciaux de la fin de la République romaine pourraient tout à fait s'accompagner d'analyses sur la question,

34 Sa mort est directement liée à l'assassinat de César par une conspiration dont j'épargnerai ici le récit.

cruciale, des collèges et des bandes armées, ou de décryptages des représentations de la gladiature, un des aspects omniprésents des productions sur l'Antiquité, ou bien encore de considérations sur l'historiographie de Marc Antoine. La série renouvelle profondément ces trois aspects, parmi tant d'autres, et maintient l'« écart esthétique[35] » qui la caractérise, en s'imprégnant des productions antérieures tout en proposant un nouveau récit et de nouvelles représentations, étoffées par une relecture des textes antiques. Ce cas unique à la télévision s'explique par cette combinaison de facteurs et, comme on l'a vu, par la collaboration active entre un historien et des *showrunners*, processus dont on peut espérer qu'il se généralise. En ce sens, *Rome* fait office de véritable cas d'école dans les productions télévisuelles. Si elle s'interprète, pour m'inscrire dans la lignée des propositions de plusieurs historiens à propos du cinéma[36], comme une écriture de l'histoire elle fait aussi office d'ovni quant à la question bien plus large des rapports entre la recherche universitaire et les productions feuilletonnantes et fictionnelles. En empruntant une voie qui reste encore, jusqu'à présent, très singulière, elle propose une nouvelle forme d'écriture télévisuelle, dont les rapports avec l'historiographie savante semblent apaisés, ce qui lui permet de proposer une véritable réécriture sérielle de l'histoire, où une solide connaissance des faits est mise au service d'un imposant projet fictionnel.

Victor FAINGNAERT

35 Jauss, Hans Robert, *op. cit.*, p. 58.

36 Wnite, Hayden dans « Historiography and Historiophoty », *The American Historical Review*, 93-5, 1988, p. 1193-1199. Ferro, Marc dans *Cinéma et histoire*, *op. cit.* Et surtout Robert A. Rosenstone tout au long de son travail, pour ne citer qu'une référence : *History on Film/Film on History*, *op. cit.*

CHANGEMENT, CONSENSUS ET RÉCONCILIATION

Pour des représentations – simplifiées et didactiques – de la Transition espagnole dans la série *Verano Azul*

En 1979, RTVE (Radio Televisión Española) confie au réalisateur et scénariste Antonio Mercero[1] un programme de télévision dont le but est de faire connaître « la réalité factuelle espagnole[2] ». Telle a été la lourde tâche à laquelle s'est attelé Mercero. Tout au long des dix-neuf épisodes de *Verano Azul*, la série ne s'est pas contentée de dépeindre la vie quotidienne des Espagnols. Elle a mis en scène leurs préoccupations, les changements sociétaux qui ont eu lieu, en respectant toujours le cadre institutionnel, autrement dit les *Principes de Base de Programmation de RTVE*[3] du 28 juillet 1981, ceux-là mêmes qui insistent sur la nécessité « de favoriser l'identification du public avec les valeurs que reconnaît la Constitution et sur lesquelles elle fonde la cohabitation nationale[4] ». Plus précisément, les programmes pour la jeunesse doivent refléter « les

1 Antonio Mercero a travaillé pour le cinéma comme pour la télévision espagnole. Il commence sa carrière par des courts métrages : *La oveja negra* (1960), *La lección de Arte* (pour lequel il reçut le prix La Concha de Oro au festival de Saint Sébastien). Pour ce qui est des films, on lui doit *Se necesita chico* (son premier film, en 1963), *Las delicias de los verdes años* (1976), *La guerra de papá* (1977), *Tobi* (1978), *Buenas noches, señor monstruo* (1982), *Espérame en el cielo* (1988), *Don Juan, mi querido fantasma* (1990), *La hora de los valientes* (1998), *Planta 4ª* (2003), et *¿Y tú quién eres ?* (2007). C'est en 1966 que Mercero commence à travailler pour la télévision espagnole pour laquelle il tourne d'abord des documentaires. À partir de 1970, il se lança dans la fiction : *Crónicas de un pueblo*, *Este señor de negro*, *Farmacia de guardia* et *Manolito Gafotas*. Son plus grand succès reste la série *Verano Azul*.

2 http://www.rtve.es/alacarta/videos/informe-semanal/informe-semanal-verano-azul-todo-impacto 1982/1203121/ (consulté le 10/06/2021)

3 *Principios Básicos de Programación de RTVE. Acuerdo del Consejo de Administración de 28 de julio de 1981*, Madrid, Edición RTVE, 1981.

4 "*fomentar la identificación de las audiencias con los valores que la Constitución reconoce y en que funda la convivencia nacional*", article non signé, *El Pais*, 15 juillet 1981 http://elpais.com/diario/1981/07/15/radiotv/363996001_850215.html (consulté le 10/06/2021).

valeurs de liberté, solidarité, égalité, non-violence, tolérance et respect des lois[5] », inscrites dans la consensuelle Constitution approuvée en décembre 1978. Autrement dit, conscient de l'importance qu'exerce la télévision sur l'opinion publique qu'elle reflète et influence, le gouvernement – et plus précisément le chef du gouvernement d'alors, Adolfo Suárez, qui connaît parfaitement l'univers télévisuel pour avoir été directeur de TVE (Televisión Española) entre 1969 et 1973 – sait qu'il doit compter sur les programmes diffusés par le petit écran pour informer les Espagnols, quels que soient leur âge, sexe, origine culturelle ou géographique, sur ce qu'est et sera la démocratie qui se construit sous leurs yeux et avec leur participation.

Comment Antonio Mercero parviendra-t-il alors à peindre cette Espagne naissante à l'aube des années 1980 ? Comment la série *Verano Azul*, par le biais de petites histoires, permet-elle de comprendre la grande Histoire, présente comme passée ? Il choisit ainsi de chercher à refléter un présent placé sous le sceau du changement, alors que le passé traumatique sera souvent évoqué par des allusions implicites, pour ne pas dire des messages codés[6].

VERANO AZUL ENTRE RÉCONCILIATION ET CONSENSUS (POLITIQUE) : POUR UNE NOUVELLE ESPAGNE

Le dimanche 12 octobre 1981 à 16 heures, les téléspectateurs espagnols assistent à la première diffusion de la série qui va rapidement devenir un phénomène télévisuel et culturel : *Verano Azul*. En 19 épisodes, la série raconte le quotidien d'une bande de 7 enfants, de 7 à 14 ans[7], venus passer leurs vacances d'été à Nerja. Tous vivront de nouvelles expériences

---

5 "*los valores de libertad, solidaridad, igualdad, no violencia, tolerancia y respeto a las leyes*". *Ibid.*

6 Ayuso, Miguel, "El mensaje oculto de 'Verano azul' y otros programas de TVE en la Transición", *El Confidencial*, 4 mars 2016, http://www.elconfidencial.com/alma-corazon-vida/2016-04-03/el-mensaje-oculto-de-verano-azul-y-otros-programas-clave-de-la-transicion_1177353/ (consulté le 10/06/2021).

7 Tous, sauf un, sont originaires de Madrid. Il y a 5 garçons et 2 filles.

et feront l'apprentissage, entre autres choses, de l'amour, de la mort et tous trouveront du réconfort auprès du vieux marin Chanquete et de la peintre Julia. Le premier épisode « La rencontre / *El encuentro* » va permettre aux téléspectateurs d'assister aux circonstances qui amènent ces jeunes à faire connaissance. Dès les premières minutes, les caractères de chacun se précisent. Javi, le blond, et Pancho, le brun, les plus âgés de la bande, sont amoureux de la belle Béa. Pour savoir lequel des deux la jeune fille préfère, ils se lancent des défis qui, au lieu de les faire se haïr, vont les réconcilier. Javi, sur le point de se noyer, est sauvé par Pancho. Ils se serrent chaleureusement la main et comprennent ainsi que la décision ne leur appartient pas. Elle se trouve entre les mains de Béa. La lutte n'a aucun sens. Réconciliés, ils sont désormais amis. Rappelons que le gouvernement avait clairement exprimé son souhait de voir la télévision comme le média capable de refléter l'idée de réconciliation et de démocratisation nationale que la Transition espagnole devait incarner et défendre. On voit ici que le défi politique est transposé, pour ne pas dire adapté, sur le petit écran au quotidien des jeunes de la série et participe donc des messages codés. Ainsi, le premier épisode véhicule le message que, au-delà des différences et des possibles inimitiés, les relations humaines sont à privilégier. Dans la série, nombreux sont les témoignages qui disent que l'amitié et la solidarité sont des piliers essentiels sur lesquels repose la Démocratie. Si les mésententes surgissent au sein du groupe (comme dans le cas de l'épisode « Le couteau / *La navaja* »), si un élément extérieur et perturbateur cherche à briser l'harmonie du groupe (comme dans « L'Idole / *El idolo* » ou « Béa, mon amour[8] »), tous s'uniront pour faire front. Ils pourront compter sur l'aide de Chanquete et de Julia qui incarnent l'expérience et la connaissance, qui jouent un rôle de parents de substitution puisque les vrais parents ne répondent généralement pas aux questions posées, aux inquiétudes manifestées par leurs enfants. L'exemple le plus parlant est sans aucun doute l'épisode « Ils ne nous feront pas partir / *No nos moverán* » où des promoteurs immobiliers, conscients du potentiel touristique qu'offre Nerja, souhaitent exproprier Chanquete qui a jeté l'ancre de son bateau – La Dorada – au cœur d'un jardin. Les jeunes qui, mieux que leurs parents, ont compris le danger que pourrait représenter la construction de complexes touristiques sur cette zone, n'auront pas recours à la force

8 Dans la série le titre est en français.

pour arrêter les bulldozers. Ensemble, solidaires, simplement « armés » de la guitare de Julia et adaptant pour la circonstance la chanson de Joan Baez, tous chantent d'une seule voix « Ils ne nous feront pas partir, parce que son bateau c'est son nid[9]… ».

En diffusant sur le petit écran les valeurs que sont la solidarité et l'entraide, la série met en image des situations qui expriment la volonté de définitivement tourner le dos au mythe des deux Espagnes irréconciliables, dont l'une est synonyme de violence et de haine et à laquelle il est fait allusion à maintes reprises, dans la série, sans que jamais le terme franquisme ou le nom de Franco ne soient cités. En effet, en accord avec la Loi d'Amnistie du 15 Août 1977, il convient d'oublier, d'œuvrer en faveur de la réconciliation entre tous les Espagnols. Dans l'épisode « Le couteau / *La navaja* », Julia s'inquiète de la mauvaise ambiance et de la soudaine violence qui règne à Nerja depuis l'arrivée de jeunes voyous. D'après Chanquete, la violence est un trait de caractère bien espagnol qu'il relie au passé récent du pays :

> Cette violence, c'est la nôtre […]. Marchons et je vous raconterai comment moi-même j'ai été capable d'éprouver de la haine […]. Pour moi, le plus grave a été de voir que je pouvais tuer, et j'ai commencé à réfléchir, à me surveiller et à fuir toute situation violente, au risque d'être pris pour un lâche[10].

Dans l'épisode « Les bouteilles / *Las botellas* », il est à nouveau fait allusion à la nécessité de cesser de nourrir les vieilles rancœurs. Là, une fois de plus, Javi et Pancho s'affrontent et veulent savoir lequel des deux préfère la belle Béa. Julia arbitre le débat :

> Écoute Béatrice vous êtes tous coupables. Certains plus que d'autres. Mais vous jouez tous à ce jeu absurde… Bon, ce qui est fait est fait. On ne peut pas être rancunier et têtu. Je pense que ce que vous devez faire, c'est parler et oublier. Et que les choses reprennent leur cours normal. Tout cela n'a finalement pas grande importance. Vous savez maintenant à quoi vous ne devez pas jouer, et voilà[11].

---

9 *No, no nos moverán, porque en el barco tiene él, su nido…*

10 *La violencia es cosa nuestra […] Vamos paseando y le contaré cómo yo también fui capaz de sentir odio […] Lo grave para mí fue comprobar que también yo podía matar, y empecé a pensar y a vigilarme y a huir de toda ocasión de violencia, a riesgo de ser llamado cobarde.*

11 *Mira Beatriz todos tenéis la culpa. Unos más y otros menos. Pero todos estáis jugando a este juego absurdo… Bueno lo pasado está. No se puede tener una actitud de rencor y de obcecación. Lo que tenéis que hacer, pienso yo es hablar y olvidar. Y que todo vuelva a su cauce normal. Si tampoco tiene tanta importancia. Ya sabéis a lo que no tenéis que jugar y ya está.*

À la fin de l'épisode « Le visiteur / *El visitante* », les parents de Dési prennent la décision de se séparer. Pour rassurer la jeune fille qui devra accepter la situation et s'habituer à un nouveau schéma familial, Mercero place dans la bouche de Julia des propos qui participent de ces messages codés. En effet, le discours de Julia présente deux niveaux, l'un personnel, puisqu'il vise à rassurer Dési, l'autre politique, puisqu'il s'agit d'un plaidoyer à la faveur de la réconciliation nationale :

> Ce qu'on ne peut pas faire, c'est ne jamais tourner le dos… Dans ce pays nous avons trop longtemps joué aux hypocrites. S'ils ne s'aiment plus, rien ne pourra changer ça, mais cela ne veut pas dire qu'ils doivent passer toute leur vie à se disputer, blessés, blessant tous ceux qui les entourent… une séparation c'est toujours douloureux, mais moins que toute une vie à se lancer des reproches à la tête[12].

Dans d'autres épisodes, il est fait référence à la violence exercée dans la sphère privée et, plus précisément, celle des parents sur leurs enfants, convaincus qu'il s'agit là de la meilleure façon de les éduquer. L'épisode le plus parlant est celui au titre plus qu'explicite « La gifle / *La bofetada* » où le père de Javi justifie l'autorité parentale qu'il exerce – et reproduit – en se référant à sa propre enfance :

> À son âge, j'en ai bavé, je travaillais, tu sais ça ? C'est la vie qui m'a éduqué, la vie et tous ses pièges, ma véritable école a été celle-là, celle qui m'a appris à m'adapter à toutes les circonstances pour survivre et j'aimerais que mon fils prenne exemple sur moi[13].

Si les lois, dans un état démocratique, peuvent être élaborées et appliquées rapidement, ce n'est pas le cas des mentalités qui peinent à évoluer malgré les mutations sociales. Dans la sphère privée, il sera nécessaire d'œuvrer en faveur de la réconciliation entre parents et enfants, renouer un dialogue qui, selon les jeunes, est inexistant. L'épisode « La nouba de papa / *El guateque de papá* » met en scène la thématique générationnelle.

12 *Lo que no se puede hacer es nunca dar la espalda… que bastante hemos jugado con la hipocresía en este país, que si ellos no se quieren nada lo va a cambiar pero eso no significa que tengan que estar toda la vida discutiendo, amargados, amargando a todos los que están a su alrededor… que una separación siempre es dolorosa, pero menos que toda una vida de echarse rencores a la cara.*

13 *A su edad yo las pasé canutas, yo trabajaba ¿sabes ? Fue la vida que me educó, la vida con todas sus trampas, esa fue mi verdadera escuela, la que me enseñó a acomodarme a las circunstancias para sobrevivir y me gustaría que mi hijo aprendiera de mí.*

Il offre aux téléspectateurs une source inépuisable de documents afférents à la culture des jeunes pendant la période franquiste. Grâce aux multiples va-et-vient entre le présent de la fiction et l'allusion à l'enfance et à la jeunesse du père de Quique, ce que Mercero souhaite mettre en évidence c'est combien la société espagnole a évolué, combien la culture a changé dans le fond et dans sa façon d'être diffusée. Écoutons le dialogue entre le père et le fils :

> LE PÈRE. – À cette époque-là, il n'y avait rien de tout ça. Tu sais qu'à l'époque on ne voyait pas de baisers au cinéma.
> QUIQUE. – Il y avait des films d'amour ?
> LE PÈRE. – Oui, mais au moment le plus émouvant, quand le garçon s'approchait de la fille, Paf ! Plus rien ! Et dans le plan d'après, ils étaient mariés et elle, enceinte. On ne nous laissait jamais rien voir.
> QUIQUE. – Ils pensaient que ce n'était pas bien de s'embrasser ?
> LE PÈRE. – Oui, j'imagine que c'était ça. Et à l'école, quand le garçon allait embrasser la fille, le curé plaçait sa barrette devant le projecteur. Et quand il la retirait, les visages s'étaient éloignés l'un de l'autre.
> QUIQUE. – Vous étiez plus réprimés que la parole d'un moine trappiste[14].

Sans que ne soit jamais évoqué explicitement le responsable de cette violence, tous les jeunes de la série s'accordent pour dénoncer un fait : leurs parents ne se rendent pas compte que les temps ont changé.

ET LOIN DERRIÈRE LE PASSÉ

Ce changement porte un nom : la Transition et, avec elle, les balbutiements démocratiques, les premières lois votées et appliquées. La série est diffusée pour la première fois du 12 octobre 1981 au 14 février 1982. Les partis politiques étaient déjà légalisés, les Espagnols avaient

14 *El padre : En esa época no había nada de eso. ¿tú sabes que entonces no salían besos en el cine ? / Quique : ¿Había película de amor ? / El padre : Sí, pero en el momento más emocionante cuando el chico se acerca a la chica, ¡zas, corte ! Y en el cuadro siguiente ya estaban casados y ella embarazada. Nunca nos dejaban ver nada. / Quique : Es que ¿se creían que era malo que se diesen un beso ? / El padre : Sí, imagino que sería eso. Y en el colegio cuando el chico le iba a dar un beso pues el cura ponía el bonete delante del proyector. Y cuando lo quitaba ya las caras estaban separadas. / Quique : Estabais más reprimidos que la labia de un cartujo.*

été convoqués aux urnes à de multiples reprises, la lutte ouvrière n'était plus interdite, l'Espagne était entrée dans l'ère de la consommation, de la spéculation, de la problématique écologique et le chantier politico-administratif relatif à la reconnaissance des Autonomies était sur le point d'être conclu. Après la réforme politique approuvée en novembre 1976, les premières élections libres du 15 juin 1977 furent organisées, ce qui permit d'initier une réflexion sur l'élaboration du texte constitutionnel qui sera adopté en décembre 1978. L'édifice démocratique espagnol est sur pied. Tel est le contexte politique au sein duquel les jeunes de la bande grandissent et, avec eux, des millions d'Espagnols. C'est pourquoi à l'heure de prendre une décision, comme dans l'épisode « la grotte du chat / *La cueva del gato* », voter s'impose comme une évidence :

> JAVI. – Bon, pourquoi ne décidons-nous pas ça démocratiquement ? En votant, je veux dire. Et le résultat, eh bien on l'accepte tous et voilà [...] Ce qui se décide entre tous, on doit tous l'accepter sans que personne ne se fâche, c'est clair ?
>
> PIRAÑA. – Ben, demande-leur si le quorum est réuni pour que le vote soit validé[15].

Un autre épisode met en scène un autre apport issu de la Transition et promu par Adolfo Suárez, en lien avec la légalisation des partis politiques et la proclamation d'un État de droit qui défend les libertés individuelles : le droit de grève et la défense de la cause ouvrière. Le droit de grève, conjointement à la liberté syndicale, sont inscrits dans la Constitution comme un droit fondamental indiscutable octroyé aux travailleurs pour la défense de leurs intérêts et cela depuis qu'il est réglementé dans le *Real Decreto de Relaciones Laborales* du 4 mars 1977. Dans l'épisode « Pancho Panza », Pancho, qui travaille comme livreur dans la boutique de son oncle et de sa tante, est renversé par une voiture. Il ne peut pas honorer ses engagements. Solidaires, ses amis l'aident. Face aux plaintes des clients dont les livraisons sont effectuées en retard, Javi n'hésite pas à répondre de façon très hautaine : « Pancho a été victime d'un accident de travail, d'où le retard dans la livraison.

15 *Javi : Vamos a ver, ¿por qué no decidimos esto democráticamente ? A votos, quiero decir. Y lo que salga, pues se acepta por todos y en paz [...] Lo que se decide entre todos, todos tenemos que aceptarlo sin que nadie se cabree, ¿está claro ? / Piraña : pues pregúntales si tienen quórum suficiente para que la votación sea válida.*

La classe ouvrière a déjà suffisamment de soucis sans que les capitalistes réduisent en plus la demande des produits[16] ».

Le téléspectateur de l'époque a pu être choqué en entendant de tels mots dans la bouche d'un jeune garçon à peine entré dans l'adolescence. En voulant souligner la solidarité entre ce groupe d'amis que tout semble opposer, Mercero expose la naissance d'une vraie conscience politique chez ceux qui seront amenés, d'ici quelques années, à se rendre aux urnes pour décider de l'avenir de l'Espagne. L'objectif est double : montrer que les citoyens de demain ont une conscience politique – aussi jeunes soient-ils – et que leurs attitudes sont à considérer comme exemplaires. L'épisode « Peut-être / *A lo mejor* », outre qu'il fait allusion aux conflits entre générations, met en image le droit de grève, son exercice, ses limites, abus et conséquences. Pour faire savoir à leurs parents qu'ils sont las du pouvoir décisionnaire qu'ils exercent sur eux, la bande de jeunes décide de faire la grève de la parole. Ils commencent par se taire. Mais face à l'échec de l'initiative, ils décident, de concert, de répondre à leurs parents par un simple « peut-être » à toutes les questions posées. Mais comme rien ne change, ils optent alors pour parler en verlan. Face à l'incompréhension générale aussi bien de la part des parents que des touristes croisés sur leurs chemins, tous se retrouvent à la Mairie face aux personnes qui incarnent l'ordre et la loi à l'échelle publique : le maire et le gendarme. C'est l'intervention de Julia et de Chanquete (qui, eux, ne représentent ni la loi, ni l'ordre, mais la compréhension et l'échange) qui permettra de réconcilier les enfants avec leurs parents. Tous acceptent la solution consensuelle proposée par Chanquete : chaque groupe doit accepter de mettre de l'eau dans son vin, de céder du terrain, de pratiquer le « dialogue ouvert[17] ». Et, là encore, on pourrait aisément interpréter cette situation comme un message codé dont la portée peut également être interprétée du point de vue politique. La concorde nationale existe si le consensus est accepté et mis en pratique.

Outre le droit de grève ou le conflit des générations, cet épisode fait allusion à un autre grand dossier auquel la Transition a dû s'atteler :

16 *Pancho ha sufrido un accidente laboral, por eso ha llegado tarde el reparto. Bastantes problemas tiene ya la clase obrera para que la capitalista reduzca la demanda de productos.*

17 *Diálogo abierto.* Il se peut que cet épisode fasse allusion à *Bonjour* (1959) du cinéaste japonais Yasujirō Ozu, dans lequel deux enfants font la grève de silence devant le refus de leurs parents d'acheter… un téléviseur. Connu sûrement par les auteurs de la série, le film reste inédit en Espagne jusqu'en 2003.

l'Espagne des Autonomies. En effet, lorsque *Verano Azul* est diffusée sur le petit écran pour la première fois, les statuts d'autonomie sont déjà accordés à la Catalogne, au Pays Basque, à la Galice, l'Andalousie, aux Asturies et à la Cantabrie. Il faudra attendre l'année 1983 pour que toutes les autres communautés jouissent de ce statut. Et si nous faisons à nouveau allusion aux *Principes de Bases de Programmation de RTVE*, force est de constater que le second alinéa insiste sur le besoin de renforcer « les sentiments d'unité nationale et de solidarité entre tous les Espagnols et l'insertion de ces sentiments dans un système basé sur la reconnaissance et le respect de la pluralité et de la diversité linguistique, culturelle et territoriale des communautés humaines intégrées dans la Nation espagnole[18] ». De fait, Mercero a recours à la métaphore culinaire pour rendre compte de l'existence des particularismes et identités régionales. Dans l'épisode « Le couteau / *La navaja* », Julia évoque « un goûter inter-régional[19] » en servant « un poulet à la mode de Malaga, un pain galicien et du champagne catalan[20] ». Si certains dans le programme reconnaissent l'existence des particularismes régionaux, d'autres les rejettent catégoriquement. Ils défendent l'idée d'une Espagne une et indivisible. Ainsi, celui qui ne parle pas le castillan est qualifié d'« Arabe » ou on lui adresse un « bon, mais toi, à quelle autonomie tu appartiens ? » ou encore « Tu ne parles pas castillan[21] ? ».

Si les Espagnols étaient étonnés d'entendre dans la bouche d'un Espagnol une langue qui ne fût pas le castillan jusqu'au début des années 1980, grâce à l'essor du phénomène touristique, en revanche, ils s'habitueront à être entourés d'Espagnols venant des quatre coins d'Espagne. En effet le tourisme est un secteur économique en pleine mutation au moment où la série télévisée est tournée. Parce qu'elles deviennent un phénomène de masse, les vacances ne sont plus l'exclusivité de quelques privilégiés, comme le souligne le père de Quique dans « La nouba de papa / *El guateque de papá* » quand il dit « à l'époque seuls les

18 *Los sentimientos de unidad nacional y solidaridad entre todos los españoles y la inserción de esos sentimientos en un sistema basado en el reconocimiento y respeto de la pluralidad y de la diversidad lingüística cultural y territorial de las comunidades humanas que se integran en la nación española.*

19 *Una merienda interregional.*

20 *Pollo malagueño, pan gallego y champán catalán.*

21 *Oye, pero tú, ¿de qué autonomía eres ? / ¿No hablas castellano ?*

enfants de riches partaient en vacances à la mer[22] ». Il avoue qu'il a vu la mer et la plage pour la première fois à 21 ans quand il est allé faire son service militaire. Et le tourisme est une thématique omniprésente dans les 19 épisodes, puisque le contexte est celui-là précisément. On peut prendre la mesure aussi des travers de ce phénomène en pleine expansion, notamment dans le premier épisode qui évoque la pollution de l'eau. Pancho constate que « les poissons du port ont un goût de pétrole[23] ». Et lorsqu'il plonge pour récupérer le bracelet de Béa, il en ressort tout noir. Ici on pourrait voir un clin d'œil à une des plus grandes catastrophes naturelles survenue en 1978 quand le pétrolier Amoco Cádiz chavira près des côtes françaises et déversa plus de 200 000 tonnes de pétrole.

L'écologie et la défense de la Nature est un des principaux thèmes du second épisode, « Ne tuez pas ma planète / *No matéis mi planeta* ». La bande d'amis, aidée de Chanquete et de Julia, décide de mener à terme des actions concrètes pour que les vacanciers prennent conscience des conséquences néfastes qu'engendre la négligence de l'environnement. Comme le regrette Piraña alors que ses amis découvrent des poissons morts : « la mer est empoisonnée, la mer est malade, toute l'humanité va périr[24] ». Apparemment, la coupable est une usine de produits chimiques qui se trouve tout près de Nerja. L'épisode souhaite mettre en relief les nouveaux comportements de cette Espagne en voie de rénovation. En effet, les années 1980 en Espagne correspondent à la prise de conscience de l'urgence de protéger la planète. C'est le devoir de tous, comme l'exprime l'épisode qui se clôt à la Mairie en présence des jeunes et de Chanquete. Le vieux pêcheur pense que « Le pays a besoin d'un minimum d'esprit civique[25] ». Notons que l'initiative émane des jeunes, ceux qui incarnent l'Espagne de demain. Ainsi, les rôles sont inversés, c'est de leurs comportements qu'il convient de tirer des leçons et non de ceux des adultes. Alors que les enfants s'emploient à nettoyer la plage, les parents bronzent. Les parents préfèrent ne pas s'engager, continuer à respecter les modèles, plus que de vouloir voir les choses changer. Le paroxysme sera atteint dans l'épisode « Ils ne nous feront pas partir / *No nos moverán* » où la bande s'oppose à la construction de complexes

22 *Entonces de vacaciones al mar iban solamente los hijos de los ricos.*

23 *Los peces del puerto saben a petróleo.*

24 *El mar está envenenado, el mar está enfermo, toda la humanidad perecerá.*

25 *Lo que se necesita en este país es un mínimo de espíritu cívico.*

touristiques à Nerja, non seulement pour démontrer qu'ils sont tous solidaires de Chanquete que la firme Promobisa souhaite exproprier, mais aussi pour dénoncer le projet qui mettrait en péril le caractère authentique du lieu. Contrairement aux jeunes, les adultes, aussi bien les touristes que les locaux, adhèrent au projet du promoteur. Tous souhaitent investir, convaincus qu'il s'agit là d'une source d'enrichissement personnel et de développement économique de la zone. Chanquete résiste à la pression des promoteurs, des touristes et des locaux en dépit de l'appartement qui lui a été proposé. Ce dernier, ultra moderne et dont l'équipement reflète le mauvais goût, est l'incarnation de la surconsommation. Il suffit, pour en prendre la mesure, de citer l'exemple du couvercle des toilettes qui laisse échapper la mélodie du *Lac des cygnes* de Tchaïkovski. Évidemment Chanquete ne s'est pas laissé séduire, lui qui n'a même pas la télévision. Signalons que quelques semaines après la diffusion de l'épisode en question, on pouvait mesurer l'influence de la série sur la spéculation immobiliaire précisément à Nerja et de façon plus générale en Andalousie :

> Avec l'avalanche d'offres, d'achats de terrains et de projets en tout genre engendrée par la série *Verano Azul*, Nerja espère devenir rapidement un « nouveau Torremolinos » sur la Costa del Sol. La série télévisée *Verano Azul* a fortement relancé Nerja aussi bien du point de vue des investissements que sur le plan touristique. L'intérêt à son égard est manifeste compte tenu des réservations effectuées pour l'été prochain dans les cinq hôtels que compte Nerja, une localité de 11.800 habitants pleins d'espoir face au boom que la télé a engendré […] Pour éviter un grand désordre en matière de construction, Nerja prépare actuellement un programme d'aménagement en matière d'urbanisation municipale et aucun permis de construire ne sera accordé dès l'instant où il pourrait nuire à l'équilibre écologique du lieu […]. Sans aucun doute, l'incroyable pouvoir qu'exerce la télévision a permis qu'un petit village de la Costa del Sol comme Nerja accède à la popularité nationale (jusqu'à récemment, son économie reposait sur l'agriculture et la pisciculture) et désormais Nerja peut se voir spectaculairement immergé dans une brutale expansion touristique aux grands complexes hôteliers, dont les visiteurs permettront de dynamiser l'économie en créant des emplois fixes pour pallier le lourd chômage qui frappe Nerja comme n'importe quel village de la région andalouse[26].

---

26 *Con la lluvia de ofertas, compras de terrenos y proyectos desencadenada por la serie* Verano Azul, *Nerja espera convertirse en breve en un "nuevo Torremolinos" en la Costa del Sol. La serie televisiva* Verano Azul *ha significado un gran relanzamiento de Nerja tanto a nivel de inversiones como en el*

Cette longue citation synthétise, d'une certaine façon, tout ce qui, jusqu'à présent, a été dit sur le développement du tourisme de masse et ses conséquences majeures telles que la destruction de la Nature, l'émergence de la défense de la cause écologique et aussi la naissance de la spéculation immobilière. Il est aussi fait allusion à l'influence de la télévision sur les foyers. En effet dans la série et précisément dans l'épisode « L'Idole / *El idolo* », Mercero insiste sur les dangers encourus si la télévision n'est pas regardée avec un certain regard critique. Il ne faut pas tout prendre au pied de la lettre. Dans cet épisode, la tranquillité de la bande est altérée par l'arrivée à Nerja du chanteur Bruno duquel Dési et Béa sont fans. Cet épisode souhaite montrer que l'homme et l'artiste sont deux personnes différentes qu'il convient de distinguer. La fiction et la réalité sont deux concepts à ne pas confondre. Piraña, dans « Ils ne nous feront pas partir / *No nos moverán* », en avait déjà fait le constat : « Les adultes se laissent manipuler par la propagande ». Dans « L'idole / *El idolo* », Bruno est sauvé de la noyade par Pancho et Javi. Or, les médias ont raconté le contraire. L'image du héros ne doit pas être égratignée. Bruno confesse à Chanquete que la télévision a engendré « un monstre », « un puissant mélange entre l'argent et les intérêts[27] » qui est à mille lieues de la réalité. On pourrait aussi voir un autre message plus directement adressé aux téléspectateurs afin de les mettre en garde : les personnages qui vont s'animer tout au long des 19 épisodes ne sont rien d'autre que des êtres de fiction. Ils incarnent les vies qui ont pris forme grâce à l'imagination de Mercero. Dans cet épisode, *Verano Azul* et sa portée didactique dénoncent le côté pervers et manipulateur des canaux de diffusion qui non seulement reflètent les comportements, mais aussi les influencent.

---

plano turístico. Ya se ha notado el interés, con reservas para el próximo verano en los cinco hoteles existentes en el pueblo, que cuenta con 11.800 habitantes y que están esperanzados ante el boom nerjeño por la tele [...] Para evitar un gran desorden en materia de construcción, Nerja prepara en estas fechas un plan de ordenamiento urbanístico municipal y no se concederá una licencia de obra que pueda perjudicar el equilibrio ecológico por este pueblo [...] Indiscutiblemente, el gran poder que ofrece la televisión ha lanzado a la popularidad nacional un pequeño pueblo de la Costa del Sol como es Nerja (hasta hace poco basaba su economía en la pesca y en la agricultura) y que ahora puede verse inmersa espectacularmente en una brutal ascensión turística con grandes complejos, hoteles y visitantes que generarán riqueza económica y puestos de trabajo fijos para paliar el grave problema del paro, que azota al pueblo de Nerja como a cualquiera de la región andaluza, ABC, 6-III-1982.

27 *Un monstruo », un poderoso montaje de dinero e intereses.*

… MAIS SANS TROP CHANGER LES MODÈLES

Pour ce qui est de la télévision comme miroir – parfois déformant – de la société espagnole, il convient de s'intéresser à la façon dont Mercero est parvenu à offrir, par le biais de ses personnages et des aventures qu'il leur fait vivre, une représentation consensuelle, ce qui correspond en tous points à ce que Suárez souhaitait atteindre sur le plan politique : ni trop réformiste ni trop continuiste. Pour ce qui est du conflit des générations – une problématique qui n'est pas spécifiquement espagnole –, les jeunes ne souhaitent pas se soumettre à l'autorité parentale sans rien dire et sans comprendre ; ils veulent aussi se faire entendre, manifestent leur désaccord, posent des questions, organisent des grèves. Chanquete, le plus âgé de tous les personnages de la série, est celui qui parvient à expliquer aux parents la raison de cette incompréhension mutuelle : « Ils demandent des explications, le pourquoi des choses[28] ». Le vieux pêcheur préconise « le dialogue ouvert » et dénonce « les refus catégoriques[29] ». Dans la série, les problèmes entre parents et enfants trouvent toujours une solution. Métaphoriquement parlant, on pourrait y voir un affrontement entre l'Espagne traditionnelle et celle qui est en train de naître. Du point de vue politique, cela signifierait que le consensus est une tâche difficile à mener à bien. Du point de vue relationnel, cela veut dire que les parents ont du mal à perdre du terrain et à reconnaître leurs limites éducatives. Par ailleurs, si on conçoit les parents et les enfants comme deux groupes antagoniques, pouvant incarner la métaphore de l'Espagne d'hier et celle qui sera le fruit de la démocratie, à l'heure de la première diffusion de la série, personne ne peut prétendre connaître l'issue du processus réconciliateur. Parfois on pourrait penser que les efforts sont vains comme dans « La nouba de papa / *El guateque de papá* ». Là, les différences entre les deux groupes sont bien trop importantes. Les parents préfèrent danser des *pasodobles* alors que les jeunes « gesticulent », seuls, sur les musiques anglo-saxonnes. Néanmoins, malgré les mésententes, quand sonne la fin des vacances, tous, enfants et parents, repartent vers leur lieu de résidence respectif, changés de toute évidence, mais ensemble.

---

28 *Piden razones, el porqué de las cosas.*

29 *el diálogo abierto, negativas cerradas.*

Les femmes sont l'autre groupe qui, dans la série, mérite qu'on lui porte la plus grande attention lorsque l'on s'intéresse aux mutations sociales, tant dans la sphère publique que dans la sphère privée. Pour ce qui est de l'espace public, dans certains épisodes, on les voit dans des situations qui témoignent que le machisme est toujours présent, pour ne pas dire quotidien, dans la société espagnole du début des années 1980. De fait, Dési l'exprime dans l'épisode « Eva » : « Machistes, vous êtes tous des machistes, sachez-le[30] ». Par ailleurs, dans « Le visiteur / *El visitante* », on voit le père de Dési dans une discothèque où il sélectionne la femme qu'il convoite et qu'il va courtiser comme s'il se trouvait à une foire au bétail. Dans « Peut-être / *A lo mejor* », on entend un automobiliste lancer à Julia qui conduit une voiture « Qu'est-ce-qu'on serait tranquille si vous restiez dans vos cuisines[31] ». Tout aussi importante est l'attitude des mères de famille, qui reflètent aussi un certain immobilisme en ce qui concerne leur façon de penser et de porter un regard sur l'évolution et la modernisation de la société. En effet, on ne peut pas dire qu'elles manifestent un réel désir d'émancipation. Bien au contraire. Leurs commentaires à l'égard de la future mère célibataire, la jeune Eva, sont assez sévères. Décidée à élever seule son enfant et n'ayant pour seules ressources que l'argent de la vente de ses poupées de chiffon, elle est qualifiée par la mère de Béa de « pauvre imprudente[32] » puisque « quel homme digne de ce nom va désormais s'intéresser à elle[33] ? ». À son avis, « les enfants paient les pots cassés sans en être les responsables[34] ». Dési est celle qui formule l'opinion la plus moderne, rompant ainsi avec les schémas familiaux traditionnels et laissant entrevoir la possibilité d'une structure monoparentale, peu commune à l'époque. Ainsi Dési déclare au sujet d'Eva : « Elle vivra avec son fils, et c'est tout[35] ».

Dans cet épisode, Mercero démontre que pendant la Transition le patriarcat est le modèle prédominant. La famille est une institution inébranlable et intouchable. De fait, aussi bien en Espagne qu'à l'étranger, les programmes télévisés qui dans les années 1980 ont le plus de succès sont ceux qui font pénétrer les téléspectateurs dans l'intimité d'une

30 *Machistas sois todos unos machistas para que os enteréis.*

31 *qué a gusto estaríamos si os quedaseis quietas en la cocina.*

32 *desgraciada incauta.*

33 *a ver qué hombre como Dios manda se arrima a ella ahora.*

34 *las criaturitas pagan el pato sin tener la culpa.*

35 *Vivirá con su hijo y en paz.*

famille, comme dans les séries étatsuniennes avec la famille Ingalls de *La Petite maison dans la Prairie*[36], ou les Bradford de *Huit ça suffit*[37]. Face aux discours réactionnaires, on trouve ceux de Chanquete et de Julia, reflets de la tempérance, métaphore du lien qui unit hier et aujourd'hui, qui incarnent la voix du consensus. Au niveau humain, dans le programme, Chanquete et Julia symbolisent cet « entre-deux », ni trop modernes ni trop conservateurs, ni traditionnalistes ni réformistes. Ce sont là les yeux à travers lesquels les jeunes – et aussi les téléspectateurs – accéderont à la découverte et à la compréhension de la nouvelle Espagne. Ainsi, sans formuler aucun jugement de valeur, Julia essaie d'expliquer à Béa et à Dési ce qu'est être une mère célibataire dans l'Espagne de la Transition :

> La normalité pour avoir des enfants, c'est le mariage. L'idéal, c'est d'être mariés [...]. Dans notre société, avoir un enfant sans être mariée est encore une sorte de délit contre l'honneur et, même si on oublie, on ne pardonne pas si facilement. Mais dans le cas d'Eva les choses sont beaucoup plus choquantes... elle a voulu cet enfant et elle l'a voulu sans que rien d'autre n'importe et pour ça, elle a dû sacrifier certaines choses importantes... son compagnon... lui, il ne voulait pas de bébé... ce qu'a fait Eva est au-dessus de toute convenance, de tout intérêt[38].

Dans ces propos, on peut distinguer plusieurs profils sociaux : d'une part celui d'Eva, très moderne, que l'Espagne de la Transition ne semble pas encore prête à accepter. On perçoit aussi le point de vue de Julia, qui défend un « idéal », mais qui ne juge pas, qui comprend et accepte les nouveaux comportements sociaux. De fait, rappelons qu'elle a ouvert la porte de chez elle à Eva, qu'elle l'a hébergée.

L'autre exemple qui nous permet de prendre la mesure des réformes que la Transition démocratique a permises en ce qui concerne l'espace occupé par la femme dans la sphère privée est le cas de la mère de Dési

---

36 Le premier épisode de *La casa de la Pradera* fut diffusé en Espagne le 21 septembre 1975 soit un an après sa diffusion au États-Unis (*Little House on the Prairie*, 11 septembre 1974).

37 *Eight is enough* sort sur le petit écran le 15 mars 1977, soit deux ans avant la diffusion sur les écrans espagnols (*Con ocho basta*, 16 février 1979).

38 *El cauce normal para tener hijos es el matrimonio. Lo ideal es estar casados [...] En esta sociedad nuestra, lo de tener un hijo sin estar casada es todavía como una especie de delito contra la honra y aunque se olvide no se perdona así como así. Pero en el caso de Eva la cosa es mucho más sangrante... es que ella ha querido a ese niño y lo ha querido sin importarle nada más y para ello ha tenido que sacrificar algunas cosas importantes... a su compañero... él no quería al niño... lo que ha hecho Eva está por encima de cualquier conveniencia, de cualquier interés.*

dans l'épisode « Le visiteur visiteur / *El visitante* ». Sans que la décision ne vienne d'elle, plutôt que de vivre malheureux, menottés par les liens du mariage, son époux lui propose, ou plutôt lui impose la séparation :

> LE PÈRE. – Maintenant non, s'il te plaît, ne pleure pas, entre les larmes et les disputes nous avons suffisamment occulté le problème. C'est terminé Pilar. Nous ne pouvons plus jouer au couple qui ne s'entend plus et qui veut se séparer mais qui ne se sépare jamais. C'est terminé. Nous devons prendre une décision ferme, adulte, mûre.
>
> LA MÈRE. – Tu veux dire divorcer ?
>
> LE PÈRE. – Je veux dire une décision civilisée, qui nous permette d'effacer l'enfer dans lequel nous vivons depuis des années[39].

Ici, il est fait allusion à la Constitution espagnole de 1978 et plus précisément au point relatif « aux droits et devoirs fondamentaux » qui dans l'article 32 insiste sur « les droits et devoirs des conjoints ainsi que les causes de séparation, de dissolution et leurs effets[40] ». Si dans l'épisode le père désireux de mettre un terme à son mariage n'emploie guère le mot divorce alors qu'il est à l'origine de cette décision, c'est qu'au moment où il est tourné, la loi n'a toujours pas été votée. Elle le sera le 7 juillet 1981. Si nous revenons aux propos tenus précédemment par le père de Dési et plus précisément au qualificatif « civilisée », il semblerait, d'après ce qu'il dit, que la séparation (qu'il s'agisse d'une dissolution, d'une séparation ou d'un divorce) est d'une certaine façon un moyen de se réconcilier. En effet, pour la première fois depuis longtemps, les parents de Dési s'adressent la parole sans se faire de reproches.

Et la décision de se séparer doit être prise d'un commun accord, aussi douloureuse soit-elle. Ainsi le père reconnaît qu'ils ont « le droit de refaire leur vie, de rire, de vivre, d'aimer à nouveau[41] ». Après s'être haïs pendant des années, il est possible de dialoguer à nouveau. Et là, on pourrait voir un de ces nombreux messages à double sens : celui qui a trait à la sphère privée et celui, plus métaphorique, qui renvoie

---

39 *Padre : Ahora no, por favor, no llores, entre llantos y discusiones ya hemos tapado mucho tiempo el problema. Se acabó Pilar, se acabó. No podemos jugar más al matrimonio mal avenido que quiere separarse y no se separa nunca. Se acabó. Tenemos que tomar una decisión firme, adulta, madura. / Madre : ¿quieres decir divorciarnos ? / Padre : Quiero decir una decisión civilizada, que nos permita borrar este infierno en el que vivimos desde hace años.*

40 *los derechos y deberes de los cónyuges, las causas de separación y disolución y sus efectos.*

41 *tenemos derecho a rehacer nuestras vidas, tenemos derecho a volver a reír, a vivir, amar.*

à la réconciliation à l'échelle nationale, la réconciliation politique tant souhaitée lors de la Transition. On comprend mieux ainsi le discours de Julia qui, pour rassurer Dési, lui dit : « Une séparation est toujours douloureuse, mais moins que de se lancer des reproches à la tête[42] ».

Pour synthétiser ce qui a été dit précédemment, on pourrait dire que *Verano Azul* fait cohabiter les femmes qui symbolisent l'Espagne de demain – Eva, Dési et sa mère, Béa – avec celles qui incarnent l'Espagne traditionnelle, celles qui défendent la morale en vigueur. Mais si dans les 19 épisodes ces mères-là n'apparaissent jamais vaquant à leurs occupations domestiques – Mercero a préféré les montrer près de leur mari sur la plage en train de bronzer –, on ne les voit jamais être tendres ou complices avec leurs enfants. Ce sont les tâches qui incombent à Chanquete et à Julia qui jouent un rôle de parents de substitution, toujours présents pour répondre aux questions les plus indiscrètes comme celles relatives à la sexualité. C'est souvent grâce à ces questions qui, à première vue, paraissent innocentes que l'on accède à ces messages codés. Dans la série, Chanquete et Julia sont ceux qui vont donner aux jeunes les clefs pour comprendre et accéder au monde qui les entoure : l'Espagne d'hier, l'Espagne sur le chemin de laquelle ils avancent pour mieux vivre, l'Espagne de demain. Les enseignements qu'ils tirent vont au-delà du petit écran et s'adressent principalement aux téléspectateurs en totale empathie avec ces personnages. Rappelons l'épisode au cours duquel Chanquete meurt et les réactions engendrées par cette mort. Les petits Espagnols qui étaient devant leur écran ce dimanche-là se souviennent encore aujourd'hui de ce dimanche funeste de février 1982. Pour un grand nombre d'entre eux, il s'agissait de la première fois qu'ils perdaient un être cher. En 2014, soit 32 ans plus tard, *La Vanguardia* évoquait à l'occasion d'une rediffusion « Chanquete a perdu une nouvelle fois la vie[43] » ou encore « des milliers de twitters de notre pays ont pleuré la mort du personnage au point que l'hashtag #Chanquete est devenu le trending topic numéro 1 au niveau mondial[44] ». Voilà quelques-uns des tweets que l'on pouvait lire : « que je le voie une fois ou mille,

42 *Una separación siempre es dolorosa, pero menos que echarse a la cara los rencores.*

43 Chanquete ha vuelto a perder la vida.

44 Miles de tuiteros de nuestro país han llorado la muerte del personaje hasta el punto de que el *hashtag* #Chanquete se ha convertido en el trending topic número uno a nivel mundial.

la mort de Chanquete m'affecte toujours autant et me fait toujours pleurer #Chanquete #VeranoAzul » ; « 30 ans à voir la même chose et pourtant je dois me moucher parce que Chanquete est mort aujourd'hui #Chanquete personne ne meurt jamais vraiment[45] ».

Avec ses personnages et les soucis qu'ils rencontrent et qu'ils doivent surmonter, Antonio Mercero a su atteindre le plus intime de la société dont le quotidien était en pleine mutation. Rapidement, Chanquete est devenu le personnage préféré tant des enfants que de leurs parents, puisqu'il incarne certaines valeurs telles que la simplicité, l'authenticité, le savoir, la sagesse, l'honnêteté ; des valeurs sans connotation politique aucune. *Verano Azul* ne s'est pas limitée à montrer ce qu'était la Transition, mais aussi ce qu'était la vie, l'amour, l'amitié et également la mort, comme l'a évoqué Mercero à l'occasion de la première diffusion de la série :

> Les thèmes [...] sont le conflit des générations, les questions du sexe, du divorce, de l'écologie, la violence, la mort et bien d'autres encore [...] tout au long de la série mais sans qu'il y ait de désir didactique ou dogmatique[46].

Mercero a clairement exprimé son souhait qu'aucune récupération politique ne soit réalisée par quelque parti politique que ce soit. Il refuse que quiconque lui prête de mauvaises intentions, comme on a pu le lire dans cette lettre au ton des plus cyniques et publiée dans le journal *El País*[47] :

> Et que dire des cas suivants : les pères divorcés et cette fille, la garce par excellence, qui se baigne nue (habitude des tribus sauvages et analphabètes d'Amérique, d'Afrique, et d'Océanie plutôt que des femmes libérées) sans se soucier d'être vue des petits [...] et qui veut justifier une grossesse extra-conjugale (deux actes immoraux) ; en somme une série très pédagogique, tout un tas de vulgarités qui rendent cette série des plus délicieuses[48].

45 *Lo vea una o lo vea mil veces a mí la muerte de Chanquete siempre me llega y me hace llorar #Chanquete #VeranoAzul"; "30 años viendo lo mismo y tengo que limpiarme el moco porque hoy ha muerto #Chanquete Nadie muere del todo.*

46 *Los temas [...] son el enfrentamiento generacional, temas del sexo, el divorcio, ecología, la violencia, la muerte y otros muchos que surgen [...] a lo largo de toda la historia, pero sin afanes didácticos o dogmáticos.*

47 Cebrián, Mercedes, *Unas vacaciones en el corazón de la Transición*, Barcelona, Alpha Decay, 2016, p. 42.

48 *Y no digamos de las situaciones : los papás divorciados y la chica esa, tan buena pécora, bañándose desnuda (costumbre no de liberadas, sino de las tribus salvajes y analfabetas de América, África y Oceanía), sin preocuparse si podían verla niños [...] y queriendo justificar un embarazo*

De fait, le jour de la première diffusion du premier épisode, le 12 octobre 1981, dans le journal *El País*, Mercero laisse entendre que le conflit des générations est la thématique principale :

> […] La série ne peut être qualifiée de série pour enfants », déclara hier son réalisateur, Antonio Mercero, « même si les personnages principaux sont des adolescents, les thèmes concernent le monde des adultes, puisqu'il est question du fossé des générations et de l'incompréhension entre les parents et les enfants. Ces problèmes sont traités d'un point de vue humaniste et progressiste […][49].

Pourquoi insister, alors, autant sur le conflit des générations comme thématique du programme ? Comment interpréter, donc, « le point de vue humaniste et progressiste » ? La réponse se trouve peut-être dans l'étude conduite par María Antonia Paz et Javier Mateos-Pérez, intitulée « The Impact of Political Transition (1976-1982) on Spanish Television for Children and Young People[50] » où les auteurs insistent sur le fait que :

> TVE fut progressiste dans ses efforts pour aider les jeunes à s'adapter au changement du pays vers la démocratie, mais elle fut conservatrice dans sa façon de rester fidèle aux valeurs traditionnelles de la famille chrétienne et à l'obéissance aux parents. Contrairement aux journaux, qui avaient chacun leur propre lectorat idéologique, on attendait de la télévision qu'elle obtienne également le consensus entre les différents groupes sociaux et politiques. Le résultat fut qu'elle resta modérée tout au long de la Transition, en ne faisant que les changements strictement nécessaires pour préparer les jeunes à la démocratie[51].

---

extramatrimonial (ambos actos inmorales) ; en fin, una serie muy pedagógica, un conjunto de vulgaridades que hacen una serie deliciosa.

49 *« […] La serie no se puede calificar de infantil », declaró ayer su director, Antonio Mercero, « aunque esté protagonizada por adolescentes, ya que sus temas afectan al mundo de los adultos, al plantear el distanciamiento generacional y la incomprensión entre padres e hijos. Estos problemas están tratados desde una actitud humanista y progresista […] ».*

50 Paz, María Antonia et Mateos-Pérez, Javier « The Impact of Political Transition 1976-1982 on Spanish Television for Children and Young People », *Television and New Media*, 17(4), 19 October 2015, https://doi.org/10.1177/1527476415610005 (consulté le 10/06/2021).

51 *TVE fue progresista en sus esfuerzos para ayudar a los jóvenes a adaptarse al cambio del país hacia la democracia, pero conservadora en la forma en que se aferraba a los valores tradicionales de la familia cristiana y la obediencia filial. A diferencia de los periódicos, cada uno de los cuales tenía su propia parroquia ideológica, se esperaba que la televisión lograra también el consenso entre las dispares facciones sociales y políticas. Como resultado, se mantuvo moderada durante todo el proceso de transición, haciendo sólo los cambios estrictamente necesarios para preparar a los jóvenes para la democracia.*

C'est pourquoi ce que l'on voit sur le petit écran tout au long des 19 épisodes est une Espagne quelque peu sous contrôle, celui que Mercero exerce et, à travers lui, le gouvernement. Et s'il est fait allusion aux réformes et à l'évolution des coutumes, Mercero procède toujours avec beaucoup de prudence et de précautions. C'est la raison pour laquelle on ne voit jamais de scènes de sexe, de violence ou de drogue. On comprend mieux la présence des messages codés auxquels les téléspectateurs accèderont ou pas. Parmi eux, le plus important est peut-être celui qui renvoie à la viabilité du processus réconciliateur, du consensus de l'épisode « Les bouteilles / *Las botellas* ». Là, Javi et Pancho, tous les deux amoureux de Béa, s'affrontent à nouveau, convaincus chacun que l'autre envoie des messages d'amour dans des bouteilles lancées à la mer et retrouvées sur la plage. Ils se donnent rendez-vous pour se battre. Tout le monde est là : les jeunes, Julia et Chanquete. Chanquete exprime sa déception en voyant que les jeunes sont capables de manifester de la haine, qu'ils n'ont pas plus tenu compte de ses conseils qu'ils ne les ont appliqués. Il a échoué dans sa mission de guide. Le bilan que dresse Chanquete est des plus négatifs. Le spectre des deux Espagnes irréconciliables ressurgit :

> Tu vois Julia, ils ne sont pas contents. En réalité, il n'y a pas de quoi s'étonner, c'est toujours la même chose, c'est ce qui est toujours arrivé dans ce pays, et peut-être bien dans le monde entier. Écoute Quique, quand quelqu'un veut quelque chose il a toujours recours à la même chose, à la tromperie. Et la tromperie engendre la violence. Ils pensent que c'est le plus fort qui gagne. Parfois on dirait qu'ils ont raison mais c'est faux. Ils se trompent eux-mêmes. Mon Dieu, quelle horreur ! Et eux, ils sont là pour continuer le travail. Vous non plus vous n'allez pas enfouir la haine au fond de la mer. Julia, d'après ce que je vois il n'y a aucun espoir qu'ils puissent se demander pardon [...]. Croyez-vous, Julia, que l'on peut encore espérer qu'ils jouent à la loyale ? Qu'on peut encore espérer un monde sans tromperie, sans violence, un monde où l'on puisse parler, dialoguer, discuter proprement, respecter l'autre et demander pardon quand on se trompe ? Un pays sans esprit de revanche[52].

52 *Lo ves Julia no están satisfechos. En realidad, no hay por qué sorprenderse, si es lo mismo de siempre, lo que ha ocurrido siempre en este país, y no sé si en el mundo entero. Mira Quique, cuando alguien quiere algo siempre recurre a lo mismo para conseguirlo, a la trampa. Y la trampa desata violencia. Piensan que el más fuerte es el que gana. Y a veces parece que tienen razón pero nunca la tienen. Se la quitan ellos mismos. ¡Ay Dios ! Qué mundo de asco. ¡Y aquí están estos para continuarlo ! Pues tampoco vosotros vais a echar el odio al fondo del mar. A ver Julia, por lo que veo no hay ninguna esperanza de que puedan decir perdón [...] ¿Entonces cree usted Julia que todavía se puede esperar un juego limpio ?¿Un mundo sin trampa, sin violencia donde se pueda*

CONCLUSION

Réconcilier, sur le plan humain comme sur le plan politique, est un projet très périlleux. Personne ne peut parier dessus. Personne n'en connaît l'issue. Mais notons qu'après avoir entendu les mots prononcés par Chanquete, les deux garçons, ennemis il y a peu, tombent dans les bras l'un de l'autre. Le « Il faut être confiant Chanquete. Ce n'est peut-être pas très opportun de faire trop de plans pour l'avenir[53] » exprimé par Julia sous-entend que la réconciliation ne dépend pas de quelqu'un en particulier, mais de tous. Ces mots empreints d'espoir s'adressent aussi bien aux hommes politiques qu'aux citoyens, aux téléspectateurs, adultes comme enfants. Tout au long de cette étude, comme au fil des 19 épisodes que compte *Verano Azul*, nous avons pu prendre la mesure de la portée didactique du programme. Il donne à voir aux adolescents ce qu'est la Transition, ces mêmes adolescents qui apprennent à regarder autrement l'Espagne qui les entoure pour mieux la comprendre, pour mieux vivre en son sein ; cette Espagne qui se nourrit de valeurs humaines universelles telles que la famille et l'amitié, cette Espagne des erreurs de laquelle il convient d'apprendre pour éviter de les reproduire, en s'adaptant aux nouvelles réalités, circonstances et habitudes. Telle a été l'équation que Mercero a résolue avec brio – compte tenu des très nombreuses rediffusions[54] – pour offrir aux Espagnols d'hier et d'aujourd'hui, le premier « téléfilm à l'espagnole[55] ».

Nadia Ait Bachir

---

hablar, dialogar, discutir limpiamente, respetar al otro, y pedir perdón cuando uno se equivoca ? Vamos, un país sin revanchismo.

53 *Hay que confiar chanquete. Quizá no sea conveniente hacer demasiados planes para el futuro.*

54 En 1995, 91,3 % des Espagnols avaient vu au moins un épisode, https://www.malagahoy.es/vivir/capitulo-serie-Verano-Azul_0_1248475648.html (consulté le 10/06/2021).

55 El primer telefilme a la española, https://www.antoniomercero.eus/fr/denbora-lerroa/television/verano-azul (consulté le 10/06/2021)

NARCOS, UNE HISTOIRE D'ARCHIVES

Diffusée pour la première fois en 2015, *Narcos* est une création originale de la plateforme Netflix[1]. La série se veut une sorte de fresque sur l'évolution du trafic de stupéfiants en Amérique latine[2] et, plus particulièrement, celui de la cocaïne[3]. Il s'agit notamment de revenir sur la lutte des forces de l'ordre locales et surtout étatsuniennes, plus concrètement la DEA (Drug Enforcement Administration), contre ce trafic. Les trois saisons – avec dix épisodes par saison – intitulées simplement *Narcos* portent sur les cartels colombiens.

Il y a encore vingt ou trente ans, lorsqu'on parlait d'une série, il n'était pas vraiment compliqué de parler de « son » public puisque les séries étaient produites et diffusées dans un pays, sur une chaîne qui pouvait être accessible à tous ou payante sur des chaînes dites du câble. Même les supports de diffusion et de circulation à l'étranger étaient connus et on pouvait donc savoir en fonction de la chaîne de diffusion, du choix du jour et de l'horaire à qui elle s'adressait en priorité, si elle rencontrait un certain succès ou non (notamment avec une déprogrammation ou un

---

1 Netflix, née en 1998 comme une plateforme de location de DVD par correspondance, est passée en 2007 à la VOD sur internet avec l'achat de catalogue de films, séries et documentaires, disponibles ensuite en streaming moyennant un abonnement. Depuis 2012, la plateforme produit ses propres séries de fiction et documentaires, c'est en 2016 qu'elle a commencé à produire ses propres films. La plateforme prend de plus en plus d'importance dans le paysage médatico-culturel, et voit son audience augmenter année après années, avec en 2017, 110 millions d'abonnés dans 190 pays, la moitié se situant aux États-Unis. Aujourd'hui, avec la crise sanitaire, le nombre d'abonnés s'est encore accru, pour s'élever à plus de 190 millions : https://www.numerama.com/pop-culture/637368-ce-graphique-montre-lexplosion-des-abonnes-netflix-pendant-le-confinement.html (consulté le 14/01/2021).

2 Depuis 2018, deux autres saisons portent sur le Mexique, avec la série *Narcos : Mexico*. Une troisième saison est prévue : https://www.premiere.fr/Series/News-Series/La-saison-3-de-Narcos-Mexico-officiellement-annoncee-par-Netflix (consulté le 14/01/2021).

3 Holloway, Daniel, « *Narcos* showrunners talk drama's future without Pablo Escobar », *Variety*, 27 juillet 2016 : https://variety.com/2016/tv/news/narcos-showrunners-talk-dramas-future-without-pablo-escobar-1201824852/ (consulté le 14/01/2021).

changement de jour ou d'horaire), etc. Ces éléments sont encore pertinents lorsqu'on s'intéresse à de nombreuses séries, mais ils ne suffisent plus pour bien analyser ou comprendre les objectifs ou attentes des créateurs, producteurs et diffuseurs de séries. En ce sens, le modèle de diffusion de Netflix, avec la mise en ligne de l'intégralité d'une saison en une seule fois, complique l'étude de l'impact de ses productions originales. On peut se référer au visionnage de la série sur la plateforme et au nombre d'abonnés, mais il conviendra de s'intéresser d'autant plus à l'objet esthétique pour tenter de comprendre à qui elle peut s'adresser et surtout, dans le cas étudié, quel est l'apport de l'utilisation d'images d'archives dans une série.

Dans cette perspective, on peut noter d'emblée un premier élément : la série est certes produite aux États-Unis, mais elle est en grande partie en espagnol. Les personnages originaires de pays latino-américains, la Colombie majoritairement, parlent dans cette langue. Alors que jusqu'à présent les productions étatsuniennes se sont fait une spécialité de réaliser des films sur des réalités non anglophones en anglais avec des accents[4], ce choix peut surprendre[5].

Netflix étant une plateforme présente dans de très nombreux pays dans le monde, on peut estimer qu'elle est animée d'une volonté de s'adresser plus particulièrement au marché audiovisuel hispanophone et même latino-américain. Ainsi, sur les trois saisons, parmi les acteurs présents dans la série, on retrouve des acteurs connus dans les pays hispanophones, tels que Alberto Amman pour l'Argentine, Damián Alcazar pour le Mexique, Miguel Angel Silvestre et Javier Cámara pour l'Espagne. Figurent aussi dans des rôles importants un acteur brésilien, Wagner Moura et un acteur portugais Pêpê Rapazote qui jouent en espagnol. Cependant, c'est aussi précisément ce dernier point qui

4 Pour le monde hispanophone, un des exemples les plus criants est le film sur l'artiste mexicaine, Frida Kahlo, interprétée par Salma Hayek, *Frida* de Julie Taymor (2002). L'actrice est mexicaine et aussi productrice du film, mais interprète le rôle en parlant en anglais avec son accent mexicain. Un exemple plus récent est le film *Loving Pablo* de Fernando León de Aranoa, réalisateur espagnol, avec Javier Bardem et Penélope Cruz, acteur et actrice eux aussi espagnols, qui parlent en anglais alors qu'ils jouent des personnages colombiens.

5 Même s'il est vrai que les dialogues en langue étrangère semblent de plus en plus présents dans les séries étatsuniennes. Par exemple, on pense aux dialogues en coréen dans la série *Lost* de J. J. Abrams, Damon Lindelof et Jeffrey Lieber (2004-2010). Je remercie Sylviane Bataille et Françoise Cabaret pour m'avoir fait remarquer ce fait.

peut laisser entendre que la série ne cible pas spécifiquement le public hispanophone ou latino-américain, ou alors de manière maladroite. En effet, alors que les trois premières saisons se déroulent essentiellement en Colombie, les acteurs colombiens sont loin d'être majoritaires, en particulier dans les rôles principaux. Le choix d'un acteur brésilien pour jouer un des rôles de premier plan interroge beaucoup et, comme le signale Luis Rivera-Vélez, contribue à « dé-colombianiser » la série[6]. Le politologue fait d'ailleurs référence aux problèmes de reproduction d'accents des différentes régions de la Colombie qui pour un public natif est évident. L'utilisation de l'espagnol par les personnages issus de pays hispanophones n'obéirait donc pas nécessairement à une volonté d'attirer un public appartenant à une aire linguistique particulière, il aurait surtout comme objectif de contribuer à donner le sentiment que ce qui est raconté est « vrai ».

Car, c'est bien ce dont il s'agit dans cette série : d'« histoires vraies » et surtout de personnages qui ont réellement existé, dans leur grande majorité. Les deux premières saisons de *Narcos* sont consacrées au Cartel de Medellín dans les années 1970 jusqu'au début des années 1990. Elles se centrent tout particulièrement sur un personnage, le trafiquant de drogue Pablo Emilio Escobar Gaviria[7]. Pour les Colombiens, cette figure et son histoire sont bien connues, dans la mesure où Escobar a eu un impact direct dans leur quotidien, notamment à la fin des années 1980 et au début des années 1990 lorsque l'opposition entre les trafiquants de drogue et les gouvernements colombiens s'est traduite par une série d'attentats[8] qui a directement endeuillé la population colombienne, en particulier à Bogotá et Medellín. À cela, il faut ajouter que les

6 Rivera-Vélez, Luis, « *Narcos* et l'histoire dé-*colombianisée* de la Colombie », *TV/Series*, numéro 17, 2020, https://journals.openedition.org/tvseries/4253 (consulté le 14/01/2021).

7 Pablo Escobar était un trafiquant de drogue colombien à la manœuvre à partir des années 1970 et surtout dans les années 1980. Il fait partie des pionniers dans le développement de ce trafic notamment vers les États-Unis et l'Europe. Il est mort le 2 décembre 1993 après une longue chasse à l'homme menée par un groupe militaire (*el bloque de búsqueda*), des agents de la DEA, des paramilitaires et ses propres ennemis dans le trafic de drogue qui se faisaient appeler « *Los Pepes* ».

8 Certains calculs parlent de 100 bombes entre septembre et décembre 1989. Pour la période 1989-1993, on parle de 5500 morts, civils, membres des forces de l'ordre (550) et des armées, trafiquants morts dans des affrontements entre cartels. « Las cifras del mal », *Semana*, 23 de noviembre de 2013 : https://www.semana.com/nacion/articulo/cifras-de-atentados-victimas-de-escobar/365633-3/ (consulté le 14/01/2021).

gouvernements colombiens s'opposaient déjà violemment aux organisations armées d'extrême-gauche, telles que les FARC. Par ailleurs, comme le signale les travaux du sociologue Daniel Pécaut, la violence est un outil qui s'est largement ancré dans la réalité politique et sociale colombienne depuis les années 1930[9].

L'objectif de cette étude n'est pas d'analyser dans le détail les faits historiques dans la série *Narcos*. Nous souhaitons surtout interroger leur rôle et plus spécifiquement une des formes largement utilisées tout au long de la série pour les présenter : l'usage d'images d'archives ou la « création d'archives ». Il ne s'agit bien évidemment pas d'un processus nouveau ou original puisque les images d'archives sont utilisées depuis bien longtemps dans les fictions cinématographiques ou télévisuelles[10]. Cependant, dans le cas de *Narcos*, leur emploi dans la construction narrative et ses éventuelles interprétations par un public peu ou pas connaisseur de la réalité historique colombienne interpelle. Alors qu'il s'agit d'une série qui semble s'adresser à un large public tout en mettant en scène des personnages à la « morale douteuse », aussi bien du côté des trafiquants de drogue que des membres des forces armées ou de l'ordre, quelle importance accorder à ces images ?

Afin de proposer quelques hypothèses pour répondre à cette question, nous reviendrons tout d'abord sur les genres et sur certaines références cinématographiques et télévisuelles auxquels la série semblent se raccrocher pour tenter de mieux appréhender le public visé. Nous nous intéresserons ensuite aux images d'archives, réelles ou créées, pour comprendre le rôle qu'elles jouent et cerner les interrogations qu'elles soulèvent.

---

9 Pécaut, Daniel, *Orden y Violencia, Colombia 1930-1953*, 4e édition, Medellín, Editorial EAFIT, 2012.

10 Les références sont nombreuses, on pense, par exemple, aux travaux de Lindeperg, Sylvie, *La voie des images*, Paris, Verdier, 2013 ; Rollet, Sylvie, *Une éthique du regard d'Alain Resnais à Rithy Panh*, Paris, Hermann, 2011, Levy, Ophir, *Images clandestines. Métamorphoses d'une mémoire visuelle des « camps »*, Paris, Hermann, 2016 et Amiel, Vincent, *Naissances d'images*, Paris, Klincksieck, 2018.

NARCOS : UNE SÉRIE DE GENRES

Dès que l'on résume brièvement la série *Narcos*, certaines références cinématographiques et télévisuelles viennent à l'esprit. Si l'on n'est pas très sériephile, on peut penser à des films comme *Scarface* de Brian de Palma (1983) ou à *Traffic* de Steven Soderberg (2000). Dans le premier cas, la référence au « baron de la drogue » et à son ascension est assez évidente ; dans le second, le lien peut être établi avec le panel d'acteurs représentés : d'un côté les trafiquants, de l'autre, ceux qui luttent contre eux, policiers, armées ou hommes et femmes politiques. Pour les séries, les références peuvent être plus variées, même si on se limite aux dix ou quinze dernières années. Si l'on s'en tient à la thématique englobante du trafic de stupéfiants, on constate que des séries devenues cultes telles que *The Wire*[11]et *Breaking Bad*[12] ont clairement remis cette question à l'ordre du jour[13]. Pour la première, avec une volonté assumée d'en analyser et comprendre tous les enjeux, notamment un aspect presque absent de *Narcos*, la consommation ; pour la seconde, en générant un cadre purement fictionnel, serti d'humour noir, qui laisse entendre que le problème de la drogue, de sa production et de sa circulation se posent dans tous les contextes sociaux[14].

Si l'on s'intéresse aux trafiquants, on peut bien entendu à nouveau se référer à des films de gangsters ou sur la mafia, au premier rang desquels les opus majeurs de Martin Scorsese, mais les séries ne sont pas non plus en reste. Sur les dernières années, ce monument sériel qu'est *Les Soprano* s'impose à l'esprit, puisqu'une partie du tissu narratif, même si c'est moins poussé dans *Narcos*, vise à montrer les trafiquants dans l'intimité[15]. On pense aussi à *Boardwalk Empire* qui exhibe les rouages de

11 *The Wire* de David Simon et Ed Burns (2002-2008).

12 *Breaking Bad* de Vince Gilligan (2008-2013).

13 Hudelet, Ariane, *The Wire. Les règles du jeu*, Paris, PUF, 2016 ; Benhessa, Ghislain et Bittinger, Nathalie, « Poudre aux yeux. Autour de *The Wire*, *Breaking Bad* et *Narcos* » in *Esprit*, 2 février 2017, p. 100-106.

14 Dans ce dernier cas de figure, nous pensons aussi à la série *Weeds* de Jenji Kohan (20025-2012).

15 On pense par exemple au parallèle qui pourrait être fait entre Vito Spatafore Sr. qui découvre son homosexualité dans *Les Soprano* de David Chase (1999-2007) et à Pacho Herrera dans *Narcos* qui l'assume pleinement, mais qui s'y réfère aussi douloureusement

la mise en place d'un trafic, même si l'époque n'est pas la même, la série se déroulant dans les années 1920[16]. Quant aux membres de la police ou de l'armée, colombienne ou étatsunienne, à l'instar de nombreux films ou séries, il s'agit de les renvoyer à un statut trouble, de montrer qu'ils ne sont pas nécessairement « les gentils », puisqu'on les voit à plusieurs reprises frapper, torturer ou tuer des trafiquants sans envisager de les arrêter : être forces de l'ordre, dans *Narcos*, c'est en bien des cas user de la force sans donner les suites judiciaires qui permettraient un véritable retour à l'ordre. Leurs actions ne respectent pas toujours les règles morales ou légales, ils peuvent être « les méchants », dans un jeu constant de confusion et de renversement des places et des valeurs, qui est l'une des grandes marques de fabrique des séries contemporaines. Et justement, on peut s'en remettre à nouveau à la référence à *The Wire* dont l'un des enjeux narratifs et politiques est de montrer que les frontières sont poreuses lorsqu'il est question de « moralité », la complexité de son propos, aux antipodes de tout manichéisme, faisant que le spectateur peut aussi bien s'attacher à un « trafiquant » qu'à un « policier[17] ».

Il faut également évoquer le biopic, puisque la série revient clairement sur des figures et des personnalités réelles du trafic de drogue, telles que Pablo Escobar et les membres du Cartel de Cali dans la troisième saison, mais aussi parce qu'elle puise son inspiration dans des ouvrages publiés par certains acteurs des faits. Il faut ajouter à cela que les deux membres de la DEA qui occupent la position de narrateurs de la série, l'agent Murphy pour les deux premières saisons, et l'agent Peña, pour la troisième, renvoient à de véritables policiers, qui ont d'ailleurs été consultants pour l'écriture de *Narcos*[18]. Ainsi, la mention « inspirés de faits réels », qui figure au début de la série, n'a rien d'usurpée : elle renvoie très

---

dans la série. On peut aussi parler de certaines scènes familiales qu'on peut voir dans *Narcos*, même si elles sont plus nombreuses et poussées dans *Les Soprano*.

16 *Boardwalk Empire* de Terence Winter (2010-2014). On peut signaler que Martin Scorsese a collaboré à cette série.

17 On peut tout de même souligner que la justification morale pour expliquer des gestes illégaux ou amoraux semble être plus souvent du côté des policiers, notamment de la DEA, que du côté des trafiquants. Quant aux personnages de « méchants » et à leur évolution dans les séries étatsuniennes, nous renvoyons à l'ouvrage de Jost, François, *Les nouveaux méchants. Quand les séries américaines font bouger les lignes du bien et du mal*, Bayard, Montrouge, 2015.

18 Rivera-Vélez, Luis, *op. cit.*, mais aussi Britto, Lina, « Car Bombing Drug War History », *NACLA Report on the Americas*, 48:2, p. 177-180, DOI : 10.1080/10714839.2016.1201278.

directement à des personnages qui ont pour la plupart existé, mais aussi à des faits historiques qui se sont vraiment produits. En ce sens, on peut dire de *Narcos*, en dépit de toutes les inflexions dramaturgiques induites par la fiction, qu'elle se présente comme une réécriture du réel, posture qui ménage d'emblée une place possible pour l'utilisation des images d'archives. À toutes ces références, il convient enfin d'ajouter celles des films d'actions. En effet, les créateurs de la série, Chris Brancato, Doug Miro, Carlo Bernard, José Padilha et Eric Newman sont des scénaristes/réalisateurs/producteurs qui ont œuvré dans ce genre[19]. Le plus connu des cinq est José Padilha : il a rencontré un succès critique mondial avec son film *Troupe d'élite*, Ours d'Or au Festival de Berlin en 2008, grand succès public au Brésil, son pays d'origine.

Ce cocktail de références, adaptées à la réalité colombienne, fait l'identité sérielle de *Narcos*, ce que les bandes-annonces[20] ne manquent pas de mettre en évidence, puisque tous les ingrédients auxquels nous venons de faire référence y sont réunis. Le cadre est fixé d'emblée et l'arène sérielle est mise en valeur, à travers les plans larges et panoramiques des différents aspects de la Colombie avec ses montagnes, ses villes et la forêt amazonienne. Mais tout se passe comme s'il s'agissait de générer un espace colombien, pour mieux accueillir en fait une matière narrative et esthétique qui, elle, est beaucoup plus mélangée. Les personnages nous sont présentés avec force arrêts sur image et l'intervention d'une voix *off*, procédés qui lorgnent de manière appuyée du côté des *Affranchis* ou de *Casino* de Scorsese. Les policiers et les hommes politiques sont présentés d'emblée sous un angle contrasté, ni tout blanc, ni tout noir, du propre avis du narrateur qui est un agent de la DEA. La place de

---

Les deux articles évoquent les problèmes liés à un regard biaisé de l'histoire colombienne puisque la source principale des créateurs de la série semble être les agents de la DEA.

19 On peut trouver des informations détaillées à jour sur la filmographie de chacun sur le site IMDb. Ils ont la particularité d'être tous depuis de nombreuses années dans les circuits du cinéma et de la télévision étatsuniens. José Padilha est peut-être celui qui a le parcours le plus singulier. Dans tous les cas, on peut observer que le succès de la série *Narcos* leur a ouvert de nombreuses portes pour de nouveaux projets. En effet, ils n'ont pas tous travaillé sur *Narcos : Mexico*, la suite.

20 Il peut y avoir plusieurs bandes-annonces par saison, mais dans tous les cas, elles forment un cocktail qui utilise les genres auxquels nous avons fait référence. Elles peuvent être regardées sur la page youtube de la chaîne Netflix, que ce soit par exemple sur le site étatsuniens, latino-américains ou français de la plateforme : https://www.youtube.com/watch?v=HhvKFRwtdI8 (consulté le 14/01/2021).

la musique, un alliage entre des musiques d'époque, du rock ou de la musique colombienne ou latino-américaine, est le reflet du poids qui lui est octroyé dans la série : elle contribue clairement à son rythme soutenu, d'autant plus qu'elle est très présente, en particulier dans les scènes d'actions, comme les courses poursuites. Dans une des bandes-annonces de la première saison, la chronologie est représentée par des dates, qui nous laissent entendre que la série prendra des allures de fresque, avec une tendance à la mythification propre au genre du film de gangsters. Enfin, l'humour n'a jamais été exempt des films et des séries que nous avons convoqués, et les bandes-annonces de *Narcos* ne manquent pas de mettre en avant cette veine comique, volontiers ironique, comme lorsque Steve Murphy, immédiatement affilié à l'agence anti-drogue américaine, indique qu'il fait « du nettoyage » à l'ambassade des États-Unis… Netflix va d'ailleurs exploiter encore plus ce ressort pour promouvoir la série après le succès de la première saison[21].

Les références les moins présentes semblent finalement les références latino-américaines, comme les *telenovelas* ou les *narcorridos*[22]. Ces dernières, beaucoup moins fameuses en dehors de leur cadre géographique et national que les premières, sont des chansons qui relatent les récits et aventures des narcotrafiquants. Les unes et les autres sont des supports connus en Amérique latine, qui montrent clairement que le trafic de drogue n'est pas un sujet tabou ou qui n'intéresse pas le public latino-américain. Alors que José Padilha, un des créateurs de la série, est brésilien, on pourrait donc s'attendre à ce qu'il y puise abondamment, d'autant plus qu'elles ont traité, et traitent encore, de sujets en relation avec les figures les plus « illustres » du trafic de stupéfiants. Or, *Narcos* ne s'ancre pas dans cette tradition-là, alors qu'elle s'inspire ostensiblement de genres cinématographiques essentiellement construits et diffusés par le cinéma étatsunien. Comme appelées par la réécriture du réel que propose *Narcos*, mais *a priori* exogènes à l'économie d'une série qui tient

21 On pense notamment à une campagne de promotion pour la troisième saison de *Narcos* dans laquelle les personnages du Cartel de Cali menacent les personnes qui souhaiteraient télécharger la série et font référence à Hadopi pour laisser entendre qu'ils seront moins cléments : https://www.youtube.com/watch?v=I-AtDi29U_Q (consulté le 14/01/2021). Dans ce cas, la campagne cible clairement le public français.

22 Les Telenovelas sont les soaps opéras latino-américains qui s'exportent largement en-dehors des frontières du sous-continent. C'est un genre qui est utilisé pour tout type de séries et qui aujourd'hui sort du cadre classique et originel de l'histoire d'amour.

à bonne distance une partie de son référent culturel, quel est alors le rôle joué par les images d'archives, réelles ou créées, pour l'élaboration du lien avec le public ?

LES IMAGES D'ARCHIVES : GAGE DE VERITÉ OU « CAUTION MORALE » ?

Des trois saisons de *Narcos*, la première est celle qui couvre la période temporelle la plus longue, des années 1970 à 1992. Les deux autres portent sur des périodes beaucoup plus ramassées : un an pour la deuxième saison, deux ans pour la troisième. La saison inaugurale est donc celle qui relate le plus d'évènements historiques. Par ailleurs, alors que la troisième saison s'intéresse à quatre figures de proue du Cartel de Cali[23], les deux premières sont fondamentalement focalisées sur une figure, celle de Pablo Escobar et fonctionnent donc beaucoup plus selon la mécanique du biopic. Le recours aux images d'archives réelles ou construites est sensible dans les trois saisons, mais c'est la première, avec sa traversée de deux décennies, qui leur ménage la présence la plus importante, et sans doute la plus marquante.

Dans leur grande majorité, les archives – images photographiques ou reportages – proviennent des médias colombiens et étatsuniens. Dans le cas des médias colombiens, l'on peut les retrouver au cœur de la narration, intégrées à la diégèse, comme lorsqu'Escobar regarde la télévision et réagit par rapport à elles. Ses réactions, pourtant fictionnelles, gagnent en véracité, et peut-être en réalisme, puisqu'il se détermine face à des personnalités qui ont réellement existé et des images dont la diffusion à l'époque des faits est attestée. C'est éminemment le cas lorsqu'apparaissent des images de personnalités politiques, notamment étatsuniennes, comme celle de Georges H.W. Bush, alors président des États-Unis, avec un sachet de crack à la main, pour incarner et marteler sa volonté de lutter contre le trafic de stupéfiants (Saison 1, épisode 5, 36'20''). À ce moment-là, la fiction rencontre une réalité, à la fois passée

23 Miguel et Gilberto Rodríguez Orejuela, José « Chepe » Santacruz et Hélmer « Pacho » Herrera.

(c'est une archive) et présente (ce sont des images supposées synchrones au temps de la fiction), avec tout le jeu symbolique d'échanges qui circulent de l'une à l'autre, la fiction bénéficiant d'un effet de réel alors même que le geste de Bush passerait inaperçu dans une autre production.

On retrouve un procédé similaire lorsque la série fait référence à des faits non historiques, ou en grande partie modifiés, mais pour lesquels les créateurs souhaitent tout de même laisser entendre qu'ils se sont produits et surtout qu'ils ont eu un impact sur la réalité. Ainsi, à la fin de la saison une, la série choisit de montrer Pablo Escobar assassinant deux de ses associés Kiko Moncada et Fernando Galeano (épisode 9). Ce même événement apparaît ensuite comme une information dans la presse et au journal télévisé, à partir d'images créées pour la série. Leur identité fictionnelle ne fait aucun doute puisque ce sont les photos des acteurs qui apparaissent et non les visages des personnes qui ont réellement existé, comme ce peut être le cas en d'autres occasions. En l'occurrence, les faits évoqués sont en partie avérés, mais font encore aujourd'hui l'objet de différentes versions (nombre de personnes mortes, trahison ou non des deux personnes envers Pablo Escobar, etc.)[24]. De la sorte, fiction et réalité se fécondent là encore l'une l'autre : nourris de fragments de réels, au statut pourtant incertain, la fiction des fausses images d'archives et leur inscription dans le canevas « presse et journal télévisé » permettent à la série d'affirmer un choix et de revendiquer la version qu'elle entend retenir de la réalité.

L'utilisation des médias étatsuniens, elle, a plusieurs objectifs et notamment celui de montrer les répercussions de tous ces événements au-delà des frontières colombiennes. Ainsi, on retrouve des couvertures du magazine *Time*[25] tout au long des trois saisons, ce qui permet de mieux comprendre, et surtout d'acclimater, la présence de personnages étatsuniens et de références aux institutions engagées dans l'histoire, telles que la CIA et la DEA, les forces armées de la première puissance mondiale. Pour un public qui a vécu l'époque de la Guerre Froide,

24 Plusieurs figures, Popeye, un malfrat qui a travaillé et assassiné pour Pablo Escobar, mais aussi le fils de Pablo Escobar, signalent qu'ils ont été exécutés sans effusion particulière de sang, comme cela est montré dans la série.

25 On sait combien le magazine *Time* est connu pour ses couvertures. Le fait qu'une personnalité d'un pays soit en couverture de ce journal fait souvent évènement. On peut aussi signaler que certaines couvertures polémiques ont beaucoup circulé. Il s'agit donc d'un référent culturel qui peut fonctionner à l'échelle d'une audience internationale.

l'intervention des États-Unis en Amérique latine n'a rien de surprenant, mais aujourd'hui le spectateur de moins de trente ans n'a pas les mêmes images ou références en tête, et pourrait bien mettre en doute une réalité qu'il ne peut apprécier dans toute sa complexité politique[26]. Le fait donc que les médias de l'époque, et notamment des médias étatsuniens, y fassent référence, jouant en quelque sorte le rôle de caution historique, assoit à nouveau la crédibilité de la série, en ménageant au sein de la fiction une place à des indices de réalité qui assurent à la diégèse un surcroît de réalisme.

Dans la même perspective, on peut aussi évoquer la présence d'images issues de médias qui ne sont ni colombiens ou étatsuniens. Elles sont plus rares, généralement très brèves et se distinguent surtout par le son, puisqu'on y entend une langue qui n'est pas de l'espagnol ou de l'anglais. À deux reprises, au moins, il s'agit de médias français. L'objectif n'est plus alors prioritairement d'insister sur la véracité des faits, mais de déplacer l'enjeu sur leur importance ou sur leur impact. C'est le cas, par exemple, lorsque la série fait référence à l'attentat du vol 203 de la compagnie Avianca qui, le 27 novembre 1989, a fait 110 morts. Cet événement clôt l'épisode 6 de la saison 1, lorsque la personne envoyée par Pablo Escobar appuie sur le bouton faisant exploser la bombe qui devait tuer le candidat aux élections présidentielles colombiennes, César Gaviria. Le début de l'épisode 7 enchaîne avec des images de journaux télévisés de l'époque montrant la carcasse de l'avion et les corps des personnes jonchés sur le sol. Suivent alors les réactions des principaux acteurs, que ce soit Pablo Escobar s'échappant pour effacer les traces de ses liens avec l'attentat, ou les policiers et le candidat qui a échappé à l'effroyable acte criminel. Les images d'archives servent d'abord à montrer ici que l'événement s'est réellement produit et qu'il n'est pas affaire d'invention sérielle, un pur produit scénaristique dont l'ampleur pourrait faire soupçonner de la crédibilité : elles attestent le fait que Pablo Escobar est un terroriste de grande envergure, qui a repoussé les limites de la violence. Mais le choix de l'archive nous amène aussi à ne pas oublier qu'il s'agit de personnes réelles qui sont mortes. Nous

26 Nous nous permettons cette remarque après presque quinze ans d'enseignement dans l'enseignement supérieur français, au sein de cours consacrés à l'histoire de l'Amérique latine à destination d'un public francophone, mais aussi espagnol ou anglophone. Il s'agit aussi du fruit d'échanges avec des collègues latino-américanistes en France, en Espagne, en Grande-Bretagne, Allemagne ou États-Unis.

parlions plus haut de caution historique : les images d'archives semblent cette fois faire office de « cautions morales », comme si les créateurs de la série se prémunissaient par anticipation des possibles accusations de glorification de la figure d'Escobar et de ses congénères.

En effet, dans les trois saisons, nombreuses sont les images de personnes tuées dans des attentats à la bombe ou assassinées par des cartels. Cela commence dès la première saison et son troisième épisode avec la mort du ministre de la justice colombien Rodrigo Lara Bonilla, assassiné dans sa voiture par un tueur à gage engagé par Pablo Escobar le 30 avril 1984. C'est une mort que la série met entièrement en scène par le biais de ce qu'on pourrait nommer une « fiction réalisante », en mêlant des images fictionnelles de l'acteur qui interprète Lara Bonilla et des images d'époques diffusées à la télévision colombienne. Un même type de mise en scène est reproduit pour la mort du candidat aux élections présidentielles le 18 août 1989, Luis Carlos Galán dans le cinquième épisode de la première saison. Cette fois, la superposition et l'interpénétration des images va jusqu'aux images de son enterrement (Saison 1, épisode 5, 11'13" à 15'10"). Ainsi, les créateurs semblent à travers de tels dispositifs iconiques faire entendre un discours éthique, singulièrement présent : il s'agit de rappeler au spectateur que même si le personnage de Pablo Escobar peut paraître sympathique – porteur de la panoplie symbolique de bon père, de mari aimant, de cousin fidèle – il reste, et est avant tout, un criminel terrifiant. L'archive a donc valeur de paravent pour les créateurs, qui en produisant une fiction autour de personnages tels qu'Escobar, prennent nécessairement le risque de l'ambiguïté et de la complexité, c'est-à-dire d'en faire un homme avec toute la dose d'empathie que cela peut engendrer. Dans le cas d'Escobar, c'est d'autant plus sensible et délicat que cette production culturelle n'est pas la première[27], mais aussi parce que le fils d'Escobar a entamé depuis presque 10 ans une sorte de « parcours » pour demander pardon au nom de son père[28] et contribuer ainsi à l'esprit de « pacification » appelé à

27 Sur ce site mexicain, on recense plusieurs films, documentaires et séries télévisées : https://www.sensacine.com.mx/album/album-18561989/?page=7 (consulté le 14/01/2021). On peut surtout parler de la série colombienne de 74 épisodes, *El patrón del mal* de Juana Uribe, Camilo Cano et Gabriel Klement (2012) qui a rencontré un large succès en Colombie et en Amérique latine.

28 Escobar, Juan Pablo, *Pablo Escobar, mi padre. Las historias que no deberíamos saber*, Planeta, Bogotá, 2017. À l'occasion de la sortie de ce livre, il a multiplié les interventions dans

imprégner aussi bien les actions des trafiquants de drogue, que celles des guérillas, des paramilitaires, des forces de l'ordre et des forces armées.

La série a donc recours à de nombreuses images d'archives qui vont notamment permettre de créer un canevas de réalité qui va largement infuser sa trame dramatique et fictionnelle. Dans la première saison, le cas le plus significatif est l'évocation de l'enlèvement de la journaliste Diana Turbay. Cette journaliste, fille d'un ancien président de la République colombienne, a effectivement été enlevée par Escobar le 30 août 1990. Elle mourra finalement le 25 janvier 1991 lorsque les forces de l'ordre tentent de la sauver. Sa mort a été un événement retentissant en Colombie puisque c'était une journaliste célèbre et qu'elle se produit après une longue série d'attentats et d'assassinats[29]. Dans la série, sont données à voir des images d'archives de son enterrement : à nouveau, selon un processus que nous avons désormais bien identifié, les auteurs veulent faire entrer la réalité dans la fiction pour mieux montrer que la fatigue de la population colombienne et ses conséquences, évoquées dans la série, étaient réelles, mais aussi pour attester que sa mort sous les balles des policiers/militaires, venus la sauver, n'a rien d'une construction scénaristique. Cependant, le récit de son enlèvement est loin d'être reproduit à l'identique. Étant donné que de nombreux acteurs de ces événements tragiques sont morts, il est difficile de savoir ce qui s'est réellement passé, mais un des outils scénaristiques les plus intéressants réside dans le fait sériel que le personnage de Diana Turbay intervient à la télévision colombienne à deux reprises pour demander la libération d'otages et faire connaître les réclamations des membres du Cartel de Medellín. C'est l'actrice qui joue Diana Turbay qui passe, à ces moments-là, à la télévision : la série ne laisse donc planer aucun doute sur le fait que ce sont des images fictionnelles, de « fausses images » qui miment la réalité d'images d'archives. Cependant, en ayant recours au médium télévisuel qui a été de très nombreuses fois le canal de transmission de vraies images d'archives, les scénaristes instillent un doute d'une autre nature et d'une

---

les médias, notamment pour critiquer la série *Narcos* quant à la véracité de nombreux faits racontés. Entretien dans l'émission « L'invité », TV5 Monde, 27 septembre 2018 : https://culture.tv5monde.com/tendances/l-invite/juan-pablo-escobar-9523 (consulté le 14/01/2021).

29 « Muerte de Diana Turbay y Carlos Hoyos siguen impunes décadas después », *El tiempo*, 24 janvier 2019, https://www.eltiempo.com/justicia/investigacion/la-muerte-de-diana-turbay-y-de-carlos-mauro-hoyos-sigue-en-la-impunidad-317614 (consulté le 14/01/2021).

importante portée symbolique et politique : ils laissent supposer que des interventions médiatiques similaires se sont réellement produites. Ainsi, ce qui est crédibilisé par la fiction devient aussi en quelque sorte crédible dans la réalité. Or la journaliste n'est jamais intervenue au moment de son enlèvement et c'est la notion même de crédibilité qui nous semble alors se trouver ici interrogée. La confusion sur ce qui s'est réellement passé gagne du terrain dans l'esprit du spectateur, ce qui paradoxalement accroît la densité des évènements fictionnels dont il apparaît que, pour n'avoir pas eu lieu, ils auraient en quelque manière pu être…

Que la confusion soit volontaire, cela ne fait aucun de doute, mais pour montrer combien elle est entretenue, nous souhaitons mentionner un dernier outil utilisé par les créateurs de la série : la voix *off*, qui accompagne la présence de presque toutes les images d'archives réelles. Dans les deux premières saisons, il s'agit de la voix d'un des deux agents de la DEA, Steve Murphy et dans la troisième de celle de son acolyte, Javier Peña. Comme nous l'avons déjà précisé, ces deux agents ont réellement existé et ont été conseillers sur la série. Dans la première saison, la voix de Murphy est un fil rouge. On traverse presque 20 ans de vie des personnages et, surtout, on voyage à travers 20 ans d'histoire colombienne et étatsunienne. La voix *off* assure donc la fonction de guide et nous aide d'abord à ne pas nous perdre. Elle est aussi un élément qui contribue clairement à nous faire entendre que l'on regarde une fiction, puisqu'un narrateur nous raconte une histoire (des histoires), tout en étant une garantie supplémentaire que les faits racontés sont vrais puisque le vrai Murphy existe, ce que la série rappelle de manière subreptice. En effet, parmi les dernières images du générique des deux premières saisons apparaît un polaroïd du véritable agent Murphy, une casquette siglée DEA vissée sur la tête[30]. On peut estimer que *Narcos* est bien ainsi une série de son temps puisque le fait d'assurer au vrai Murphy une présence dans le générique encourage le spectateur à aller voir s'il a vraiment existé, en tapant par exemple son nom sur un moteur de recherche sur internet. Si l'on veut, et de manière assez singulière, *Narcos* est une série « transmédia[31] », dans la mesure où la multiplication

30 *Narcos*, générique original, 1'11" : https://www.youtube.com/watch?v=PtJ6yAGjsIs, page YouTube de Netflix (consultée le 14/01/2021).

31 Prié, Amandine, « Les Séries télé à l'heure d'Internet et du transmédia », *TV/Series* [En ligne], 1 | 2012, mis en ligne le 15 mai 2012 (consulté le 14/01/2021). URL : http://

des images d'archives (sur l'histoire colombienne, étatsunienne, ou sur l'histoire du trafic de drogue en général) peut susciter chez le spectateur le désir de comparer « fiction » et « réalité ». Mais rien n'est moins sûr, et on touche là au caractère instable de cet objet sériel, qui, comme on vient d'en donner un aperçu, ne cesse de forcer les frontières entre le réel et le fictionnel. Dès lors, la multiplication des faits et des images, sous des aspects qui tantôt renvoient à la réalité historique, tantôt relèvent de l'imaginaire, peut tout aussi bien décourager la curiosité du spectateur, conduit alors à tout simplement « faire confiance » aux créateurs.

ET L'HISTOIRE DANS TOUT ÇA…

Cet article s'est voulu une première approche de la série *Narcos*, qui après trois saisons consacrées au trafic de drogue en Colombie, a déjà connu deux saisons d'un *spin-off* sur le trafic de drogue au Mexique, avec la série *Narcos : Mexico*. Une troisième saison est en préparation[32]. Comme nous avons pu le constater, les créateurs de la série modèlent leur récit en jouant avec l'Histoire colombienne, mais aussi étatsunienne. Ils opèrent maintenant sur le théâtre de l'histoire mexicaine. Au-delà du jeu pratiqué avec les images d'archives (la création de fausses images, la reproduction d'un canevas supposément historique, la caution « morale » ou de « sérieux » qu'elles peuvent représenter), il nous faut souligner en dernière instance que la série prend de grandes libertés avec la chronologie. En effet, si la plupart des événements évoqués se sont produits, ils n'ont pas forcément eu lieu au moment où ils apparaissent dans la fiction ni pour les raisons invoquées.

Dans un article intitulé « Car bombing drug war history », l'historienne Lina Britto parle même d'une posture énonciative clairement mensongère qui réécrit l'histoire colombienne depuis une perspective étatsunienne orientée, et même très orientée par un point de vue pro-DEA[33]. Alors

---

journals.openedition.org/tvseries/1586 ; DOI : https://doi.org/10.4000/tvseries.1586.

32 Otterson, Joe, « *Narcos : Mexico* renewed for Season 3 at Netflix, Wagner Moura to direct multiple episodes », *Variety*, 28 octobre 2020, https://variety.com/2020/tv/news/narcos-mexico-renewed-season-3-netflix-1234817124/ (consulté le 14/01/ 2021).

33 Britto, Lina, *op. cit.*

que dans plusieurs entretiens les créateurs reconnaissent que le partage entre réalité et fiction peut osciller entre 50/50 ou 60/40, mais en ce dernier cas toujours en faveur de la vérité (semblant ainsi se prémunir du reproche de mensonge), la question doit en fait être déplacée sur le terrain idéologique. C'est moins la vérité des faits qui interpelle que la manière dont ils sont filtrés et représentés, dès lors que se pose le problème de savoir dans quelle mesure les choix narratifs sont biaisés politiquement et idéologiquement, surtout dans le contexte d'une série qui accumule en nombre les situations inspirées de faits réels faisant référence à l'histoire de plusieurs pays, ce qui demanderait, à un public d'ailleurs très avisé, beaucoup de temps pour qu'ils soient tous vérifiés. Certes, *Narcos* n'est pas un documentaire et ne se revendique pas tel. C'est une fiction, et la multiplicité des références qui la nourrissent, dont nous avons dressé un aperçu, a pour vertu de donner encore plus de relief à ce statut fictionnel. Mais en alimentant très (trop ?) significativement une réécriture du réel par l'utilisation d'images d'archives qui sème la confusion, les créateurs prennent un risque éthique, qui est aussi un risque culturel. Ce risque, c'est celui de ne pas sortir du schéma conventionnel qui tend à montrer, dans les films ou les séries, les pays latino-américains sous un prisme attendu, un prisme obligé : le prisme toujours reconduit de la violence et du trafic de drogue[34].

Nadia TAHIR

34 Cabrera, Nicolás, et Hijos, Nemesia, « Lo que abre y cierra Puerta 7 : barras, violencia y espectáculo », *Página 12*, 16 de marzo de 2020, https://www.pagina12.com.ar/253123-lo-que-abre-y-cierra-puerta-7-barras-violencia-y-espectaculo (consulté le 14/01/2021).

THE KEEPERS, UNE ÉTHIQUE DE LA MÉMOIRE

Mini-série documentaire en sept épisodes diffusée depuis le 19 mai 2017 sur Netflix, *The Keepers*, réalisée par Ryan White, s'inscrit dans le genre du « True crime stories » dont la place en tant que « productions de prestige » s'est beaucoup développée depuis une quinzaine d'années sur les plateformes de VOD et streaming[1]. L'idée de cette série aurait été soufflée au *showrunner* par sa tante, qui a fait sa scolarité à la Seton Keough High School de Baltimore, école de filles et institution catholique réputée dans les années 60. Ancienne étudiante de Sœur Catherine Cesnik, morte assassinée à l'âge de 23 ans, et amie de Jean Wehner, l'une des figures féminines centrales de la série, elle aurait évoqué auprès de lui la sordide affaire criminelle irrésolue dont les épisodes retracent l'historique, et qui serre d'autant plus le cœur que Cathy Cesnik apparaît au fil des épisodes comme une jeune femme droite et solaire, charismatique et déterminée, convaincue de sa mission spirituelle et éducative. La série, portée par une énergie autant consolatrice et réparatrice que justicière, endosse le statut de tombeau audiovisuel, de mausolée même. Étonnamment, c'est peut-être en assumant frontalement le lieu commun qui veut que « les morts vivent tant qu'il y a des vivants pour penser à eux », selon la formule si convenue d'Émile Henriot, qu'elle évite – pas toujours – les écueils de la sensiblerie et du mélodrame larmoyant, pour façonner une forme audiovisuelle, au souffle épique, dont l'un des matériaux essentiels s'avère être la mémoire, avec ses énigmes et ses puissances.

The Keepers est d'abord une enquête sérielle sur ce crime jamais élucidé, un *cold case* de près de 50 ans au moment où la série commence à être diffusée. Un bref rappel des faits est nécessaire, sans que ce soit ce

1 Voir par exemple à ce propos, Hudelet, Ariane, « Tales of true crime. Séries criminelles américaines aux frontières du réel », *Positif* n° 689-690, juillet-août 2018.

qui nous intéresse ici directement, pour mieux mettre en évidence les mécanismes de remémoration que la série va exploiter, afin de construire un travail narratif et figuratif autour des questions de refoulement et d'anamnèse. « Comment, concrètement, inventer une mémoire proprement filmique ? En produisant sans doute des figures de l'oubli », proposait, en un intéressant paradoxe, Emmanuelle André[2]. Comment produire une mémoire proprement sérielle ? En produisant sans doute des figures de lutte contre l'oubli, est-on tenté de dire à propos de *The Keepers*, substituant au paradoxe une résistance de nature symbolique qui répond à une violence abjecte et bien réelle.

Le vendredi 7 novembre 1969, sœur Cathy Cesnik, qui était encore l'année scolaire précédente enseignante de littérature et de théâtre anglais à Keough, disparaît. Sa voiture, tachée de boue, une brindille accrochée au volant, est retrouvée dès la nuit du 7 novembre à proximité de son appartement. Sa disparition est signalée vers minuit à la police par sa colocataire, Sœur Russell, et par Gerry Koob, prêtre et ami très proche de Cathy Cesnik. L'enquête sur sa disparition ne donne d'abord rien, alors qu'elle mobilise pourtant la police locale et le FBI. Mais le 3 janvier 1970, le corps en décomposition de Cathy Cesnik est retrouvé dans une décharge du sud-ouest du comté de Baltimore, à demi-nue, le crâne défoncé. Pour mener sa propre enquête, qui reconstitue avec minutie l'ensemble des faits et réouvre l'intégralité du dossier, en prenant soin d'orchestrer le suspense et de distiller révélations et rebondissements, parfois stupéfiants[3], la série s'appuie sur le travail de recollection considérable déjà mené par Gemma Hoskins et Abbie Schaub, deux anciennes étudiantes de Keough, qui furent aussi élèves de Cathy[4]. Elle structure aussi son récit autour de très nombreux témoignages et entretiens, et exhume nombre d'archives journalistiques, policières et juridiques en lien avec l'affaire. La série reprend ainsi les investigations point par point, examine les pistes sur les différents suspects connus,

2 André, Emmanuelle, « En souvenir du professeur Charcot », *Trafic* n° 49, printemps 2004, p. 72.

3 On apprend entre autres que Maskell a fait enterrer des dizaines d'archives dans un cimetière, qu'un des suspects, selon la série, habitait quasiment la porte en face de l'appartement de Cathy Cesnik, que les agissements pédocriminels de Maskell étaient connus de l'église bien avant son arrivée à Keough…

4 La page Facebook qu'elles ont créée à ce propos est toujours active : https://www.facebook.com/DosedRed/ (consultée le 13/06/2021).

et donne le sentiment de s'approcher très près de la vérité, avec des découvertes nombreuses liées à un contexte pédocriminel terrifiant.

Car la mort violente et sordide de Cathy Cesnik – c'est l'intime conviction de plusieurs personnes connaissant la globalité du contexte dans le détail – paraît étroitement connectée aux crime sexuels et aux viols perpétrés sur un nombre considérable d'élèves de Keough par le père Joseph Maskell et, semble-t-il, beaucoup de complices, en particulier des policiers, auprès desquels il bénéficiait de soutiens actifs : aumônier de Keough, il était aussi l'aumônier de la police du comté de Baltimore, où par ailleurs son frère était policier. À l'issue de la série, qui mène un procès à charge armé de témoignages accablants, il paraît acquis que l'archidiocèse de Baltimore a cherché à étouffer l'affaire, en parvenant à faire valoir auprès de la justice les délais de prescription et en ne reliant pas des témoignages, pourtant en sa possession, qui auraient permis de corroborer les accusations portées par les deux femmes, Jean Wehner et Teresa Lancaster, ayant intenté un procès en justice au milieu des années 1990 sous les identités anonymes de Jane Doe et Jane Roe – procès avorté précisément parce que la prescription a été retenue par la cour.

AND BURST TOGETHER

« On a des indices oubliés qui croupissent dans des lieux comme ce grenier. Il y a une énergie dans ces objets qui vous envoûtent et vous font faire des détours. Vous commencez alors à vous demander : "Qu'est-ce que le passé ? Qu'est-ce qu'il a été ?" », s'interroge à la fin de l'incipit le journaliste Tom Nugent, qui a passé une partie de sa vie à s'intéresser à l'affaire. En faisant résonner ces questions dès l'ouverture de sa série documentaire, Ryan White fixe d'emblée son enjeu. Plus qu'une enquête dans le passé, il s'agit de venir interroger la nature même de ce passé et des moyens qui lui donnent accès : le souvenir, la mémoire volontaire ou involontaire, le travail de remémoration. La série transforme la recherche de la vérité en un travail mémoriel et en auscultation de morceaux de temps. Pour ce faire, elle fait de la mémoire retrouvée non un simple adjuvant à la quête de la vérité, mais le moteur de sa mécanique sérielle.

C'est parce que Jean Wehner, témoin capital, a recouvré, 27 ans après les faits, le souvenir des violences sexuelles qu'elle a subies quand elle était âgée de 14 ans, que les abus perpétrés par Maskell ont pu être révélés. Sans ses souvenirs, il y aurait eu l'assassinat de Cathy Cesnik, mais il n'y aurait peut-être jamais eu d'affaire Maskell, d'affaire Keough. Il n'y aurait jamais eu la possibilité de restituer le climat de peur et le contexte de crimes répétés dans lesquels l'assassinat de Cathy Cesnik a été perpétré[5]. Ainsi, les souvenirs de Jean sont d'abord producteurs d'une plus grande complétude du passé, d'un plus grand volume d'espace et de temps. C'est bien l'espace-temps de la mémoire que la mise en scène de Ryan White va s'employer à figurer, d'autant plus que les souvenirs de Jean ont rendu d'autres souvenirs possibles. En étant à l'origine d'un processus judiciaire qui a défrayé un temps la chronique, ils ont enclenché les témoignages de très nombreuses victimes de Maskell et de ses affidés, dont la série se fait le véhicule à travers une forme esthétique et narrative majeure : celle de la choralité.

Il faut souligner la vertu éthique de cette forme chorale, qui a valeur ici de « polyphonie légitimante », pour que les accusations portées contre le père Maskell aient une chance d'accéder à leur plein statut de vérité. Elle fonde la thèse accusatoire défendue par la série et possède à ce titre une incontestable dimension performative. C'est le grand nombre de témoignages concordants qui donne du poids à l'accusation. Les souvenirs et les récits des victimes, aussi uniques soient-ils dans leur douleur, ne sont jamais des pans isolés. Ils participent d'un ample et profond mouvement d'élaboration d'une mémoire collective et partagée, d'autant plus puissante qu'elle remonte comme une lame de fond qui dépasse celles et ceux qui ont fait en sorte de la faire surgir. Ainsi, de la profusion de lettres reçues par les avocats de Jean, qui font déborder leur boîte aux lettres et qui s'empilent à l'écran, Ryan White extrait une multiplicité de voix qui s'enchaînent et se chevauchent, comme une nappe sonore indivise qui rend presque tangible l'évidence de ce trauma collectif. Pour la série, il s'agit de s'inscrire en réponse aux exigences de corroboration du témoignage de Jean par d'autres témoignages, soi-disant souhaités par l'église pour mettre Maskell hors d'état de nuire

5 Outre les sévices perpétrés dans le cadre de Keough, une autre jeune femme, Joyce Malecki, a été assassinée peu de jours après Cathy Cesnik et il est probable que les deux affaires soient connectées.

à l'époque du procès[6]. Mais il est surtout question de donner voix au passé. Le poème écrit par Cathy Cesnik, transmis par un enregistrement de sa voix dans un moment bouleversant, a ici valeur de métaphore :

> *Like soap bubbles are we,*
> *all echoing in an elastic chamber,*
> *always the fear of exploding to air,*
>
> *Bubbles touch and, true, they break,*
> *but some are coupled in a rainbow joining*
> *and float,*
> *and are,*
> *and burst together.*

De sa voix même arrachée au passé – voix fragile et cristalline d'un fantôme doux et bienveillant – Cathy Cesnik semble venir dire au temps présent la force qu'il y a à donner de l'écho à des souvenirs et des témoignages qui éclatent ensemble, en dépit de la peur dont ils sont porteurs.

Mais Jean n'est pas un témoin ou une victime parmi d'autres : elle est LE témoin, elle est LA victime fondamentale des sévices sexuels, et c'est à ce titre que la série lui accorde une place séminale et centrale dans son dispositif narratif. De fait, son « apparition » est travaillée sur le plan dramaturgique : son importance n'est révélée qu'à la toute fin du premier épisode, et prend la forme d'un climax autant que d'un *cliffhanger*, avant que son témoignage et l'expérience de remémoration qu'elle a vécue ne deviennent la substance principale des épisodes 2 et 3. La série travaille d'autant plus cette apparition qu'elle s'effectue progressivement et ne s'accomplit qu'à retardement : il faut plusieurs minutes pour découvrir le visage de Jean au début du second épisode, alors que sa voix, aidée de ses mains, commence à raconter. Le léger effet de suspense ménagé ici, et le jeu induit avec la pulsion scopique du spectateur, est toutefois atténué par la simplicité, la douceur même du panoramique qui peu à peu découvre son profil en gros plan. Clairement utilisés par une dramaturgie qui cherche l'efficace émotionnelle – nous sommes dans l'écosystème Netflix – Jean et les souvenirs dont elle est la dépositaire n'en sont pas moins traités avec un incontestable respect et une empathie sincère.

6 On apprend lors du dernier épisode que l'église possédait déjà au moins un tel témoignage.

Place séminale, disions-nous, alors qu'elle n'apparaît en tant que telle qu'au début du second épisode ? C'est ce que le générique aide à cerner. Construit à partir d'archives en noir et blanc – photographies et films super 8 – il accorde évidemment un statut éminent à la figure de Cathy Cesnik. Son image revient à trois reprises, dont une fois dans un court extrait de film – unique apparition animée de cette jeune Sœur. C'est aussi vers le portrait souriant et confiant de Cathy que converge la succession très rapide des photographies des anciennes élèves de Keough, dont beaucoup furent des victimes du père Maskell. Mais c'est bien le portrait de Jean qui apparaît en toute fin de générique, distingué et détaché des autres élèves. Il s'accompagne d'ailleurs d'un zoom avant marqué, qui accélère vers son œil gauche, avant d'enchaîner sur une plongée en travelling avant au-dessus de la photographie d'un sous-bois, puis sur un travelling exploratoire d'un des couloirs de Keough : deux images, deux lieux-symboles de l'affaire sur lesquels la série fera largement retour. On le voit donc, le générique exprime et traduit visuellement ce qui sera l'un des principaux mouvements discursifs de la série : aller chercher, pour les faire venir au jour, des traces mémorielles du passé logées dans l'esprit et l'inconscient de Jean, clés de voûtes mnésiques de son architecture discursive. Plus globalement, avec son choix du noir et blanc, avec ses archives photographiques et filmiques et ses mouvements de caméra plongeants, la rhétorique d'ensemble du générique est tournée vers le passé et la recherche qui s'engage à partir de lui. La succession des portraits des victimes, toutes souriantes en apparence, génère d'emblée un sentiment de malaise, et la dynamique figurative vise à placer d'emblée la série sur le terrain fragile et douloureux des images-mémoire, dont les photographies sont les indices iconiques les plus évidents.

UNE ÉTHIQUE DE LA MÉMOIRE

Dans *The Keepers*, les souvenirs longtemps refoulés n'ont pas pour seul objet d'aboutir à la révélation des sévices sexuels perpétrés à Keough. L'enquête menée sur eux comme à partir d'eux sert à relier le Père

Maskell au meurtre de Cathy Cesnik, et le tissage méthodique de ce lien prend la forme d'une circulation des souvenirs entre les épisodes, d'une résurgence du passé traumatique qui échappe peu à peu au virtuel de paroles confiées à la caméra pour se parer de la densité de faits presque concrets. Parmi toutes les révélations de cette série, qui n'en manque pas, l'une des plus sidérantes, parce qu'elle est l'une des plus difficiles à croire, est celle, là encore traitée comme un climax mnésique et un *cliffhanger*, du Père Maskell conduisant Jean au cadavre de Cathy Cesnik, pour lui montrer ce qu'elle encourait si elle révélait les abus qu'il lui faisait subir. « Ce n'est pas juste une histoire : c'est vraiment arrivé », déclare Jean. Le scepticisme est pourtant de droit devant un tel aveu, scepticisme que la police et la justice n'ont pas manqué d'opposer à Jean, d'autant plus qu'un indice paraît invalider de manière décisive ce souvenir : Cathy Cesnik aurait eu le visage recouvert d'asticots, que Jean aurait eu le réflexe de vouloir enlever avec sa main. Or, en hiver, le froid empêche l'éclosion et le développement de ces petits vers.

Ce détail gigantesque paraît ruiner, sur une base scientifique, le témoignage de Jean et fragiliser l'ensemble du récit tragique qu'elle nous confie. Il est à ce titre significatif que dans la reconstitution qu'il propose de la scène, Ryan White ne représente jamais le cadavre de Cathy, et a fortiori son visage. Ce qu'a vu Jean, qui pourrait bien n'être qu'une reconstruction *a posteriori*, est volontairement maintenu dans une « marge d'indéfini[7] », qui ne prend parti ni pour le vrai, ni pour le faux. Car, au moment où Jean fait cette révélation, rien ne permet d'écarter l'hypothèse d'un « faux souvenir[8] », au sens que la psychologie clinique donne à cette notion. Montrer des asticots grouillant sur un visage en décomposition n'aurait fait que verser dans le cliché du cinéma d'horreur sans avoir statut de preuve. Mais, à la fin de l'épisode 6, ces asticots deviennent pourtant l'indice mnésique déterminant de

7 Bresson, Robert, *Notes sur le cinématographe*, Paris, Gallimard, 1995, p. 138.

8 Selon la terminologie utilisée par la série elle-même. Un « faux souvenir », comme son nom l'indique, est un souvenir soit déformé, soit entièrement construit ne reposant sur aucune base réelle. Il convient de le distinguer du « souvenir-écran » de la psychanalyse, concept élaboré par Freud pour désigner un souvenir réel, souvent très net, dont frappe le caractère insignifiant et qui cache un souvenir refoulé. *Cf.* Laplanche, Jean et Pontalis, J-B, *Vocabulaire de la psychanalyse*, Paris, PUF, 1997, p. 450-451. Sur la notion de « faux souvenir », voir : Corson, Yves et Verdier, Nadège, *Les Faux souvenirs*, Paris, De Boeck, 2013.

la fiabilité de son témoignage et le bras armé d'une mémoire qui est la seule à prouver l'implication de Maskell dans le meurtre de Cathy Cesnik. Le rapport d'autopsie, en effet, confirme que des asticots ont été retrouvés dans la trachée et la bouche de la jeune femme. Plus encore, en retrouvant sur internet les relevés des températures de l'époque, Abbie Schaub découvre que les jours qui suivirent le 7 novembre 1969 étaient plutôt chauds, avec une augmentation de la température de 4 degrés en quelques jours. « *The truth is here, in black and white* » déclare Abbie, et l'épisode de s'achever, de manière tonitruante, sur cette validation indiscutable des souvenirs de Jean. Comment mieux faire comprendre la valeur tout à fait décisive que la série accorde à la mémoire ? Les éléments matériels, concrets, scientifiquement analysés ont ici leur importance, et font office de validation, mais ne sont rien en eux-mêmes. Ils n'ont d'intérêt que replacés dans un passé que seule la mémoire restitue et qui permet de les appréhender, de les jauger et de les comprendre. En ce sens, l'une des forces symboliques de *The Keepers* est d'instituer, ou plus exactement de construire, une véritable morale du souvenir et une éthique de la mémoire, auxquelles le spectateur est invité à accorder une grande confiance, d'autant plus que la série n'écarte aucune des pistes qui ont pu surgir, ne fait l'impasse sur aucune des zones d'ombre qui subsistent. Éthique de la mémoire ? C'est bien de cela qu'il s'agit en effet si l'on entend par éthique l'ensemble des principes qui gouvernent une conduite. La mémoire sert ici de guide à l'élaboration narrative et esthétique de la série : c'est elle qui, *in fine*, paraît représenter la norme à partir de laquelle tout peut être examiné et soupesé.

Parce qu'essentiel à l'enquête et aux tentatives de manifestations de la vérité que la série tente d'élaborer, le souvenir – entendu ici comme catégorie générique – est l'objet d'un traitement sériel multiple et stratifié. Il s'agit non seulement de lui réserver une place structurante dans l'économie de la série, mais de le rendre en quelque sorte présent, tout en maintenant active au sein de sa re-présentation la distance des années. La posture discursive que la série tente de maintenir n'est pas sans complexité : dans le présent de la re-présentation, le souvenir doit conserver sa dimension passée, avec les flous, les incertitudes et la part d'irreprésentable qu'il peut conserver. Comment cela s'élabore-t-il ?

The Keepers se construit sur la choralité, comme on l'a vu. L'instrument premier du souvenir est donc la parole, ou plus exactement les paroles.

Jean, comme les autres victimes du père Maskell, sont narratrices des souvenirs qui les habitent et qui, pour beaucoup d'entre eux, ont été profondément et durablement refoulés. Cette vocalisation du souvenir, qui pourrait paraître une banalité – pour être communiqué, le souvenir ne doit-il pas nécessairement être évoqué ? – n'a rien d'anodine : il s'agit d'une victoire, d'une conquête sur sa dimension traumatique. La parole, en extériorisant le souvenir, en le convertissant en récit, est le signe infiniment précieux et fragile d'une mémoire retrouvée, qui peut aussi désormais être une mémoire confiée, c'est-à-dire une mémoire partagée. Mais ce partage ne se fait cependant pas sans tension et la série est bâtie sur une dialectique, entre l'individuel et le collectif, entre la spécificité, l'unicité même, de chaque souvenir et le rassemblement en masse de tous les souvenirs collectés. Ainsi Jean explique les raisons pour lesquelles, au moment du procès contre Maskell et l'archidiocèse de Baltimore, elle n'a pas souhaité rencontrer Teresa Lancaster (dont elle ne connaissait alors l'existence que sous la dénomination anonyme de Jane Roe), qui avait également porté plainte : « J'avais certains souvenirs et je ne voulais surtout pas qu'une autre femme vienne perturber ces souvenirs avec ses propres souvenirs ». Il y a là un enjeu essentiel au processus conscient de remémoration, fruit de la dynamique, au départ très violente et incontrôlable, de l'anamnèse. Elle a eu pour Jean, nous allons y revenir tout de suite, une dimension épileptique, comme des décharges électriques mémorielles, et l'un des partis pris de la série est de montrer qu'elle ne peut devenir une force de reconstruction de l'individu et de la personnalité que si le souvenir est intègre, ressenti comme vrai par celui ou celle qui se souvient. C'est pourquoi le souvenir, à l'origine du processus de résilience, ne saurait souffrir la moindre contamination : sa pureté mémorielle est gage de sa vérité et l'objet permanent d'une lutte.

Mais il y a un au-delà de la parole dans *The Keepers*, qui est la mise en images et la mise en scène des traumas mémoriels et de l'activité de remémoration – et c'est ici que le choix de la forme audiovisuelle et sérielle fait son œuvre. Rapportons les paroles de Jean pour évoquer la déflagration nauséeuse de sa première expérience d'anamnèse : « Les souvenirs sont remontés. C'était comme vomir. C'était comme se retrouver devant l'abîme, devant un trou noir, et vomir ces souvenirs ». Pour accompagner ces paroles, Ryan White monte ensemble une série d'images d'archives – des films de famille super 8 – traitées en noir et blanc, associées à des flashs lumineux, ainsi qu'à des crissements sonores et quelques notes graves de piano : brouillées, striées, ces images valent comme des fragments de souvenirs bruts. Ce bref moment filmique est une clé herméneutique pour interpréter les moyens audiovisuels par lesquels la série construit des images-souvenirs et rend compte des processus d'anamnèse. Il y a d'abord le choix du noir et blanc, qui crée une rupture des temps entre le présent de l'évocation et le passé de la mémoire. Le choix est d'autant plus significatif que la série a déjà pu nous montrer les mêmes images super 8, en couleur, telles qu'elles avaient été filmées à l'époque. Il s'agissait en ces instants-là de nous faire partager l'enregistrement de moments vécus comme des souvenirs heureux, à tout le moins non traumatiques (ou non présentés comme tels), qui ne constituaient encore que l'écume superficielle des choses. Le passage au noir et blanc saturé, aux contrastes lumineux tranchés, assombrit la représentation d'une réalité qui ne peut plus être visée que par une attaque iconologique portée à des images devenues trop lisses, incapables si l'on respecte leur intégrité visuelle d'être vecteur de vérité : sous le vernis des couleurs du visible, il y avait la terrible réalité vécue par Jean, et qu'elle taisait, et qu'elle refoulait. Autrement dit, les images-souvenirs pour exister en dehors de la psyché humaine supposent l'élaboration d'un « autre visible[9] », d'un régime de visibilité qui leur soit dédié.

De même, cette courte séquence ne représente pas la mémoire de Jean, mais la violence nauséeuse de la remontée des souvenirs. Ce qui est exprimé ici, sur un mode expressionniste, c'est l'énergie psychique et mnésique qui fait refluer les souvenirs à la conscience. Le but n'est donc pas exactement celui d'une vision ou d'une reconstitution : il est de convertir, dans le langage même des images et des sons – langage figural – le « *big bang* » d'une exploration visuelle et profonde de la mémoire. Sous cet aspect aussi on voit l'importance séminale que *The Keepers* accorde à la mémoire meurtrie et parcellaire de Jean, quand bien même cette séquence n'apparaît que dans l'épisode 3 ou, plutôt, parce qu'il faut justement attendre cet épisode pour qu'elle apparaisse : parce que le temps de la mémoire et des souvenirs n'est pas le temps de la

---

9 Jacques, Francis et Leutrat, Jean-Louis, *L'Autre visible*, Paris, Presses de la Sorbonne nouvelle, Méridiens Klincksieck, 1998.

chronologie, mais aussi parce qu'on peut se souvenir avant de comprendre comment et pourquoi les souvenirs ont été provoqués, il était nécessaire de retarder la mise en images de cette expérience cathartique. Le titre de l'épisode, « La Révélation » (The Revelation), revêt un double-sens. La révélation n'est pas seulement celle que Jean vécut pour elle-même et en elle-même : elle est aussi révélation du point de départ figuratif qui donne sa cohérence iconographique à la totalité du projet sériel.

PASSÉ COMPOSÉ PÉTRIFIÉ, FUTUR ANTÉRIEUR INÉLUCTABLE

The Keepers, avant ou après cette séquence, autour d'elle plus exactement, n'est pas avare de reconstitutions de souvenirs en noir et blanc : la scène du confessionnal où Jean trouve pour la première fois le courage de parler des abus sexuels que son oncle lui a fait subir ; les salles de classes de Keough où Maskell appelait, d'un ton autoritaire, les élèves qui devaient se rendre à son bureau ; le bureau même de Maskell où tant de sévices ont été commis ; les couloirs de Keough que Jean empruntait pour se rendre au bureau de Maskell ; le sous-bois dans lequel Maskell conduit Jean au corps de Cathy Cesnik… Si les visages sont absents de ces séquences, la représentation des corps traumatisés ou traumatisants y sont souvent présents. Peut-on, cependant, parler de reconstitutions ? Ont-elles vraiment valeur de monstration ? Soyons, là aussi, attentifs aux caractéristiques esthétiques de ces images. Au noir et blanc, s'ajoutent deux données visuelles : les images sont au ralenti et elles s'accompagnent systématiquement de mouvements de caméra (travellings ou panoramiques) très lents, assez solennels, qui donnent le sentiment irrésistible qu'il s'agit moins de voir ces images que d'entrer en elles, pour les traverser, les arpenter et les explorer. C'est comme si, à chaque fois, travellings et panoramiques retiraient « à l'image tout présent pour la charger d'un passé composé pétrifié comme d'un futur antérieur inéluctable[10] ». C'est le mouvement même d'exploration de la mémoire qui est figuré ici, comme si la série cherchait à nous faire

10 Deleuze, Gilles, *L'Image-Temps*, Paris, Minuit, 1985, p. 56.

physiquement pénétrer dans le temps passé. La matière figurative qui se modèle ici est à la fois visible mais impalpable, elle « porte absence et présence[11] ». Les lieux représentés n'ont pas d'intérêt pour eux-mêmes, mais pour ce qui les hante : des affects douloureux, des sévices qu'on peine à imaginer, des scènes épouvantables, que la série, dans une sorte de croyance en la possibilité de figurer l'infigurable, tente de rendre présents sans jamais les montrer.

S'il s'agit d'exploration et non de reconstitution, c'est aussi que toute tentative de reconstitution est frappée d'inanité, et devient de fait impossible. « *I have so many gaps in my memory* », dit l'une des anciennes élèves de Keough que Maskell avait choisie comme secrétaire occasionnelle pour taper les manuscrits à caractères violents et sexuels qu'il lui dictait. Selon-elle, ces trous de mémoire viendraient d'une drogue administrée dans le verre de coca-cola que Maskell lui servait en début de chaque séance. Que la drogue soit la responsable des trous de mémoire n'est évidemment pas sans importance : elle ne fait qu'entériner le portrait diabolique de Maskell, non seulement coupable de sévices sans nom mais manipulateur autoritaire fabriquant par avance de l'oubli. Mais sur le plan de l'économie des images, c'est l'effet provoqué par ces trous de mémoire qu'il faut retenir : celui de souvenirs infectés d'incomplétude, à jamais privés de suture. Il en va de même pour certains souvenirs de Jean, dont des pans résistent au visible et demeurent encore occultés. Les traits du visage du frère Bob, la plus terrifiante figure masculine qu'elle ait pu croiser dans le bureau de Maskell – « un fou furieux », dit-elle – restent encore une énigme invisible (alors qu'elle se souvient d'une tache précise sur son corps et d'une cicatrice sur son abdomen). C'est un « homme sans visage », pour reprendre son expression et, logiquement, par un effet de faible profondeur de champ, la silhouette du frère Bob est floutée et ses traits comme effacés. Le travail de la remémoration reste inachevé, parce qu'il est sans doute inachevable, et c'est aussi ce que la série cherche à transmettre. Son enjeu n'est pas de combler les manques, mais de se situer au point de saisie le plus avancé du souvenir, en faisant ressentir l'exploration comme un travail incessant, justement parce qu'il y a des manques.

L'impression d'exploration du passé et de la mémoire s'appuie enfin sur l'une des caractéristiques essentielles de la sérialité : la répétition.

---

11 Pascal, Blaise, *Pensées*, Paris, Seuil, Points essais, 1978, p. 126.

Les images-souvenirs reviennent avec régularité au fur et à mesure des épisodes. Elles insistent. Ce sont des images « survivantes » et le terme n'a rien d'exagéré ou de déplacé ici : c'est celui qui sert à désigner les victimes de sévices sexuels, comme rappelé dans l'ultime épisode où des « survivants » plaident devant l'assemblée générale de l'État du Maryland pour défendre un projet de loi visant à prolonger le délai de prescription pour les sévices sexuels commis sur mineurs. Survivent donc avec eux et en eux les images des actes destructeurs dont ils ont été les victimes, et c'est aussi cette survivance imaginale que la série prend à sa charge et à laquelle elle veut donner forme. Les plans qui donnent à voir, en filmant une jeune femme d'une quinzaine d'année de dos, la marche pesante de Jean se rendant au bureau de Maskell à travers les couloirs de Keough apparaissent à la fin du premier épisode, avant même que la « réelle » Jean ne soit visible dans la série. Que la représentation de ce souvenir précède Jean elle-même fait sens. C'est moins lui qui émane de Jean, que Jean qui procède de lui, pour marquer combien le trauma a statut d'origine et que toute la vie de cette femme s'est faite à partir de lui, sur lui : il s'agit bien d'une sur-vie. Mais ces images-souvenirs reviennent dans les épisodes 2, 3 et 4 et cette répétition, d'ailleurs toujours justifiée sur le plan de l'enquête et de la narration, est tout aussi signifiante. Elle figure, de manière matricielle étant donné le caractère fondateur de ce souvenir, la démarche exploratoire associée à la survivance de ces images. Liée à un refoulement sévère et durable, la survivance de ce souvenir suppose qu'il soit sans cesse revisité. Répéter, c'est induire que le souvenir est encore à déchiffrer, c'est faire de son exploration une nécessité. Ainsi, le souvenir de Jean au confessionnal avec le Père Magnus revient lui aussi à plusieurs reprises, parce qu'il livre ses horreurs en plusieurs secousses, comme une bombe à fragmentation. Ce n'est que dans l'ultime retour, lors de l'épisode 3, que nous apprenons que Magnus se masturbait en écoutant Jean. De même, si le visage du frère Bob résiste à la mémoire de Jean comme on l'a vu, le retour de l'image-souvenir où il est assis dans le bureau de Maskell puis se lève révèle un affrontement persistant avec ce souvenir qui permettra peut-être un jour à Jean de revoir son visage et de connaître son identité. La mécanique de la répétition n'est pas ici retour du même, mais approfondissement pour une meilleure vision et recherche d'une prise de pouvoir et de contrôle sur les images traumatiques. En ce sens, *The Keepers* ne pouvait être autre chose qu'une série.

FAUX SOUVENIRS, SOUVENIRS VRAIS

À travers ces différentes strates d'actualisation et de présentification du souvenir – parole, choralité, répétition, images-souvenirs, images-survivantes – *The Keepers* se présente comme un point d'aboutissement provisoire du long et difficile travail de remémoration effectué par Jean depuis les années 1990. Si la série paraît s'approcher de la vérité concernant les responsables de la mort de Cathy Cesnik, elle ne démasque aucun coupable et ne permet pas de savoir qui a porté les coups fatals. On en reste à l'état d'hypothèses et l'enquête inachevée ne saurait se substituer au travail de la police et de la justice. Mais cet inachèvement même permet d'apprécier le déplacement des enjeux de l'enquête audiovisuelle. *The Keepers* n'apporte aucune preuve tangible : c'est pour mieux faire office de réponse, à trois niveaux.

La série veut d'abord répondre aux accusations de faux-souvenirs dont Jean a pu faire l'objet, en voulant démontrer que ses souvenirs, comme ceux d'autres élèves de Keough, ne sont pas des productions artificielles. Les théories sur la mémoire retrouvée, très en vogue dans les années 1980, ont pu être sujettes à caution dans les années 1990, après qu'il a été démontré que les souvenirs traumatiques de certains patients étaient en fait des constructions psychiques, des souvenirs falsifiés ou faux, largement induits par un travail soi-disant thérapeutique. *The Keepers* ne dit pas que de tels faux-souvenirs ne sont pas possibles et ne tait rien de la controverse à leur sujet. Mais elle disqualifie son principal défenseur dans le cas des souvenirs de Jean : le professeur Paul McHugh, considéré comme une sommité dans son domaine, est montré comme un homme de parti pris, dont certaines « choses le dépassent » selon les mots de l'ancien prêtre du département de psychiatrie de l'hôpital Johns Hopkins qui, lui, a cru en la parole de la victime. Ce n'est sans doute pas ce que la série a de plus honnête et de plus réussi, a fortiori parce qu'elle avait les moyens de s'en passer. Car c'est bien à travers la rigueur, autrement plus convaincante, de son dispositif narratif et figuratif que la série bat en brèche les accusations portées contre Jean.

Sa mémoire retrouvée a d'abord été le produit d'un concours de circonstances, le résultat d'un hasard : c'est parce que Jean s'est retrouvée de manière inattendue en contact avec une ancienne élève de Keough qu'elle s'est mise à s'interroger sur les raisons qui lui faisait mettre à distance tout ce qui était en lien avec son ancien lycée. Elle a aussi été le résultat d'un retour solitaire et solipsiste sur soi, dans un moment de prière. La dimension religieuse de ce moment n'est pas sans importance, mais n'est pas non plus fondamentale. Plus crucial est de constater que ce moment solitaire écarte le soupçon d'un souvenir induit par un tiers. Plus déterminant aussi est de relever que les conditions de remémoration, où sautent les digues du refoulement, valent moins en elles-mêmes que pour ce qu'elles provoquent : la fin des années heureuses pour Jean, son mari et sa famille. La prise de conscience aura été ainsi l'entrée dans le temps des pertes de repères, des troubles psychologiques et d'un combat sans fin. C'est d'abord un discours sur l'intérêt qu'il y aurait eu, pour Jean, à ne pas se remémorer, à s'acclimater du refoulement, que la série transmet, fût-ce pour nous convaincre ensuite qu'il n'y a de délivrance psychique et de reconstruction de l'identité possible que lorsqu'il y a prise de conscience du refoulé pour mieux l'affronter. Il n'en demeure pas moins que Jean aurait pu avoir intérêt à ne pas se rappeler et cela ne donne que plus de force à ses souvenirs. Il importe enfin de souligner à nouveau que de solitaires au départ les souvenirs de Jean se trouvent consolidés et légitimés par la choralité, comme on l'a vu. En tissant une choralité au long cours, où des souvenirs recoupent d'autres souvenirs, où des faits corroborent des paroles, *The Keepers* répond sous la forme d'un cinglant démenti sériel aux détracteurs des victimes.

En second lieu, *The Keepers*, en s'affichant comme un vaste « lieu de mémoire[12] », paraît vouloir répondre frontalement à l'usage vicié – véritable détournement pervers – que le père Maskell pouvait faire

12 On sait que, pour Pierre Nora, un lieu de mémoire doit être entendu « à tous les sens du mot, du plus matériel et concret [...] au plus abstrait et intellectuellement construit ». *Cf.* Nora, Pierre, *Les Lieux de mémoire*, tome 1, Paris, Gallimard, coll. « Quarto », 2004, p. 15. L'usage que nous faisons ici de l'expression, appliquée à *The Keepers* retient le sens abstrait et intellectuellement construit, mais d'une manière particulière : il s'agit avec elle de synthétiser l'idée, qui traverse tout le texte, selon laquelle cette série est un lieu dépositaire de différentes formes de souvenirs et de mémoires.

de la problématique du refoulement. Dans l'épisode 2, à l'occasion du témoignage d'une ancienne élève de Keough, on apprend en effet que Maskell projetait *Marnie* d'Hitchcock dans le cadre des cours de religion alors même que, diplômé de l'université Johns Hopkins en « soutien psychologique », il exerçait la fonction de conseiller psychologique auprès des élèves de Keough. L'ancienne élève souligne la manipulation mentale qu'exerçait Maskell sur les jeunes filles, en jouant de l'expressionnisme psychologique dont le film est porteur, sans doute très marquant pour des esprits et des personnalités encore en formation et peu au fait des questions de sexualité. L'intention de Maskell était de faire du cas de Marnie, dont les troubles psychiatriques et comportementaux, déterminés par des souvenirs traumatiques sévèrement refoulés, sont bien connus, une « singularité malade exemplaire[13] » afin d'amener les jeunes femmes à s'interroger sur leurs éventuels souvenirs refoulés, pour mieux s'en ouvrir ensuite à leur conseiller qui s'emploierait à les « soigner »... Ainsi Maskell faisait du refoulement et des troubles associés à lui une arme psychique pour opérer un contrôle mental des élèves. De la délivrance, toute relative d'ailleurs, de Marnie à la fin du film d'Hitchcock, Maskell tirait un outil d'enfermement spirituel, en un retournement qui serait profondément ironique s'il n'était pas scandaleux, dévastateur et tragique.

C'est à ce retournement que *The Keepers* cherche à répondre. La mémoire retrouvée de Jean, aussi douloureuse qu'elle ait pu être, aussi chargée d'émotion qu'elle est encore (à plusieurs reprises Jean, qui paraît si forte, ne peut retenir ses larmes et s'effondre même en sanglots), est bien célébrée comme la possibilité d'une libération et d'un apaisement. À l'inverse, la figure de Maskell ressort en lambeaux des sept épisodes de la série. Non seulement on est amené à penser qu'il fut le commanditaire du meurtre de Cathy Cesnik, parce qu'elle semblait avoir saisi l'horreur criminelle qui régnait en ce lieu et s'apprêtait à la dénoncer, mais la série invente une forme mémorielle qui est la négation même de ses agissements et, au fond, de ce qu'il fut.

The Keepers, enfin, en accordant une place prépondérante à la mémoire et aux processus de remémoration propose une forme documentaire qu'on pourrait être tenté de nommer un « mnésimentaire », tout comme on a pu parler de « monumentaires » pour d'autres œuvres. Mais, outre son

13 Nous infléchissons ici une expression de Giorgio Agamben. *Cf.* Agamben, Giorgio, *La Communauté qui vient, théorie de la singularité quelconque*, Paris, Seuil, 1990.

inélégance, l'expression ne rend pas tout à fait compte de la logique ici déployée. N'oublions pas en effet que si la figure de Jean est centrale et sa mémoire retrouvée séminale, ses souvenirs s'inscrivent dans un projet de recontextualisation du passé dans lequel vivait et fut assassinée Cathy Cesnik. L'ensemble des souvenirs, au fond, de manière directe ou oblique, converge vers celle à qui justice n'a pas été rendue. Faute d'aboutir à une vérité définitive, elle impose une forme de résistance aux années qui passent et apporte une réponse en images aux tentations de cantonner ce drame dans un passé révolu. C'est ici, sans doute, que le titre de la série prend pleinement son sens et vibre d'une émotion particulière. Ces « détenteurs », ces « gardiens » (selon les différentes traductions et acceptions que l'on peut faire du terme « keepers ») qui conservent et font perdurer la mémoire d'un passé infiniment trouble autant que l'image cristalline d'une femme au doux charisme, ce sont bien sûr toutes celles et tous ceux qui continuent à chercher des preuves en entretenant le souvenir. Mais ce sont aussi tous les épisodes de cette série, véritables « gardiens » d'une mémoire qu'ils réactualisent pour mieux la préserver. Ainsi, *The Keepers*, plus que la manifestation de la vérité, se donne bien pour éthique – éthique de conviction autant que de responsabilité – de lutter contre une « indifférence grise qui assiège[14] », contre un oubli qui ferait mourir Cathy Cesnik une nouvelle fois.

Fabien Boully

14 Bouvier, Michel et Leutrat, Jean-Louis, *Nosferatu*, Paris, Cahiers du cinéma-Gallimard, 1981, p. 207.

RÉSUMÉS ET PRÉSENTATION DES AUTEURS / *ABSTRACTS AND NOTES ON CONTRIBUTORS*

Jonathan BIGNELL, « Adventures between TV and film, and between Britain and America »

Jonathan Bignell is professor of television and film at the University of Reading. He is a member of the editorial boards of *Symbolism*, *Journal of Science Fiction Film and Television*, and *New Review of Film and Television Studies*. He is the corresponding editor for *Critical Studies in Television* and the general editor of the collection "The Television Series" (Manchester University Press). His publications include the monographs *Postmodern Media Culture* and *Big Brother: Reality TV in the Twenty-First Century.* He has also edited the collective works *Writing and Cinema*, *A European Television History*, and *Popular Television Drama: Critical Perspectives.*

The spy and crime dramas made in England in the 1960s forge links between film and television, and between British and American screen cultures. Two factors influence these productions. Firstly, many British adventure series were in the same production facilities as the cinema. Secondly, soundstages and backlot buildings representing international locations were used, allowing the export of these dramas to the US.

Keywords: Spies, production, James Bond, USA, Britain.

Jonathan BIGNELL, « *Aventures en série entre la télévision et le cinéma, et entre la Grande-Bretagne et les États-Unis* »

Jonathan Bignell est Professeur de télévision et de cinéma à l'Université de Reading, R.-U. Il est membre des comités de rédaction des revues Symbolism, Journal of Science Fiction Film and Television *et* New Review of Film and Television Studies. *Il est éditeur correspondant pour* Critical Studies in Television *et éditeur général de la collection « The Television Series » (Manchester University Press). Ses publications incluent les monographies* Postmodern Media Culture *et* Big Brother : Reality TV in the Twenty-first Century *et les ouvrages collectifs sous sa direction,* Writing and Cinema, A European Television History *et* Popular Television Drama : Critical Perspectives.

Les fictions d'espionnage et les films policiers réalisés en Angleterre dans les années 1960 tissent des liens entre le cinéma et la télévision, et entre les cultures d'écran britanniques et étatsuniennes. Deux facteurs influent sur ces productions. D'abord, de nombreuses séries d'aventure britanniques sont tournées dans les mêmes installations de production que le cinéma. Ensuite, les soundstages et les bâtiments backlot sont utilisés pour représenter des sites internationaux, permettant l'exportation de ces fictions vers les États-Unis.
Mots-clés : Espion, production, James Bond, États-Unis, Grande-Bretagne.

Penny Starfield, « Réécritures en série. Le cas *Winnetou* »

Professeure en études américaines et études cinématographiques des pays anglophones à l'Université de Caen et membre du laboratoire de recherche ERIBIA, Penny Starfield travaille sur l'histoire et l'esthétique du cinéma, notamment la nouvelle vague américaine et la représentation des minorités, à laquelle elle consacre actuellement une monographie. Vice-présidente de la SERCIA (2008-2014) et rédactrice en chef de *Film Journal* (2012-2018), elle a été membre du projet GUEST 1 & 2, dans le cadre duquel elle a organisé trois journées d'étude sur les séries télévisées à l'Université de Caen autour de la mémoire, la première en collaboration avec Christian Viviani et la troisième avec Nadia Tahir.

La mini-série télévisée *Winnetou le Mescalero*, diffusée à la télévision française en 1980, se situe à la fin d'une chaîne de réécritures, depuis les romans populaires de Karl May en passant par des adaptations cinématographiques européennes des années 1960. Cet article suit l'évolution de ces récits à travers leurs avatars intermédiaux et interculturels. La réécriture télévisuelle parvient à rendre aux Amérindiens leur humanité, auparavant édulcorée par des faits historiques et des représentations biaisées.
Mots-clés : Karl May, *Winnetou*, Amérindiens, mémoire, réécriture.

Penny Starfield, "*A never-ending story. From Karl May to* Winnetou le Mescalero"

Professor of American studies and anglophone film studies at the University of Caen Normandy and member of the ERIBIA laboratory, Penny Starfield works on the history and aesthetics of cinema, particularly the American New Wave and the representation of minorities, to which she is currently devoting a monograph. Vice-president of the Société d'études et de recherches sur le cinéma anglophone (SERCIA) (Society for the Study and Research of Anglophone Cinema) (2008–2014) and editor-in-chief of Film Journal *(2012–2018), she was a member of the GUEST 1 & 2 project, under the auspices of which she organized three study days on television series at the University of Caen Normandy on the topic of memory, the first in collaboration with Christian Viviani and the third with Nadia Tahir.*

The miniseries Winnetou the Mescalero, *was first aired on the French second channel in 1980, following a series of rewritings – notably* the European cinematic adaptations of the 1960s – *from the "model" conceived of by German novelist, Karl May. The TV series breaks with the numerous intermedial and intercultural avatars, depicting the Native American characters more realistically and restoring a right that had been taken from them through historical and cinematic misrepresentation.*
Keywords: Karl May, Winnetou, *Native Americans, memory, rewriting.*

Andrei VALLA, « Kratos et la colère d'Achille. Réécriture des origines de l'Occident par la violence »

Andrei Valla est doctorant en études cinématographiques au sein de l'EUR ArTeC de l'Université Paris Lumières. Son travail de recherche sur le cinéma et le post-cinéma s'intéresse notamment aux questions narratives et esthétiques posées par le jeu vidéo.

L'étude narratologique du personnage de Kratos fait ressortir le travail de réécriture des origines de l'Occident qui parcourt la saga de jeux vidéo *God of War*. Comme la *ménis* d'Achille – moteur et matrice de l'Occident selon Sloterdijk – dans l'*Iliade* d'Homère, la colère de Kratos menace les fondements du monde des mythes grecs. La destruction méthodique du panthéon grec par Kratos procède alors d'une tentative de placer la culture américaine en nouveau point d'origine du monde occidental.
Mots-clés : *Kratos*, jeu vidéo, violence, mythologie, réécriture.

Andrei VALLA, "*Kratos and the wrath of Achilles. Rewriting the origins of the West by violence*"

Andrei Valla is a doctoral student in film studies at the EUR ArTeC at the Université Paris Lumières. His research on cinema and postcinema focuses on the narrative and aesthetic questions posed by video games.

A narratological study of the character of Kratos in the God of War *videogame illustrates how the saga plays on the rewriting of the origins of Western society. Like Achilles' menis in Homer's Iliad – the engine and womb of Western civilization according to Sloterdijk –, Kratos' wrath threatens the foundations of the Greek myths. The methodical destruction of the Greek pantheon by Kratos can be seen as an attempt to place American culture as a new point of origin for the Western world.*
Keywords: Kratos, *videogame, violence, mythology, rewriting.*

David GAILLARD, « *Bandersnatch.* Collaboration entre interactivité et transfictionnalité dans un film actable »

David Gaillard est étudiant en études cinématographiques à l'Université Paris Nanterre. Son travail de recherche se concentre sur les questions du scénario, de l'esthétique et du rapport de l'œuvre au spectateur, notamment dans les nouvelles formes cinématographiques numériques.

Plutôt que de s'arrêter sur les limites techniques du film « actable » *Bandersnatch*, il s'agit d'interroger l'interactivité de sa construction narrative. En analysant sa structure labyrinthique et la possibilité pour le spectateur de renoncer aux choix qui fondent l'interaction, le véritable usage du film actable ici se révèle. Le lien entre le film et la série *Black Mirror* dont il est issu crée des interactions transfictionnelles qui soutiennent et utilisent sa capacité à intégrer le spectateur dans la fiction.

Mots-clés : *Bandersnatch*, *Black Mirror*, interactivité, actable, transfictionnalité.

David GAILLARD, "*Combining interactivity and transfictionality.* Bandersnatch, *an actable film*"

David Gaillard is a student in film studies at Paris Nanterre University. His research focuses on questions of script, aesthetics, and the relationship of the work to the viewer, particularly in new digital cinematic forms.

Interactivity in Bandersnatch *occurs through its narrative construction and not the technical limits of Marida Di Crosta's "actable-film". Actability is present via* Bandersnatch*'s maze-like narrative structure and seemingly-contradictory collaboration with the viewer, enabling him/her to bypass the choices underlying the interaction. The connection to the* Black Mirror *series creates numerous transfictional interactions that use the actable-film to integrate the viewer in the story.*

Keywords: Bandersnatch, Black Mirror, *interactivity, actablity, transfictionnality.*

Dominique SIPIÈRE, « Mémoire et réécritures dans les séries policières »

Dominique Sipière est Professeur émérite à l'Université Paris Nanterre (groupe CICLAHO) et président honoraire de la SERCIA (Société d'études et de recherches sur le cinéma anglophone). Il a surtout écrit sur le cinéma classique hollywoodien (Hitchcock, Lubitsch), les films de gangsters et de vampires, la question de l'adaptation au cinéma et les séries policières. En 2018, il a publié *Le Récit dans les séries policières, d'Hercule Poirot à Mentalist*, chez Armand Colin.

Les séries ont un rapport explicite au temps et à la mémoire : les jeux sur leur durée, leurs règles, les effets attendus sont désormais familiers après les travaux de Jean-Pierre Esquenazi. Il s'agit dans cette étude de décrire ce qu'ajoutent les structures empruntées au récit policier de type *whodunnit*, dont la narration télique est tendue vers sa fin : stabilité, prévisibilité, résolution finale rassurante, mais aussi inépuisable source d'univers possibles et de récits potentiellement subversifs, basés sur la « rêverie » de la trace.

Mots-clés : séries policières, whodunnits, traces, réécritures.

Dominique SIPIÈRE, "*Memory and rewriting in crime series*"

Dominique Sipière is professor emeritus at Paris Nanterre University (CICLAHO group) and honorary president of the Société d'études et de recherches sur le cinéma anglophone (SERCIA) (Society for the Study and Research of Anglophone Cinema). He has written mainly on classic Hollywood cinema (Hitchcock, Lubitsch), gangster and vampire films, film adaptation, and crime series. In 2018, Armand Colin published his book Le Récit dans les séries policières, d'Hercule Poirot à Mentalist.

TV series are explicitly linked to time and memory. Playing with their length, rules and expected effects has become familiar, as Jean-Pierre Esquenazi's books show. After a survey of these characteristics, this study addresses the specific mechanism of the whodunnit *structure, whose telic construction is based on its endings: stability, foreseeable nature, comforting endings and an inexhaustible source of potentially subversive stories based on the daydreamings of traces.*

Keywords: crime series, whodunnits, traces, rewriting.

Philippe ORTOLI, « La grande évasion. *Prison Break* et la tragédie de Michael Scofield »

Philippe Ortoli est Professeur des universités en études cinématographiques à l'Université de Caen. Sa recherche porte essentiellement sur les questions esthétiques du classicisme et de la modernité dans le cinéma de genre. Il a également enseigné à Paris VII, Poitiers, Aix-Marseille I, Lyon 2, en Corse et est l'auteur de nombreux articles et de quatre ouvrages, dont les plus récents sont *Il était une fois dans l'Ouest* (Éditions de la Transparence, 2010) et *Le Musée imaginaire de Quentin Tarantino* (Corlet/Cerf, 2012). Il a également codirigé les actes du colloque *In Praise of Cinematic Bastardy* (Cambridge Scholars Publishing, 2012).

Retrouver en 2017 l'essentiel des protagonistes de *Prison Break* et, surtout, son héros Michael Scofield mort au terme de la saison 4 n'est une surprise que pour ceux qui croient qu'on peut aisément enterrer des mythes. La saison

5 interroge la possibilité d'une lecture tragique de la série télé par le biais du thème de la fausse résurrection. D'où l'angle de cette étude, qui examine l'alliance du principe feuilletonesque (suivre une histoire sur une longue durée) et du dispositif sériel (retrouver les mêmes situations et actions), comme exemplaire d'une lecture mémorielle de la série télé.

Mots-clés : feuilleton, sérialité, tragique, existence, mythe.

Philippe Ortoli, "*The great escape.* Prison Break *and the tragedy of Michael Scofield*"

Philippe Ortoli is professor of film studies at the University of Caen Normandy. His research focuses on the aesthetic issues surrounding classicism and modernity in genre cinema. He has also taught at Paris VII, Poitiers, Aix-Marseille I, Lyon II, and Corsica, and is the author of numerous articles and four books, the most recent of which are Il était une fois dans l'Ouest *(Éditions de la Transparence, 2010) and* Le Musée imaginaire de Quentin Tarantino *(Corlet/Cerf, 2012). He also co-edited the proceedings of the symposium* In Praise of Cinematic Bastardy *(Cambridge Scholars Publishing, 2012).*

Only believers in the rapid burial of myths would be surprised to rediscover the main actors of Prison Break *in 2017 and, notably, its hero Michael Scofield, who died at the end of season 4. Season 5 questions the possibility of a tragic reading of the series through the theme of false resurrection. The alliance of the soap opera principle (following a story over a period of time) and the serial device (finding the same situations and actions) reveal a memorial reading of the series.*

Keywords: soap opera, seriality, tragedy, existence, myth.

Raphaëlle Costa de Beauregard, "Remembering and forgetting in television series. The case of the first two seasons of *Downton Abbey*"

Raphaëlle Costa de Beauregard is professor emerita at the University of Toulouse Jean Jaurès. Her research interests include anglophone literature and visual arts. In 1993, she founded the Société d'études et de recherches sur le cinéma anglophone (SERCIA) (Society for the Study and Research of Anglophone Cinema). She is the author of *Nicholas Hilliard et l'imaginaire élisabéthain* (CNRS, 1992) and *Silent Elizabethans: The Language of Colour of Two Miniaturists* (CERRA, 2000). She has also edited the following collective works: *Le Cinéma se regarde: Spectacle et spécularité* (Presses de l'Université Toulouse Le Mirail, 1995), *Le Cinéma et ses objets* (La Licorne, 1997), and *Cinéma et couleur - Film and Colour* (Michel Houdiard, 2009).

Set during World War I, *Downton Abbey* seasons 1 and 2 present the changes experienced by the characters in the transition from Victorian to modern

England. The focus is on their relationships as games of individual memory, while their surroundings are charged with collective memory. Studying the series from the point of view of reception reveals the impact of the memorial issues, indicating a parallel between past and present via the staging of the modern notion of the duty to remember.

Keywords: *Downton Abbey*, individual memory, collective memory, Victorian England, Modern England.

Raphaëlle COSTA DE BEAUREGARD, « *Mémoires et oublis dans les séries télévisées. Les deux premières saisons de* Downton Abbey »

Raphaëlle Costa de Beauregard est Professeure émérite à l'Université de Toulouse Jean Jaurès. Ses spécialités de recherche portent sur la littérature et les arts visuels anglophones. Elle a fondé en 1993 la SERCIA (Société d'Études et de Recherche sur le Cinéma anglophone). Elle est l'auteur de Nicholas Hilliard et l'imaginaire élisabéthain *(CNRS, 1992),* Silent Elizabethans-The Language of Colour of two Miniaturists *(CERRA, 2000). Elle a également dirigé les ouvrages collectifs suivants :* Le Cinéma se regarde : spectacle et spécularité *(Presses de l'Université Toulouse Le Mirail, 1995),* Le Cinéma et ses objets *(La Licorne, 1997) et* Cinéma et Couleur - Film and Colour *(Michel Houdiard, 2009).*

L'action des saisons 1 et 2 de Downton Abbey *se déroule sur la période 1914-1918. Nous suivons les changements vécus par les personnages dans ces années de transition entre Angleterre victorienne et moderne. Leurs relations forment des jeux de souvenirs. Mais les lieux sont aussi chargés d'une mémoire collective. Ils retiennent l'attention, avant que ne suive une étude de réception qui montre l'impact des enjeux mémoriels dans la série : un parallèle entre passé et présent y est à l'œuvre, via la mise en scène de la notion moderne du devoir de mémoire.*

Mots-clés : Downton Abbey, *mémoire individuelle, mémoire collective, Angleterre Victorienne, Angleterre Moderne.*

Faika SACI, « *Twin Peaks : The Return* ou l'irruption du souvenir d'une série »

Faika Saci est doctorante à l'école doctorale ED HMPL558 Histoire, Mémoire, Patrimoine, Langage de l'Université de Caen Normandie et membre de l'Équipe de recherche ERIBIA. Ses recherches actuelles portent sur l'onirisme dans le cinéma américain des années 2000.

Twin Peaks : The Return montre la dimension insaisissable de la nostalgie, en métamorphosant l'univers de la série et en déstabilisant les attentes du spectateur. Pourtant le souvenir perdure et le temps se réinvente via une esthétique fondée sur la différence dans l'itération et un récit d'amnésie et d'anamnèse. Cette saison dit que sans mémoire l'on est perdu, d'où l'importance accordée ici à la mémoire collective et l'héritage, vecteurs de l'identité du groupe nourrie de chaque histoire individuelle.

Mots clés : retour, attente, mémoire, amnésie, identité.

Faika SACI, "Twin Peaks: The Return, *memory's incursion in a TV series*"

Faika Saci is a doctoral student at the Doctoral School of History, Memory, Heritage, and Language (ED HMPL558) at the University of Caen Normandy and a member of the ERIBIA research team. Her current research focuses on dreams in American cinema of the 2000s.

Twin Peaks. The Return *depicts the elusive dimension of nostalgia, metamorphosing the world created by the series and destabilising viewer expectations. Yet memory endures and time is reinvented through an aesthetic based on differing repetition and a narrative of amnesia and anamnesis. This season illustrates that without memory one is lost, hence the importance given here to collective memory and heritage, vectors of group identity that are nourished by each individual's history.*

Keywords: return, waiting, memory, amnesia, identity.

Florent FAVARD, « Mondes palimpsestiques et personnages-vestiges. Comment (ne pas) faire table rase dans les séries télévisées »

Maître de conférences en Théorie et Pratique du Cinéma, de l'Audiovisuel et du Transmédia à l'IECA de Nancy (Université de Lorraine), Florent Favard travaille plus spécifiquement sur la complexité narrative des séries télévisées de science-fiction contemporaines et sur les genres de l'imaginaire, dans une perspective narratologique transmédiale et contextualiste. Il a notamment publié *Écrire une série TV* aux PUFR (2019) et *Le Récit dans les séries de science-fiction* chez Armand Colin (2018).

Certaines séries produisent au gré de leurs réécritures des « mondes palimpsestiques », où des « personnages-vestiges » partagent avec le public la mémoire des états antérieurs. Trois types apparaissent : les mondes des séries *revival*, soit des continuations ; les mondes réécrits, où le rapport à la continuité devient réflexif ; les mondes « hyperfluides ». Il s'agit de décrire des mondes modulables, motivés par des impératifs économiques (attirer un nouveau public, alléger le texte) ou esthétique (exploiter la complexité narrative, faire du palimpseste la fondation du récit).

Mots-clés : revival, reboot, mémoire, transfiction, séries télévisées.

Florent Favard, "*Palimpsestic worlds and remnant-characters. How (not) to wipe the slate clean in TV series*"

Florent Favard is associate professor in the theory and practice of cinema, the audiovisual, and transmedia at the IECA in Nancy (University of Lorraine). He works more specifically on the narrative complexity of contemporary science fiction television series and on the genres of the imaginary, from a transmedia and contextualist narratological perspective. His publications include Écrire une série TV *(PUFR, 2019) and* Le Récit dans les séries de science-fiction *(Armand Colin, 2018).*

Interserial rewritings produce "palimpsestic worlds," allowing "remnant characters" to share the memory of previous states with the audience. Three types emerge: revival series or continuations; rewritten worlds that imply a reflexive relationship to continuity, and "hyperfluid" worlds. These modular worlds are motivated by economic imperatives to enlarge spectatorship or condense the text, or by aesthetic desires to exploit narrative complexity and make the palimpsest the narrative foundation.
Keywords: revival, reboot, memory, transfiction, television series.

Hélène Breda, « Tisser les (trous de) mémoires dans le récit de la série télévisée belge *La Trêve* »

Hélène Breda est Maîtresse de conférences en SIC à l'Université Sorbonne Paris Nord (LabSIC) et chercheuse associée à l'IRCAV. Ses travaux portent notamment sur les articulations entre structures narratives et questions sociologiques dans les fictions sérielles. Elle est l'autrice d'une thèse sur la notion de « tissage narratif » (2015) et d'articles où elle analyse notamment les séries *Orange is the New Black, The Man in the High Castle, Hannibal* ou encore *Westworld.*

À partir du concept de « tissage narratif », il s'agit de voir comment la série *La Trêve* croise points de vue, temporalités et niveaux de réalité pour construire une double enquête. L'analyse se porte d'abord sur les agencements complexes permettant de dessiner la ligne d'action de la victime avant sa mort à partir de souvenirs et témoignages. Est ensuite examinée la manière dont se révèle un second mystère concernant l'inspecteur, dissimulé par une période d'amnésie qui forme un « trou » dans le récit.
Mots-clés : tissage narratif, série policière, *La Trêve*, complexité narrative, mémoire.

Hélène Breda, "*Weaving (gaps in) memories in the narrative of* The Break"

Hélène Breda is associate professor in information and communication science at the University Sorbonne Paris Nord (LabSIC) and an associate researcher at IRCAV. Her work focuses on the links between narrative structures and sociological issues in serial fiction. She is the author of a dissertation on the notion of "narrative weaving" (2015) and of articles in which she analyzes the series Orange Is the New Black, The Man in the High Castle, Hannibal, *and* Westworld.

The concept of "narrative weaving" reveals how points of view, temporalities and levels of reality intersect in The Break, *leading to the construction of a double investigation. Firstly, a complex narrative structuring, based on memories and testimonies, allows the victim's line of action before his death to be mapped. This then unveils a second mystery concerning the inspector, which had been concealed by a period of amnesia forming a "hole" in the narrative.*

Keywords: interwoven storytelling, police drama, The Break, *narrative, complexity, memory.*

Victor FAINGNAERT, « *Rome*, un retour aux sources »

Victor Faingnaert est doctorant en histoire à l'Université de Caen Normandie. Il s'intéresse à l'écriture de l'histoire, à sa mise en fiction et à sa transmission sous forme fictionnelle, principalement dans les séries télévisées. Après un mémoire sur la série *Rome*, il prolonge aujourd'hui ses recherches dans une thèse centrée sur l'après-Première Guerre mondiale au Royaume-Uni dans les séries télévisées.

À travers quelques séquences marquantes représentant trois évènements majeurs de la vie de César et de la fin de la République romaine (la reddition de Vercingétorix, la traversée du Rubicon et les Ides de Mars), cette analyse entend mettre en évidence l'imaginaire culturel qui imprègne *Rome*. Elle entend également analyser le « changement d'horizon » d'attente qui la caractérise, notamment par sa relecture des sources antiques, ou par la collaboration étroite avec le conseiller historique.

Mots-clés : *Rome*, horizon d'attente, mémoire, Antiquité, imaginaire culturel.

Victor FAINGNAERT, "Rome, *a return to the sources*"

Victor Faingnaert is a doctoral student in history at the University of Caen Normandy. He is interested in the writing of history, its fictionalization, and its transmission in fictional form, mainly in television series. After a master's thesis on the series Rome, *he is now extending his research in a dissertation focused on the post-First World War period in the United Kingdom in television series.*

Through a few striking sequences representing three major events in Caesar's life and the end of the Roman Republic – the surrender of Vercingetorix, the crossing of the

Rubicon and the Ides of Mars –, this analysis aims to show the cultural imagination that infuses Rome. *A change in the horizon of expectation occurs, notably through the series' rereading of sources from Antiquity and its close collaboration with the historical advisor.*
Keywords: Rome, *horizon of expectation, memory, Antiquity, cultural imaginary.*

Nadia AIT BACHIR, « Changement, consensus et réconciliation. Pour des représentations – simplifiées et didactiques – de la Transition espagnole dans la série *Verano Azul* »

Nadia Ait Bachir est Maîtresse de conférences à l'Université de Caen Normandie. Elle consacre l'essentiel de ses recherches à l'étude de la presse régionale en Espagne au tournant du XXe siècle ainsi qu'aux séries télévisées, à la fois lieux de mémoire, supports pédagogiques et moyens de communication conduisant toutes les deux à une réflexion identitaire.

Selon le tout premier article de presse sur la série *Verano Azul*, celle-ci traiterait les thèmes « du conflit des générations, du sexe, du divorce, de l'écologie, de la violence, de la mort et bien d'autres encore [...] sans aucune prétention didactique ou dogmatique ». Il s'agit ici de prouver le contraire, en rejoignant l'avis d'Antonio Mercero (scénariste et réalisateur de la série) pour qui le succès de cette fiction en Espagne tient au fait qu'elle reflète la « réalité factuelle espagnole ».
Mots-clés : Transition démocratique espagnole, consensus, représentations, adaptations.

Nadia AIT BACHIR, *"Change, consensus and reconciliation. Simplifying didactic representations of the Spanish Transition in* Verano Azul"

Nadia Ait Bachir is associate professor at the University of Caen Normandy. Her research focuses on the regional press in Spain at the turn of the twentieth century and on television series, which are at once sites of memory, pedagogical tools, and means of communication, both leading to a reflection on identity.

According to the very first press article on Verano Azul *(published in ABC on February 5th, 1980), the TV series deals with "generational conflict, sex, divorce, ecology, violence, death and many other subjects [...] without any didactic or dogmatic dimension". The present article aims at proving the opposite, in agreement with Antonio Mercero (the scriptwriter and director) for whom the success of the series in Spain can be accounted for by the fact that it reflects "Spanish factual reality".*
Keywords: Spanish democratic Transition, consensus, representations, adaptations.

Nadia TAHIR, « *Narcos*, une histoire d'archives »

Nadia Tahir est Maîtresse de conférences en Études hispano-américaines à l'Université de Caen Normandie et membre de l'équipe ERLIS. Elle travaille plus particulièrement sur les politiques publiques de la mémoire autour du passé dictatorial argentin (1976-1983), mais s'intéresse plus largement aux constructions mémorielles. Parallèlement, elle étudie les productions culturelles sur l'Amérique latine dans le cadre de ses enseignements.

La série *Narcos* dépeint l'histoire du trafic de stupéfiants en Amérique latine, plus précisément celui de la cocaïne entre Colombie et États-Unis. Elle propose des images d'archives réelles et créées, qui font référence à des faits et des figures de l'histoire américaine au sens large. Ces images sont utilisées comme caution morale pour éviter de glorifier des bandits, mais elles constituent aussi une réécriture de l'histoire, alimentant une confusion problématique sur le plan éthique et politique.

Mots-clés : *Narcos*, archives, histoire, caution morale.

Nadia TAHIR, "Narcos, *rewriting history with archives*"

Nadia Tahir is associate professor in Hispanic-American studies at the University of Caen Normandy and a member of the ERLIS research team. She works more specifically on public policies of memory surrounding Argentina's dictatorial past (1976–1983), but she is interested in constructions of memory more broadly. She also studies cultural production on Latin America as part of her teaching.

The series Narcos *depicts the history of drug trafficking in Latin America, specifically cocaine trafficking between Colombia and the United States. By using real and created archival footage to provide historical facts and figures of the American continents, its images serve as a moral caution to avoid glorifying gangsters. However, they also contribute to rewriting history, nourishing thus a problematic confusion both ethically and politically.*

Keywords: Narcos, *archives, history, moral support.*

Fabien BOULLY, « *The Keepers*, une éthique de la mémoire »

Fabien Boully est Maître de conférences en cinéma et audiovisuel à l'Université Paris Nanterre, où il co-dirige le Master « Scénario et écritures audiovisuelles ». Il est également directeur-adjoint de l'École Universitaire de Recherche ArTeC (https://eur-artec.fr/). Il a enseigné la spécificité de l'écriture sérielle au sein du département Création de séries de la Fémis. Il a consacré plusieurs articles aux séries télé (*24*,

Breaking Bad, *Desperate Housewives*, *Homeland*, *The Affair*, *The Leftovers*) et a dirigé récemment l'ouvrage *Troubles en série, les séries télé en quête de singularité* aux Presses Universitaires de Paris Nanterre (2020).

The Keepers réouvre le dossier d'un *cold case* sordide : l'assassinat de Sœur Cathy Cesnik. Reprenant l'enquête, cette série lie ce meurtre à un contexte pédocriminel terrifiant. Mais, en donnant une place séminale à la réminiscence de souvenirs traumatiques, elle fait aussi de la mémoire l'un de ses matériaux essentiels et s'offre comme une sorte de mausolée : l'enjeu est moins la quête de la vérité que d'offrir des réponses à l'oubli qui menace, en élaborant une éthique de la mémoire.

Mots-clés : mémoire, faux souvenirs, trauma, refoulement, éthique.

Fabien Boully, "The Keepers*, memory as ethics*"

Fabien Boully is associate professor in cinema and audiovisual studies at Paris Nanterre University, where he co-directs the master's in "Scriptwriting and Audiovisual Writing." He is also deputy director of the École Universitaire de Recherche ArTeC (https://eur-artec.fr/). He has taught about the peculiarities of writing for TV series in the Series Creation department at Fémis. He has written several articles on TV series (including 24, Breaking Bad, Desperate Housewives, Homeland, The Affair, The Leftovers*), and he recently edited the book* Troubles en série: Les séries télé en quête de singularité *(Presses universitaires de Paris Nanterre, 2020).*

The Keepers *reopens a sordid cold case, the murder of Sister Cathy Cesnik in 1969. Through the new investigation, the documentary miniseries unveils a terrifying pedocriminal background. By giving a seminal place to the recollection of traumatic memories, it makes memory one of its essential materials.* The Keepers *become thus a mausoleum, developing an ethics of remembrance in which the challenge is less the quest for truth than a response to the temptation of oblivion.*

Keywords: memory, false memories, trauma, repression, ethics.

IMPRIM'VERT®

Achevé d'imprimer par Corlet,
Condé-en-Normandie (Calvados), en octobre 2021
N° d'impression : 173598 - dépôt légal : octobre 2021
Imprimé en France

CLASSIQUES GARNIER

Bulletin d'abonnement revue 2022

Écrans

2 numéros par an

M., Mme :

Adresse :

Code postal : Ville :

Pays :

Téléphone : Fax :

Courriel :

Prix TTC abonnement France, frais de port inclus		Prix HT abonnement étranger, frais de port inclus	
Particulier	Institution	Particulier	Institution
▫ 41 €	▫ 50 €	▫ 49 €	▫ 58 €

Cet abonnement concerne les parutions papier du 1er janvier 2022 au 31 décembre 2022.

Les numéros parus avant le 1er janvier 2022 sont disponibles à l'unité (hors abonnement) sur notre site web.

Modalités de règlement (en euros) :

- ▫ Par carte bancaire sur notre site web : www.classiques-garnier.com
- ▫ Par virement bancaire sur le compte :
  Banque : Société Générale – BIC : SOGEFRPP
  IBAN : FR 76 3000 3018 7700 0208 3910 870
  RIB : 30003 01877 00020839108 70
- ▫ Par chèque à l'ordre de Classiques Garnier

Classiques Garnier
6, rue de la Sorbonne – 75005 Paris – France
Fax : + 33 1 43 54 00 44
Courriel : revues@classiques-garnier.com

mis à jour le 26/08/2021

Abonnez-vous sur notre site web :
www.classiques-garnier.com